中国早期媒介女性形象质化研究

陈路遥◎著

九州出版社
JIUZHOUPRESS

图书在版编目（CIP）数据

中国早期媒介女性形象质化研究 / 陈路遥著. -- 北京 : 九州出版社, 2020.6

ISBN 978-7-5108-9163-2

Ⅰ. ①中… Ⅱ. ①陈… Ⅲ. ①女性－人物形象－期刊研究－中国－1931-1937 Ⅳ. ①G239.296

中国版本图书馆CIP数据核字(2020)第099457号

中国早期媒介女性形象质化研究

作　　者　陈路遥　著
出版发行　九州出版社
地　　址　北京市西城区阜外大街甲35号(100037)
发行电话　(010) 68992190/3/5/6
网　　址　www.jiuzhoupress.com
电子信箱　jiuzhou@jiuzhoupress.com
印　　刷　天津雅泽印刷有限公司
开　　本　787 毫米 × 1092 毫米　16 开
印　　张　15.5
字　　数　200千字
版　　次　2020 年 6 月 第 1 版
印　　次　2020 年 6 月 第 1 次印刷
书　　号　ISBN 978-7-5108-9163-2
定　　价　62.00 元

目录

CONTENTS

第一章　导论

中国近代民族主义承担着救亡启蒙的责任，是各种思潮与政治活动的动力核心。1928 年 8 月，中国进入了“十年建设阶段”，虽然内忧外患纷争凌乱，零碎的建设亦有活跃的迹象，国内相对从容地进行着“强国优生”的准备和建设工作。[①]但随着中国遭受日本的屡屡挑衅和侵略，民族主义者深切地感受到存亡危机。国内包括出版业在内的各界人士呐喊爱国，试图加强中华民族的力量，号召妇女们抵制日货，鼓励消费国货，同时希望她们强身健体，能够参加国防，参与作战。这让我们回想起甲午战败后，知识分子们面对西方列强侵略造成的威胁，欲对女子进行种种“改造革新”，采取各种强国优生的相应措施。

19 世纪末 20 世纪初的“强国优生”是一桩未竟的知识分子事业。1905 年取消科举考试制度后，读书人“学而优则仕”的梦想被打破。他们有的选择留学，有的选择弃笔投戎，抑或选择从商，在不同的领域挥洒热血、施展才华。新兴的出版业就是各类知识分子的云集之处。上海是维新派传播思想和革新活动的重要基地，辛亥革命之后，上海出版业的知识分子们延续了戊戌时期“强国优生”的事业，试图通过革新人民的身体和精神使他们成为“新民”。

大众传播与社会关系错综复杂，除了反映社会当下的主流价值观和期望以

① 第二届第五次全会开会词（1928.8）// 荣孟源，孙彩霞 . 中国历次代表大会及全会资料（上册）[G]. 北京：光明日报出版社，1985:532-533. 晏阳初 . 十年来的中国乡村建设 // 中国文化建设协会 . 十年来的中国（第 2 册）[G]. 上海：商务印书馆，1937:405.

外，同时也会影响大众世界观的形成，并且创造和控制形象与讯息。在转型期的中国，传媒担负的主要社会功能为：启蒙、激励、教育、娱乐。[①]19 世纪末 20 世纪初的书籍、报纸和杂志，它们扮演更多的是启蒙、激励和教育的角色。创办刊物，介绍新知识，无疑是为了让中国跟上世界，同时，也为国家和“国民”提供知识资源而支持了民族建构。[②]辛亥革命以后，中国需要建构为社会各界所接受的民族文化价值观和行为规范，作为中华民族之民族身份认同的基础。[③]民族主义孕育下的出版业，起到规训社会角色的作用，对建构符合民族国家需求的国民具有重要的指导意义。至 20 世纪 30 年代，上海与外国交流频繁，成为国际化都市，经济迅速发展带来昌盛的消费文化。但是，强国优生的民族主义叙述对于彼时上海，并没有就此销声匿迹。对女子的要求也发生转变，希望她们成为“新女性”，以期符合民族国家生存和发展的要求。[④]身份的转换并非断裂和突变的，20 世纪 30 年代女子之传统女性与“新女性”身份的权利和义务交织在书籍报纸杂志的叙述中。[⑤]

1931 年 3 月 18 日，《玲珑》杂志创刊于上海，主要面向女性读者，每逢周三上市，出版和发行单位是位于上海南京路 56 号（1935 年后地址改为 138 号）的林泽苍创办的华商三和公司。杂志发行期间，刊登广告，注重读者的

---

① 陈嬿如 . 心传：传播学理论的新探索 [M]. 厦门：厦门大学出版社，2010:60.

② [美] 李欧梵 . 上海摩登——一种新都市文化在中国 [M]. 毛尖，译 . 北京：人民文学出版社，2010:69-71.

③ 毛丹武 . 现代性中的阶级和民族 [D]. 福州：福建师范大学，2004:4.

④ Stevens S E. Figuring Modernity: The New Woman and the Modern Girl in Republican China[J]. *NWSA Journal*, 2003,15(3):82-103.

⑤ Ma Y. *Women Journalists and Feminism in China*, 1898-1937[M]. Cambria Press, 2010. Chin C C. Translating the New Woman: Chinese Feminists View the West, 1905–15[J]. *Gender & History*, 2006, 18(3):490–518. Yen H. Body Politics, Modernity and National Salvation: The Modern Girl and the New Life Movement[J]. *Asian Studies Review*, 2005,29(2):165-186.

反馈，商业气息浓厚。19 世纪末 20 世纪初，时局动荡，民族危机四伏。自“九一八”事变起，《玲珑》杂志在 1931—1937 年的发行期间，先后经历了“一·二八”事变、长城之役、绥远战争、七七事变，1937 年受“八一三”战事影响，被迫停刊。[①] 本书以《玲珑》杂志刊登的文章、图像及广告为主要研究对象，拟考察《玲珑》杂志在 1931—1937 年的发行期间，是否含有强国优生的民族主义媒介表述，如果有，它是如何进行这种表述？

第一节　研究背景

上海是 19 世纪末 20 世纪初时维新思想传播的盛行地，自开埠后，对外贸易激增，经济迅速发展，中西文化交流频繁。至 20 世纪 30 年代，上海成为最大的港口和通商口岸，跃升为近代中国的首席城市。在这种历史环境下，催生了上海消费空间和文化生产的增长。[②] 上海的出版业日益发达，是中国文化出版的中心，大小知识分子们共同为出版业的兴盛而努力。根据创新和扩散理论，社会经济地位较高者比社会经济地位较低者更易采用新技术和新观念。对于新观念的采纳至付诸行动，在 19 世纪末 20 世纪初时，是自上而下的启蒙教育过程。观念早期接受者见闻广博，较之其他人更多地接触各式外界传播，对新思

① 1939 年以“每月特辑”合刊的形式出现在同为三和公司旗下的《电声》杂志里，至 1940 年 7 月 16 日“妇女专页”与读者最后见面，从此销声匿迹。在这 298 期的发行过程中，《玲珑》在 1932 年 1 月 27 日发行第 46 期后，受“一·二八”战事影响，停刊近三月，于当年 4 月 20 日出版第 47 期。本书研究 20 世纪 30 年代全面爆发抗日战争前处于训政期时的《玲珑》杂志，不将 298 期以后的出版物纳入研究范围。

② [美]李欧梵. 上海摩登——一种新都市文化在中国 [M]. 2010:3-4,7.

想持更开放的态度，或者说更具有创新精神。[①] 严复、梁启超、金天翮、鲁迅等精英知识分子，致力于将新知新识注入民众的精神“内核”；而一些小知识分子的道德冲动并没有那么强烈。出版业的小知识分子们，一方面透过大知识分子或自行获取新知识，另一方面，他们将更大的兴趣点放至传播，意在普及先进知识给“新民”（受他们的教科书和报纸期刊“哺育”的人民），借此在都市社会里滋养营造一种新时代、新时期的“气氛”。[②] 为满足社会大众不同的需求，上海出现性质各异的报刊以传递新知新识，使文化市场呈现多元化的特征。其中，以女性为主要受众的报纸杂志纷纷出版。1927—1937 年期间，有六十种女性报刊在上海创刊，十分引人注意。[③]

女性杂志，是指主要以女性读者为对象，刊登与女性议题相关内容的刊物。它诞生在 18—19 世纪民权及女性解放运动兴起的欧美国家，通过女性报刊来关注、启蒙甚至动员女性。[④] 中国最早的女性报刊是维新派 1898 年在上海创办的《女学报》，以“保国强种”、兴女学为办刊宗旨。

---

① Rogers E M. *Diffusion of Innovations* [M]. 5th ed. New York: Free Press, 2003:27.

② [美] 李欧梵 . 上海摩登——一种新都市文化在中国 [M]. 2010:69-71.

③ 荒砂，孟燕 . 上海妇女志 [M]. 上海：上海社会科学院出版社，2000:488-501.

④ 刘胜枝 . 社会转型与女性杂志的变迁 [D]. 北京：北京师范大学，2005.

第二节 选择《玲珑》为个案研究的原因

20世纪女性杂志的编辑方向可分为以下三类：一是以解放女性为目标的社会运动或公益类杂志；二是以商业利益为目标，侧重时尚和家庭生活主题的消费类杂志；三是严肃女性论述与通俗消费内容的混合体。《玲珑》女性杂志[①]以商业利益为目标，但同时涉及严肃女性论述和通俗消费内容。

《玲珑》（1931—1937）是由林泽苍创办的女子杂志周刊，是1928—1937年期间发行期最长的女性杂志之一，[②]这本杂志售价低廉，[③]发行量

---

① 在1931年至1937年的出版时期，《玲珑》先后在版权页或目录页将自己称作"玲珑图画杂志""玲珑妇女图画杂志"（1932年第71期）"玲珑妇女杂志"（1936年起），由此可见其将自己定位为女性杂志。

② 1928—1937年发行的上海女子刊物主要有：《妇女杂志》（月刊）（1915—1931）、《妇女日报》（唯一日刊）、《玲珑》（周刊）、《女子月刊》（1933—1937）、《现代妇女》（月刊）、《女青年》（月刊）（1922—1937）、《女铎》（月刊）（1912—1951）、《妇人画报》（半月刊）（1933—1937）、《中华基督教女青年会会务鸟瞰》（月刊）（1930—1937）、《妇女与家庭》（日刊，晨报附刊）（时间不明）、《妇女与家庭》（东方杂志专栏）（1935—1937）、《新家庭》（月刊）（1931—1933）、《现代父母》（月刊）（1933—1937）、《现代家政》（时事新报每周附刊）、《女星》（1932—1941）、《妇女生活》（周刊）（1932—1933）、《妇女专刊》（新闻夜报副刊）（1933—1936）、《妇女月报》（1935—1937）、《妇女生活》（月刊）（1935—1941）、《妇女文化》（1936）、《妇女专刊》（申报副刊）（1936—1937）等。《女青年》（月刊）和《中华基督教女青年会会务鸟瞰》为上海中华基督教女青年会全国协会所创，《女铎》和《女星》为上海广学会出版的面向基督徒的家庭刊物 //《玲珑》100期纪念刊，1933年6月第20期，第964页；全国图书联合目录编辑组.（1833—1949）全国中文期刊联合目录（增订本）[Z]. 北京：大书目文献出版社，1981:103-105,566-575；荒砂，孟燕.上海妇女志 [Z]. 上海：上海社会科学院出版社，2000:488-501.

③ 杂志前三期定价每册大洋7分（外埠加二分邮资），第4期起涨至每册8分，第38期涨至1角，之后杂志页码由36页依次向40、48、56、64、72、80页递增，此价格一直持续到1937年终刊。研究者Yuxiang Gao认为7分的定价与当时物价相比是低廉的 //Gao Y. Nationalist and Feminist Discourses on Jianmei (Robust Beauty) during China's 'National Crisis' in the 1930s[J]. *Gender & History*, 2006,18(3):550.

大，[①] 销路范围广。张爱玲曾提到《玲珑》杂志是彼时“女学生们人手一册”，[②] 由此可推断其受欢迎的程度。杂志除通过订阅由邮局配送外，由本埠各报贩及外埠各书局代售，还销往国外。

杂志创办初期将投稿女作者的照片同稿件一同刊登，反映了当时中国城市女作者的精神面貌和所思所想。与同时期的女性杂志一样，[③]《玲珑》也会涉及男女关系、婚姻家庭、科学生活、育儿养儿、女子职业、女子时尚、文学小品、法律顾问、生理卫生、妇女消息和读者信箱等方面内容。[④] 但是它与其他杂志不同之处在于娱乐版（第 73 期改为《幕味》增刊，谐音 Movie）登载大量的好莱坞影星照片和明星逸事。相较于其他杂志，《玲珑》图片篇幅更多，这也是学者将其划为画报的原因。[⑤] 杂志中后期投稿女作者日趋减少，也不再登作者照片，主要由编辑负责撰写大部分稿件。作为杂志特色的图像，多为国内外女性或儿童的图片和《幕味》副刊的好莱坞男女星照片（包括封面在内，杂志图片篇幅一般占总页数的 1/5 至 1/4，后期图片比例较低）。创刊初期妇女版（后改为妇女评论版）声称作为“女界唯一喉舌”，专门揭露男子虚伪和欺骗之事，[⑥] 是其打开受众市场的“噱头”之一。

---

① 《编辑者言》提到杂志广销至“国外及国内各省”，因读者增加可以分担印刷成本，杂志即使增页也可维持 1 角售价不变 // 编辑者言 [J]. 玲珑，1932,2(50):43. 编辑者言 [J]. 玲珑，1933,3(23):1177. 杂志文字简洁，较同时期的报刊更加通俗，适合受过一般基础教育的女性阅读，这大概也是其受欢迎的原因。

② 张爱玲 . 流言 [M]. 汉口：大楚报社，1944:86.

③ 女性杂志，如上海广学会出版的面向基督徒的家庭刊物《女铎》（1912—1951）每期以较多篇幅介绍科学的生活、育儿知识，并设“妇女信箱”回答读者问题，曾率先就“恋爱、结婚、生活”问题展开讨论。

④ 创刊时只有妇女、娱乐和摄影版，第 4 期增常识版应读者要求刊登法律问答相关内容，第 5 期增“法律顾问”一栏，第 6 期新增“儿童”栏教导养育儿童方法并新增铜版 // 编辑者言 [J]. 玲珑，1931,1(4):132. 编辑者言 [J]. 玲珑，1931,1(5):168. 编辑者言 [J]. 玲珑，1931,1(6):282.

⑤ 周利成 . 中国老画报——上海老画报 [G]. 天津：天津古籍出版社，2011:72-77.

⑥ 全文如下：本刊是你们唯一的喉舌。最好的园地。请姐妹们将心中的积郁，烦闷，苦衷，或是将男子们欺骗的事实寄来。可以借本刊发泄一下。因为投稿完全是公开的。详见目标 [J]. 玲珑，1931,1(5):147.

难以单纯用时尚或娱乐杂志来定义《玲珑》，它呈现着多种特点。《玲珑》如果出现在新闻史著作里，恐怕难以被界定为“进步的期刊”。《玲珑》所属的华商三和公司是林泽苍创办的民营企业，其私人资本性质在杂志创办时就要求它需秉承资本主义的逐利精神。不同于以教育、启蒙为主要职责并且依靠资助的公益类女性杂志，《玲珑》不得不考虑商业利润。杂志需注重读者反馈，利用时尚和娱乐打开市场，以特殊的女性化营销策略来赢得女性读者。《玲珑》发行时间长达七年，且中途没有易手他人，与彼时中国许多短命的期刊相比，说明了它的成功。《玲珑》在文化市场上除了逐利外，还承担文化建设的功能，提倡高尚娱乐，塑造“新女性”，[①] 不失其文化品位和身份。《玲珑》不同于其他仅代表一种主张或主义的妇女期刊，[②] 为了扩大销路，杂志一方面力求迎合读者需求，另一方面力求符合主流的文化价值，充分反映时代的潮流。

虽然《玲珑》积极地发挥娱乐功能，散发着浓厚的商业气息，但是杂志也身兼启蒙、激励和教育的功能。《玲珑》有诸多篇幅（文字和图片）涉及女子健美、体育和操练、优生和女子卫生（避孕、节育等方面）、育儿养儿知识以及“新女性”要求等方面的内容。从创刊起，《玲珑》就关注女子运动。从跳舞、体育、健美、游泳，到义勇军学校女生的操练，在《玲珑》推崇体育的表述中认为女子的身体健康和健美与国家强盛有一定关系。《玲珑》对于儿童

① 《玲珑》杂志有多篇关于成为新女性或现代女性标准或条件的文章。本研究将现代女性与新女性视为同一概念。如：佩方 . 新女性的两大训练 [J]. 玲珑，1932,2(76):1203-1204. 在国势危殆中新女性应该怎样 [J]. 玲珑，1936,6(43):3328-3329. 明 . 现代女子须具有的五个条件 [J]. 玲珑，1936,6(44):3409. 现代妇女应有正确的审美观念 [J]. 玲珑，1937,7(11):810-812. 文献综述部分会提到许多研究是围绕着《玲珑》如何建构新女性形象所展开，具体可参见文献综述部分的脚注。

② 譬如辛亥革命前的《女学报》《女子世界》主要以妇女解放为宗旨；20 世纪 20 年代后妇女刊物多具有党政机关报的性质，如《妇女声》；在 20 世纪 30 年代，妇女杂志或为面向女基督徒的宗教报刊如《女铎》，或为国人创办如《女子月刊》。许多妇女杂志的发行期没有《玲珑》杂志时间长，多在 1933 年以后才创办。

教育直接表示这是增强国民素质，能增加国家的实力，向读者普及科学养儿育儿知识。[①] 优生优育观促使了国家和社会对优生学的关注，《玲珑》亦不例外，编辑们会向读者们介绍优生学知识。在精神层面，杂志从创刊起，就有关于讨伐“摩登女子”、提倡女子教育和职业、号召做“新女性”或“现代女性”等注重精神革新内容的文章。

杂志的内容和风格亦会在相关的时间节点做出改变。1934 年新生活运动[②]和妇女国货年期间，面对国家对女子身体的管控，有作者撰文对彼时中国限制女性身体的种种规定表示不满。[③] 当日本侵略中国领土时，杂志呼吁女子抵制日货以救国，同时号召女子积极参加国防，拯救民族危亡。杂志还通过介绍外国女子在国家建设和国防中作用，倡导男女平等，并表明女子对国家的责任义务。这些内容或明或隐地表达女子身上肩负“强国优生”的责任。一份小资本运作的商业杂志，发行量广，生存期又长，在当时时局变化中进行这样的表述，确实值得引起注意。

---

① 日本他们强国的原因！[J]. 玲珑，1933,3(16):722-723. 征稿启事 [J]. 玲珑，1933,3(27):1432.

② 1934 年 2 月在江西南昌宣布开展新生活运动，意在革新中国人的生活。彼时社会上层认为中国持续的危机源于国人物质和精神的“堕落”，因此决定就卫生和行为上推行改革以复兴民族。新生活运动标志中国历史新阶段的开始，包含了传统和改革的精神。新生活运动意在不牺牲民族传统的基础上实现中国改革最基础的目标。不过，对本土传统复兴的重视是新生活运动最突出的一面，从而使运动带上保守的色彩，掩盖了运动革新宣言 // Dirlik A. The Ideological Foundations of the New Life Movement: A Study in Counterrevolution[J]. *The Journal of Asian Studies*, 1974,34(4):945-980.

③ Yen H. Body Politics, Modernity and National Salvation: The Modern Girl and the New Life Movement[J]. *Asian Studies Review*, 2005,29(2):165-186. Gao Y. Nationalist and Feminist Discourses on Jianmei (Robust Beauty) during China's ‘National Crisis’ in the 1930s[J]. *Gender & History*, 2006,18(3):546-573.

第二章　综述、研究问题与核心概念

第一节　文献综述

第一章提到深入阅读《玲珑》杂志，发现杂志对女子身体、行为和精神要求背后的动机与甲午战败后知识分子们强国优生的动机和意识相似。那么，对于《玲珑》杂志，大多数学者是如何研究它呢？是否与研究者有共同的感受？国内外的学者们对性别与女性杂志的研究又是如何展开？

一、《玲珑》与女性杂志的研究综述

（一）关于《玲珑》杂志的研究综述

1.《玲珑》杂志研究文献回顾

根据目前收集到的资料显示，李欧梵的著作《上海摩登——一种新都市文化在中国》，最早将《玲珑》杂志呈现在研究者的视野里。他提到《玲珑》杂志电影增页刊登电影明星照片和逸事，但《玲珑》呈现的中国女性较好莱坞女星更为含蓄，并不像好莱坞女星般暴露身体及展示对身体的崇拜。同时，《玲珑》号召女性不仅仅拥有时髦外表，还应有内在的修养，应多读书。①

① ［美］李欧梵．上海摩登——一种新都市文化在中国 [M]. 2010:105-106.

近十几年，学术界目光聚焦于“上海摩登”，同时得益于各机构对发行于1911—1949年期间杂志期刊资源的网络共享，越来越多的学者探讨1937年之前在上海盛行的印刷文化与都市现代性的关系。受益于《玲珑》杂志电子资源的公开化、网络资源的易接近性，[①]国内外越来越多的学者对《玲珑》杂志进行了研究。

受李欧梵著作的影响，李克强认为，杂志中女性照片与文章并非“物化”女性身体，是女性身体挣脱闺阁、开拓公共空间的表现。在关于《玲珑》的研究中，他最早将杂志与摩登女性形象进行关联。[②]旷洁认为，杂志刊登的女性时尚照片和针对女性的广告，有将女性身体物化的倾向，摆脱不了消费的困境，女性无法摆脱父权制社会的限制。[③]学者们重点分析了《玲珑》杂志对现代女性形象塑造的影响，并认为此形象建构是符合于当时的时代精神。

肯定西方女性形象的示范作用。何楠认为，《玲珑》将好莱坞女星式的审美标准传递给中国女性，并满足了男性对于“新女性”的想象，鼓励中国女性内心的觉醒。[④]Louise Edwards 则表示，《玲珑》关于美国女明星形象与中国现实相比是夸大和片面的，《玲珑》认可的中国现代性的女国民形象处于美国女明星和中国传统女性形象两个极端的中间，即拥有足够的谦逊与美德、适度的活动自由和社会交往。[⑤]

Barbara Mittler 的研究向我们展示了《玲珑》受女性市场欢迎的原因：以

① 三和公司旗下的《玲珑》由哥伦比亚图书馆将存本一一扫描，海德堡大学与哥伦比亚大学合作，将所珍藏的《玲珑》挑选进入“女性期刊”资料库，免费供人查阅下载。其网址为 http://kjc-sv013.kjc.uni-heidelberg.de/frauenzeitschriften/index.php.

② 李克强.《玲珑》杂志建构的摩登女性形象 [J]. 二十一世纪双月刊，2000(8):92-98.

③ 旷洁.《玲珑》杂志与女性主义表达研究 [D]. 广州：暨南大学，2014.

④ 何楠.《玲珑》杂志中的 30 年代都市女性生活 [D]. 长春：吉林大学，2010.

⑤ Edwards L. The Shanghai Modern Woman's American Dreams: Imagining America's Depravity to Produce China's “Moderate Modernity” [J]. *Pacific Historical Review*, 2012,81(4):567-601.

揭露男性种种陋习的厌男症的倾向挑战了女性杂志中男性的厌女症；最后告知女性应如何应对男性，不成为男性的玩物，应成为有教养的新女性。[①] 研究隐约体现了女性的主体性，表明都市女性文化力量的觉醒。Hsiao-pei Yen 和 Yunxiang Gao 亦认可《玲珑》杂志城市女作者们主体意识的觉醒。他们的研究涉及性别与民族和政治话语的关系。Hsiao-pei Yen 指出新生活运动时期，城市女性，尤其是此次活动目标对象的摩登女孩，面对国家和精英主义建构规训的女性身体所导入的民族主义观念，发出积极的反对声音。[②]Yunxiang Gao 持类似见解，在新生活运动中面对国家对女性衣着的管控，《玲珑》杂志的城市女性作者们发出了抗议，指责彼时中国在倒行逆施。[③] 女性们对国家条规的反应，阐明了中国20世纪30年代身体政治、现代性和民族主义之间的萦绕纠缠。

同样以 1934—1936 年的新生活国货运动期间《玲珑》刊发的内容为研究对象，Duncan 指出当时人们对现代性的不同理解，一种是追求物质财富所体现的个人主义和平等，另一种是防止外国的经济侵略和实现国家现代性，个人应接受国家的军事化管理做出自我规训和牺牲，揭示《玲珑》杂志如何努力缓解两种信条在新女性和时尚与商品消费之间的紧张关系。[④]

张旻从服饰的角度出发，认为《玲珑》刊载的中上层女性形象包含的服饰信息反映了当时的社会风气：1931—1933 年旗袍长短与社会流行差异较大，较短的旗袍与当时流行的露腿倡导健康观念有关；1935—1937 年受新生

---

① Mittler B. In Spite of Gentility: Women and Men in Linglong (Elegance), a 1930s Women' s Magazine[G]. The Quest for Gentility in China: Negotiations Beyond Gender and Class, edited by Berg & Starr, 2007:208-233.

② Yen H. Body Politics, Modernity and National Salvation: The Modern Girl and the New Life Movement[J]. *Asian Studies Review*, 2005,29(2):165-186.

③ Gao Y. Nationalist and Feminist Discourses on Jianmei (Robust Beauty) during China's 'National Crisis' in the 1930s[J]. *Gender & History*, 2006,18(3):546-573.

④ Duncan D.O.High Heels and Rouge: Crafting the New Woman through Consumption in Linglong Women' s Pictorial Magazine (Linglong Funü Tuhua Zazhi), 1931-1936[D]. The Ohio State University, 2013.

活运动影响，知识分子群体着装与社会流行趋势保持统一性，总体风格较为朴素。[①] 国内也有其他学者进行此主题研究。[②]

Gary Wang 另辟角度，认为《玲珑》杂志诸多的女性图像中，含有倾向于男性气质的女子和同性爱的照片。虽然杂志对男子进行抨击，同时描述理想女性团体，但当时的社会仍以异性恋爱为主流。被冠之以健美的男子气质的女运动员形象、健美的艺术性的裸体女性和同性爱照片刊登在以女性为主要读者的《玲珑》杂志里，对当时的同性爱起了潜移默化的影响。[③]

其他论文在关于女性形象方面的论述，没有超出上述论文的研究角度和内容，不再赘述。[④]

有学者另辟蹊径，研究《玲珑》的行销策略和编辑人员。有学者从《玲珑》

---

① 张旻．对 20 世纪 30 年代《玲珑》杂志中的服饰信息研究 [D]．上海：东华大学，2009.

② 张竞琼，曹彦菊．《玲珑》杂志在中西服饰文化传播中的作用探讨 [J]. 武汉科技学院学报，2006,19(12):19-22. 郭晗，方东根．摩登女性的妥协——从《玲珑》杂志看 30 年代上海女性服饰变革 [J]. 山东纺织经济，2015(06):37-41. 沈雷，童夏青．浅谈《玲珑》杂志中的旗袍形象 [J]. 山东纺织经济，2014(9):31-33.

③ Wang G. Making "Opposite-sex Love" in Print: Discourse and Discord in Linglong Women's Pictorial Magazine, 1931-1937[J]. *Nan Nü*, 2011,13(2):244-347

④ 张丽莎．《玲珑》杂志《幕味》电影周刊研究 [D]. 济南：山东大学，2012. 姜卫玲．浅析《玲珑》杂志中的新女性形象 [J]. 新闻界，2009(04):104-105. 贾海燕．美女与野兽：《玲珑》中的"摩登女性"与"不良男子"形象透视 [J]. 山东女子学院学报，2012(5):62-65. 贾海燕．《玲珑》女性话语狂欢中的男性形象建构 [J]. 江汉大学学报：人文科学版，2012(06):44-48. 姜卫玲．《玲珑》杂志新女性形象的建构 [J]. 传媒观察，2013(10):62-63. 刘晓华．论《玲珑》对"完美女性"形象的建构 [J]. 贵州社会科学，2014(07):44-48. 卢姗．我国近代女性之健康促进与形象塑造——以《玲珑》杂志女子体育报道为例 [J]. 体育文化导刊，2015(08):199-202. 龙佳．上海摩登——论《玲珑》中的女性形象 [D]. 上海：复旦大学，2007. 师文静．玲珑杂志及其女性形象塑造 [D]. 济南：山东大学，2009. 沈琼．《玲珑》杂志"现代女性"角色的建构 [D]. 上海：上海社会科学院，2010. 周景芝．《玲珑》杂志中的女性意识研究 [D]. 曲阜：曲阜师范大学，2012. 何楠．《玲珑》杂志中的女性独身主义 [J]. 才智，2009(31):165-166. 卢姗．从《玲珑》杂志新闻报道看杨秀琼的角色变化 [J]. 黑龙江史志，2015(14):30-31. 高阳．《玲珑》杂志与上海中产阶级女性身份认同 [D]. 哈尔滨：黑龙江大学，2015.

期刊名称的品牌化和性别化角度出发，认为主办者林泽苍独具匠心地将性别议题和“女编辑”作为销售策略开拓期刊市场，虚构文字编辑“陈珍玲女士”，并将其包装成女性问题专家推向市场。当《玲珑》逐渐被市场接受为专为女子发声的期刊时，三和公司将“玲珑”品牌化，扩充产品线，销售各式各样的产品。这与多数学者默认“陈珍玲”女性身份截然不同。有学者认可这样的发现，即“陈珍玲”是杂志编者群共建的代表名，并强调不同时期《玲珑》编者对“陈珍玲”的形象和表现在理解上有所差异，结合文本内容和编辑的背景、意图分析，认为杂志后期受男性主编彭兆良的影响，成为一份“性”杂志。同时，《玲珑》虽定义为妇女杂志，但仍然拥有男性读者。

2. 前人研究的启示

上述对《玲珑》的研究，角度新颖独特，资料翔实，论述严谨，启发甚大。“陈珍玲女士”是虚构的女编辑，这表明《玲珑》杂志的编辑群体可能主要为男性。这些作为把关者的编辑们，影响了杂志最终呈现的内容和文本。学者对杂志的分期与笔者的阅读体验大致相同，说明了《玲珑》的风格和表达主要受编辑和时局的影响。笔者初步认为，《玲珑》虽自称为妇女喉舌、妇女杂志，但由于杂志不同时期的特点，杂志的读者包含了男性。

（二）性别与女性杂志

前文提到《玲珑》属于女性杂志，推测杂志的受众主要为女性，需要对目前对于女性杂志领域的研究进行回顾。

1994—2007 年间，国内对于女性媒介的研究尚未全面展开。[①] 学者刘利群分析相关研究主要从三个层面对性别和媒介研究领域进行审视：媒介生产与制

① 李琦．传媒与性别：女性媒介的传播社会学阐释 [M]. 长沙：湖南师范大学出版社，2008:15.

作领域、文本和内容以及受众与效果分析。[①]近十年来，国内开始涌现不少对不同媒介形态的女性媒介的研究成果，女性杂志作为女性媒介的形态之一，性别与女性杂志成为学者们偏好的研究领域。

以“女性”“性别”和“女性杂志”“妇女杂志”“女性期刊”“妇女期刊”为篇名在CNKI中文期刊网进行交叉文献检索，结果显示期刊类文章合计172篇，硕博论文54篇。[②]综述将同时结合检索出的文献所引用的参考文献、国内外相关著作及国外文献进行分析。这些研究主要集中在以下领域：女性形象的呈现、杂志特点及营销领域、杂志与社会关系、杂志与性别关系和受众研究。

1. 女性形象的呈现

《玲珑》杂志的文献综述部分显示大部分研究主要呈现杂志中的女性形象，对其他女性杂志的研究亦多集中于此领域。美国学者卡罗琳·凯奇的《杂志封面女郎》作为刻板印象研究的经典著作，认为杂志的封面女郎代表了杂志的读者定位和个性特征，处于当时具体历史环境的封面女郎的意义更在于其象征主义，满足当时社会对女性具体需求的渴望。[③]Sherrie A. Inness分析了美国的时尚杂志，认为时尚杂志呈现出女性的强硬形象并不是对女性气质的否定，通过暗示女性性能力和身体吸引力绝不会因为女性的强硬行为和外表而减弱，来缓解强硬女性对主流社会秩序的威胁。[④]王海和邹利斌从美国早期女性杂志的女性形象、女性杂志与女权运动、女性媒介从业人员三个方面论述了美国的女性杂志历史和特点，分析了女性杂志中涉及女性的文本是现实中女性自我认识的

① 刘利群．社会性别与媒介传播[M]. 北京：中国传媒大学出版社，2004:35. 李琦．传媒与性别：女性媒介的传播社会学阐释[M]. 2008:13-14.

② 检索时间为2017年12月1日22时。

③ [美]卡罗琳·凯奇．杂志封面女郎[M]. 曾妮，译．天津：天津人民出版社，2006.

④ Inness S A. Pretty Tough: The Cult of Femininity in Women's Magazines// Carter Cynthia, Steiner Linda. 批判性读本：媒介与性别（英文影印本）[G]. 北京：北京大学出版社，2008.

镜子。[①] 金润秀通过对刊行于1920—1925年的《妇女杂志》进行研究分析，探索五四时期呈现的多层面的“新女性”形象，认为“新女性”是男性知识分子认为要与传统告别、实现妇女解放、服务于民族国家发展的所构建的形象，知识女性成为知识男性的他者。[②] 盛芳和陈文静对2010年上半年的《中国妇女》涉及的81篇人物通讯中报道对象的职业、品质及报道主题等进行内容分析，研究发现杂志关注女性命运，塑造积极向上的女性形象，具有积极的社会意义和影响。[③]

2. 杂志生产制作及营销领域

学者们对媒介从业人员与女性杂志的关系开展研究。[④] 刘慧英提出五四时期《妇女杂志》在章锡琛主持下所倡导的“妇女主义”是从男性本位出发对女性的想象，并不局限于民族国家的想象之中。[⑤] 在期刊营销领域，张婷婷认为，跨国传媒介入中国期刊市场后，女性期刊呈现出全球传播的特点。同时，在消费主义价值观的作用下，期刊公开追求拜物精神，引导女性消费商品，动员和组织女性的生活。[⑥] 王晓晖论述了国内外女性期刊的发展路径和特点，分析中国的女性期刊成长过程中遇到的问题并给出了发展电子期刊、资本介入和加强编读互动等建议。[⑦]

---

① 王海，邹利斌．美国女性杂志中的女性形象 [J]. 国际新闻界，2006(11):30-33.

② 金润秀．《妇女杂志》（1920-1925）的“新女性”形象研究 [D]. 上海：复旦大学，2012.

③ 盛芳，陈文静．女性期刊制胜之道：《中国妇女》积极女性形象建构的启示 [J]. 出版发行研究，2014(4):74-77.

④ 陈珍妮．从“把关人”到“引路人”——试论同质化背景下女性时尚杂志的传播理念转变 [J]. 新闻记者，2008(05):27-30. 刘慧英．“妇女主义”：五四时代的产物——五四时期章锡琛主持的《妇女杂志》[J]. 南开学报（哲学社会科学版），2007(06):1-8.

⑤ 刘慧英．“妇女主义”：五四时代的产物——五四时期章锡琛主持的《妇女杂志》[J]. 南开学报（哲学社会科学版），2007(06):1-8.

⑥ 张婷婷．全球传播下的女性期刊文化 [J]. 现代传播，2006(2):137-140.

⑦ 王晓晖．女性期刊往何处去：中西方女性杂志发展比较及策略研究 [J]. 编辑之友，2010(3):18-21.

3. 杂志与社会发展关系

姜卫玲对不同时期的女性时尚杂志进行了概述，并在此基础上分析时代环境和社会背景对杂志风格的影响和作用，认为杂志反映了时代背景下女性的生活状况和社会地位。[①] 刘胜枝把 1949 年中华人民共和国成立到 20 世纪初期这段时间划分为三个历史阶段，选取每个阶段有代表性的女性杂志，考察女性杂志的发展和变迁。研究发现女性杂志依次经历了政府、读者和商业为主导的过程：20 世纪 80 年代以前，杂志塑造的女性形象是理想的劳动女性形象；80 年代至 90 年代初期表现出向传统女性形象的回归；90 年代以后女性杂志宣扬消费观念，塑造的女性更偏向于以个体为本位。[②]

4. 杂志与性别关系

新马克思主义学者如阿尔都塞和葛兰西对意识形态的理论化，启发了社会性别与媒介领域的研究学者思考媒介中不平等的社会性别现象是如何产生的——由媒介内容中隐藏的意识形态如父权制和资本主义思想所决定。[③] 相关研究中，英国学者 Myra Macdonald 探索现实中挑战了男性主义的妇女的多样性在西方媒介中被转化为可操纵的女性气质，分析出女性受资本主义和消费主义意识形态的控制。John Fiske 对时尚的《十七岁》杂志与读者关系进行意识形态的分析，认为杂志传递了男性主义观的资本主义意识形态。[④] 王海与邹利斌认为不同时期美国女性杂志所构建的女性形象和话题，客观上加强了性别的不平等，这些女性形象和话题甚至是造成男女差异、压制女性的工具。[e] 有学者剖析日据时期《日日新报》发行的广告女性图像，发现该刊物包含着男尊女卑

① 姜卫玲 . 我国女性时尚杂志的变迁与社会变革 [J]. 新闻界，2010(4):72-73.

② 刘胜枝 . 社会转型与女性杂志的变迁 [D]. 北京：北京师范大学，2005.

③ [荷] 凡 · 祖伦 . 女性主义媒介研究 [M]. 曹晋，曹茂，译 . 桂林：广西师范大学出版社，2007:32-33.

④ 曹晋 . 媒介与社会性别研究：理论与实践 [M]. 北京：清华大学出版社，2015:39.

⑤ 王海，邹利斌 . 美国女性杂志中的女性形象 [J]. 国际新闻界，2006(11):30-33.

的思想，女性无法抵挡社会主流价值观中只有为人妻母才是“理想女性”的看法。

张晨阳的博士论文同时涉及新闻传播与社会学的范畴，对代表政治宣传类的《中国妇女》、爱情婚姻家庭类的《女友》和时尚消费类的《时尚》这些女性杂志进行了内容分析和文本与意识形态分析，探索从 20 世纪 90 年代以来在市场经济力量作用下女性杂志构建的社会性别话语，研究认为三本不同层次的杂志对性别“平等”与“歧视”均有复杂和冲突体现：相对于商业运作意识形态下的《女友》和《时尚》,《中国妇女》具有较深刻和理性的社会性别认识。[①] 魏漫江的博士论文同样对《中国妇女》进行内容分析、文本分析，结合个案研究和访谈法，发现国家主导的意识形态凌驾于性别意识之上，一直起着主导作用，进一步深化了不平等的意识和现状，并且不利于女性的主体性建构。[②]

5. 受众研究

唐丽燕对 165 名上海交通大学的女大学生进行问卷调查，探索他人和大众媒介中女性纤瘦形象对受众的影响，研究表明女大学生接触时尚杂志的程度与她对身形纤瘦的渴望正相关，他人对身形认知亦有影响。研究者认为是消费社会对女性身体的消费及规训力量、媒介追求营利和对社会性别认识不足等多方面原因造成了这样的结果。[③] 为减少媒体不现实的理想苗条女性身体对的负面影响，越来越多国家地区开始提倡制定法律要求将免责声明放置于媒体广告形象里。有国外学者以免责声明为自变量进行了一系列研究。[④]Belinda Bury 等人

① 张晨阳 . 从理想国到日常生活：当代中国大众传媒中的社会性别话语（1995—2005）[D]. 上海：复旦大学，2006.

② 魏漫江 .《中国妇女》杂志的性别话语研究（1990—2009）[D]. 武汉：武汉大学，2013.

③ 唐丽燕 . 大众媒介与女性身体意象 [D]. 上海：上海交通大学，2010.

④ Tiggemann M, Slater A, Bury B, et al. Disclaimer Labels on Fashion Magazine Advertisements: Effects on Social Comparison and Body Dissatisfaction[J]. *Body Image*, 2013,10(1):45-53.

采用眼动追踪技术来确定数字化变更免责声明标签如何影响女性对女性时尚杂志广告中理想苗条女性形象的视觉注意力，以及与身体不满情绪和状态相貌比较的相互关系。①

（三）《玲珑》和其他女性杂志研究范式分析

除了新闻传播学科的研究者关注女性杂志中的女性形象，历史、文学、社会学等学科的学者也涉及此领域。关于性别与女性杂志的研究也出现多学科交叉融合的趋势。上述研究如果按女性杂志研究范式划分，从传播学视角出发大部分可划分至媒介形象研究范式。批判性视角认为媒介凭借“发送者—信息—收讯者”直线的传递模式程序，向大众传递特定的、有关社会性别（如刻板印象、色情）的信息，提供扭曲的女性形象，不能反映真实的世界。肯定媒介塑造积极形象的视角则认为女性杂志能建构符合时代精神的正面女性形象，对于女性建立自我认同和学习影响至深。此范式说明了目前很多研究注重大众传媒里的“内容 / 文本”本身，默认它们所呈现的“影像”是真实和客观的，较少分析其“成像”的原因。大多数学者对《玲珑》和女性杂志的研究基于此范式，极少分析呈现的文本由谁而写、不同时期内容的具体时代背景。例如，在《玲珑》中，他们认可了杂志编辑“陈珍玲女士”的女性身份，新生活运动期间《玲珑》所刊发文章标示的偏女性化的署名即代表作者是女性。

部分对《玲珑》和其他女性杂志的研究采取文本分析范式。此范式建立在结构主义以及“意识形态理论”基础上的文本分析，关注重点不再是媒介的“反映论”，而是女性杂志所具有的价值观、意识形态的建构功能，从而实现价值

① Bury B, Tiggemann M, Slater A. Disclaimer labels on Fashion Magazine Advertisements: Impact on Visual Attention and Relationship with Body Dissatisfaction[J]. *Body Image*, 2016,16:1-9.

观引导或实现社会的控制功能。[①] 内容分析和文本分析是对杂志文本研究的常用方法。

女性杂志研究范式中还有一种为文化研究范式。文化研究认为媒介在社会性别话语的持续建构中取决于它们的经济结构、传播性质、节目类型以及它们的受众等。所有媒介都是话语协商的核心领域，主张以霍尔的“编码—解码”模式进行分析研究。[②]

文本分析和文化研究范式提醒我们，作为“内容 / 文本”的传播者，依据特定的意识形态为文本把关或“编码”，并通过特定的媒介渠道传送给受众。媒介的内容受多方面因素的影响。文献综述中媒介从业人员对杂志风格影响的相关研究提示我们，研究杂志时要分析杂志由谁主要负责和主持。研究者应跳脱单纯的媒介形象研究范式，考虑传播者具体身份、媒介特点和受众。只是对于《玲珑》这一发行于 20 世纪 30 年代的杂志，实难追溯它的受众构成和受众反应。汲取前人研究的经验，以杂志的内容文本为主要研究对象时，对《玲珑》采取内容分析和文本分析相结合的研究方法展开研究。

与其他学者研究视角不同，研究试图探索《玲珑》杂志是否蕴含了与甲午战败后相似的强国优生的民族主义论调以及如何展开相关媒介表述。涉及女性和民族主义，则需要对关于 19 世纪末和 20 世纪初时期女性、女性期刊与民族主义的文献进行综述和回顾。

二、民族、民族主义、女性期刊与中国女性

关于19世纪末20世纪初时的中国女性的学术研究大多集中于女性与民族、女性主义与民族主义、女性与革命、女性职业以及女性生活改变等方面。

---

① 欧勤扬，李苓 . 范式流变：对西方女性杂志学术研究的回溯 [J]. 中国出版，2013(01):46-49.

② [荷] 凡 · 祖伦 . 女性主义媒介研究 [M]. 2007:39-55.

19世纪末，西方列强与日本帝国主义在中国的妥协退让下疯狂地争夺利益，欲为现代者的男性知识精英，即使在中国传统政治和社会秩序的严厉监视下，仍寻找着将落后的政治文明转变为独立现代民族国家的道路。最后，他们认为，中国的首要任务应聚焦于与传统的彻底告别，重建社会和个体方能摆脱落后。[①] 无论是彼时的立宪派还是革命派，都提倡女性与男子平等是增加民族力量的方法之一。梁启超，也许是那个时代阐述民族主义和女性主义关系最杰出的政治理论家。他将中国女性的生活等同于被驯养的动物或痛苦的奴隶，指出除非以裹小脚为标志的中国女性由“寄生虫”转变为独立者和生利者，否则中国难以实现富强。[②] 梁启超在《时务报》所发文章的思想和观点，为女性期刊所继承和宣扬。他认为女性教育分为德、智、体三方面，但是学者认为身体锻炼不仅和其他两项一样重要，还是另两项的基础。只有身体健康才能得到美丽，女子不能为取悦男子进行缠足、化妆等。[③] 不管如何，民族主义的原理阐述为播下女性主义种子创造了肥沃的土壤。学术界内对于中国女性主义与民族主义关系的传统观点是，从一开始，中国现代女性主义就从属于民族主义。[④]

在这种观点影响下，研究指出中国妇女在革命和民族的构建过程中产生的女性主义的活动最终屈服或服务于民族主义。杜赞奇指出，负责民族建构命运的政体和精英，将中国近代女性当作承载真实、纯洁、圣洁的民族的象征和载体，因此需要女性作为母亲或生利者承担责任，通过选择代表民族真实性的女

---

① Duara P. Knowledge and Power in the Discourse of Modernity: The Campaigns against Popular Religion in Early Twentieth-Century China[J]. *Journal of Asian Studies*, 1991, 50(1):67-83.

② Collins L E. The New Women: a Psychohistorical Study of the Chinese Feminist Movement from 1900 to the Present[D]. Yale University, 1976.

③ Beahan C L. Feminism and Nationalism in the Chinese Women's Press, 1902-1911[J]. *Modern China*, 1975,1(4):379-416.

④ Ropp P S: The Seeds of Change: Reflections on the Condition of Women in the Early and Mid Ch'ing, Signs, 1976, 2(1): 5-23.

性，影响女性的主体性，并形塑了人们对性别角色的理解。[①]Charlotte Beahan 对 20 世纪初期在中国和日本创办的女性期刊的研究表明，内忧外患的中国，无论是立宪制还是革命派，或提倡无政府主义的期刊将中国女性与西方女性现状进行比照，提出欲强中国需提倡女子现代教育，但对民族认同的要求高于性别认同，坚信女性主义是构成民族主义整体所必需的一部分。[②] 此类研究结论可以推及那个时代的妇女出版业对中国女性的要求。Roxane Witke 和 Pan Yihong 指出女性权力与民族利益关系密切，但却从属和限制于民族利益。[③]

一些研究者指出女性主义和民族主义之间的其他关系——并非所有的女性期刊都在宣扬女性应从属于民族主义。何震创办的《天义》宣扬通过激进革命推翻旧社会，鼓吹无政府主义而非民族主义，旨在创立人人平等的世界。[④]

后期研究越来越开始关注女性的主体性和女性主义的利益与民族和国家议程发生的冲突。Christina Gilmartin 在其专著里探索 20 世纪 20 年代上海革命运动中激进女性的经历和革命政治的性别角色，指出 20 世纪 20 年代的革命工作为改变性别关系和创造 20 世纪中国妇女解放做出了最全面的努力。[⑤]Joan Judge 以 20 世纪初期海外的日本学生为研究对象，探索他们在不同身份议程的

---

① Duara P. The Regime of Authenticity: Timelessness, Gender, and National History in Modern China[J]. *History & Theory*, 1998,37(37):287-308.

② Beahan C L. Feminism and Nationalism in the Chinese Women's Press, 1902-1911[J]. *Modern China*, 1975,1(4):379-416.

③ Witke R. Transformation of Attitudes Towards Women during the May Fourth era of Modern China[D]. Berkeley: University of California, Berkeley, 1971. Pan Y H. Feminism and Nationalism in China's War of Resistance against Japan[J]. *International History Review*, 1997,19(1):115-130.

④ Beahan C L. Feminism and Nationalism in the Chinese Women's Press, 1902-1911[J]. Modern China, 1975,1(4):379-416. Zarrow P. He Zhen and Anarcho-feminism in China[J]. *The Journal of Asian Studies*, 1988, 47(04): 796-813.

⑤ Gilmartin C K. *Engendering the Chinese Revolution: Radical Women, Communist Politics, and Mass Movements in the 1920s*[M]. Berkeley: University of California Press,1995.

选择，以及他们对民族主义涉及的“德”与“才”进行巧妙处理时体现的主体性。① 有研究指出，20 年代 30 年代《玲珑》杂志城市女性作者就彼时在新生活运动期间对女性身体和消费的规训发出异议。②

学术界有围绕 1911—1949 年间的期刊和社会塑造新女性和现代女性而展开的研究。Carol Chin 指出，1905—1915 年间期刊以欧美和日本女子为比照塑造中国新女性形象是对现代性的探索——与女性一样，是为民族定义一种新身份的尝试。③Lichun Lin 研究 1860—1930 年代各时期的“新女性”形象，认为 1910 年代报刊呼唤女性回归家庭与女性解放发生冲突，这种冲突在 20 世纪 20 和 30 年代表露在文学作品中。这些作品描绘了女性置于奇怪困境的复杂情况，即她们是否能够实现解放的愿望，但同时不阻碍民族的生存和社会主义革命的成功。④ 以一份或一类型女性杂志呈现的女性形象研究不在少数。⑤

Yuxin Ma 论述 1898—1937 年间的女性报刊时，极力避免落入民族和政党

---

① Judge J. *Citizens or Mothers of Citizens? Gender and the Meaning of Modern Chinese Citizenship*[M]. Harvard Contemporary China Series, 2002: 23-43. Talent, Virtue, and the Nation: Chinese Nationalisms and Female Subjectivities in the Early Twentieth Century[J]. *American Historical Review*, 2001, 106(3):765-803.

② Yen H. Body Politics, Modernity and National Salvation: The Modern Girl and the New Life Movement[J]. *Asian Studies Review*, 2005,29(2):165-186. Gao Y. Nationalist and Feminist Discourses on Jianmei (Robust Beauty) during China's ‘National Crisis’ in the 1930s[J]. *Gender & History*, 2006,18(3):546-573.

③ Chin C C. Translating the New Woman: Chinese Feminists View the West, 1905–15[J]. *Gender & History*, 2006, 18(3):490–518.

④ Lin L. The Discursive Formation of the ‘New’ Chinese Woman, 1860–1930[D]. Berkeley: University of California, Berkeley, 1998.

⑤ 姜思铄 . 构建现代女性的媒介视觉形象——以《妇女时报》的女性摄影形象为例 [J]. 妇女研究论丛，2008(2):59-63. 邱利平 . 从《女子世界》看晚清女性的身份建构 [D]. 广州：中山大学，2009. 杨照蓬 . 基督教女报与中国女性形象的建构 (1912-1941)[D]. 上海：上海师范大学，2011. 谢天勇，张朋 . 新知识与旧道德之间：民初《妇女时报》女性参政话语的媒介表述 [J]. 国际新闻界，2012(12):107-114.

领导的妇女史走向，赞扬女性作者产生自发的主体性，认为当时的女性作者在民族和党派论述之外，在女性报刊构建公共领域上表达和交流意见，挑战男性主流观点，批驳父权制的不合理，提倡妇女权益；1932—1937 年的女性作者批评国家不合理的"贤妻良母"论，捍卫女性公共生活和权利，企图改写国家意识形态。①

三、本研究视角的意义

许多研究可圈可点，特别是对长时段的女性期刊考察能反映随着时代变迁对女性要求的变化。根据收集的文献，尚未发现对女性期刊个案的研究以强国优生的民族主义为切入点进行研究；关注民族主义多集中在辛亥革命以前、新文化与五四期间和 20 年代 30 年代某个特定的时段（1934 年新生活运动和 1934 年以后的"妇女回家"）。暂没有对 20 世纪 30 年代发行的女性期刊，结合具体的历史背景，进行个案的民族主义研究。《玲珑》在 1931—1937 年的发行期间，经历了"九一八""一·二八"、国货年、妇女国货年、新生活运动、华北事变和七七事变，它所呈现的民族主义媒介表述必然与其他时代有所不同。

① Ma Y. *Women Journalists and Feminism in China*, 1898-1937[M]. Cambria Press, 2010.

第二节 研究问题

对于女性杂志而言，迎合一般女读者的品位，通过刊登明星的照片、消息和故事、散文小品、化妆术保养术就可确保盈利，20 世纪 30 年代的《玲珑》为何还仍要登具有民族主义意识的文章呢？文献综述部分提到媒介从业人员的特征对女性杂志的风格和主义影响深远，[①] 同时休梅克提出内容的呈现受五个层面的把关，第一层是传播者的个人层面。这是不是说，在当时的时代背景下，《玲珑》的编辑是热血知识分子中的一分子，以救亡启蒙为己任，关心着民族国家的命运？换言之，编辑团队本身有何特征？

阿尔都塞将传播媒介、宗教、教育、家庭、政治和法律等主要靠意识形态发挥作用的机构称为意识形态国家机器，通过隐蔽了强制手段的方式传递统治阶级主导的意识形态。[②] 作为意识形态国家机器的传播媒介，以掩盖强制性的方式传递统治阶级或社会权力掌控者的再生产支配性意识形态，制造社会共识，把资本主义或父权与男性主义的价值观以图、文、声等方式灌输给受众。[③] 葛兰西的霸权是指统治阶级以积极的方式将支配性意识形态共识化的过程，为人人所接受。

从女性杂志文献综述的杂志与性别领域的研究可以发现，多数研究采取文

---

① 刘慧英．“妇女主义”：五四时代的产物——五四时期章锡琛主持的《妇女杂志》[J]. 南开学报（哲学社会科学版），2007(06):1-8. 陈珍妮．从“把关人”到“引路人”——试论同质化背景下女性时尚杂志的传播理念转变 [J]. 新闻记者，2008(05):27-30.

② Althusser L. Ideology and Ideological State Apparatuses (Notes towards an Investigation) //The Anthropology of the State: a Reader[C]. Blackwell Publishing, 2006[27]:86-98.

③ 曹晋．媒介与社会性别研究：理论与实践 [M]. 2015:38-39.

本分析方法，认为国家意识形态、社会主流价值观和男性主义观体现在女性杂志的文本，构建了社会性别话语。

《玲珑》杂志发行于20世纪30年代。辛亥革命以后，在扫除反革命势力并使民众同情和信仰三民主义后，彼时中国进入教育民众的时期。这个时期存在的原因在于中国人民长期地生活在封建专制体制下，政治知识薄弱，突然获得解放后不知晓和放弃其拥有的相关权利和责任，因此需要彼时统治阶层承担起训导、训练民众的责任，使民众真正地理解中国革命，以免为人利用陷于反革命而不自知。由此可见，训导民众为彼时中国的主要任务。

《玲珑》杂志以女性为主要受众，当时女性杂志的编辑和文章作者多为男性，且发行于20世纪20至30年代教育民众为主要任务的时期。[①]那么，《玲珑》如果刊有强国优生的民族主义意识的内容，这些内容是否含有父权制或男性主义制的意识形态？

综上，本书所欲探究的重点，即研究的问题是：

1.《玲珑》杂志及其隶属的华商三和公司的编辑团队本身有何特征？

2.20世纪30年代，《玲珑》杂志内容是否含有强国优生的民族主义媒介表述？如果有，那么：

（1）《玲珑》杂志编辑团队的特征与杂志刊登具有强国优生民族主义意识的文章的关系是什么？

（2）《玲珑》如何展开强国优生的民族主义媒介表述？

（3）《玲珑》强国优生的民族主义媒介表述与时代背景的关系是什么？

（4）《玲珑》强国优生的民族主义媒介表述是否含有父权或男性主义的意识形态？

---

① 刘慧英．"妇女主义"：五四时代的产物——五四时期章锡琛主持的《妇女杂志》[J]．南开学报（哲学社会科学版），2007(06):1-8.

第三节 核心概念

前文提到民族、民族主义、强国优生和意识形态，并指出《玲珑》杂志呈现文字和图片内容是把关的结果，接下来对把关人（意识形态嵌套在把关人理论进行解释）、民族和民族主义、中华民族和强国优生进行概念解析。

一、把关人理论

《玲珑》杂志刊登的有关强国优生的文字和图片是选择性的结果，这种选择性实质就是层层的把关。

卢因（Kurt Lewin）提出“把关人”的比喻后，传播过程中固有的选择性方才具有理论聚集点。怀特（White）在著述中给予“把关人”以“门先生”的假名进行生动的描述。把关的概念为早期的学者们提供了一个评价选择如何发生和为何有些项目被选有些被拒的框架。它还提供了一个除了选择性之外的过程研究的结构，即内容是如何形成、构造、定位以及被安排时间。[①] 把关的过程包括在大量的信息中选择少量的讯息，将之传递给一个或多个的讯息接收者。在把关的过程中，讯息可以面临着数道“进入”或“挡出”的关口，这种选择不仅对整个讯息或一系列讯息有影响，而且对个别碎片式的信息也起作用。休梅克 (Pamela J. Shoemaker) 认为把关过程在五个层面上产生：传播者个人层面、媒介工作常规层面、组织特征层面、媒介外社会组织机构层面和社会

① Shoemaker Pamela J. 大众传媒把关 Gatekeeping(中文注释版)[M]. 张咏华，注释 . 上海：上海交通大学出版社，2007:7-8.

系统如意识形态层面 。[①]

传播者个人层面包含个体把关人的个性、背景、经验、个人态度、价值观和信仰、专业角色和伦理道德、组织内个人权力等几方面因素。[②]

媒介工作常规是模式化、常规化、反复实践的形式，传媒工作者通过这些形式做工作。[③]这些工作常规不但存在于大众传媒的新闻收集、处理和传递过程，还存在于人际传播中，媒介的类别也会影响工作常规。[④]

组织特征包含了过滤 / 预选系统、组织特征（组织自由度、组织规模、个人在组织中的地位）、组织边界角色和组织社会化。[⑤]

媒介外社会组织机构涵盖了信息源、受众、政府、利益团体、公共关系和其他媒体等因素。[⑥]

社会系统包括文化、社会利益、社会结构和意识形态。文化既影响被允许通过媒体之门的信息条目，又为后者所影响。雷蒙・威廉斯将意识形态定义为“一个相对正规和耦合[⑦](articulated)的定义、价值观和信仰的系统，是一种抽象的世界观或阶级观”。在社会系统层面，意识形态几乎是为社会系统中的所

---

① Shoemaker Pamela J. 大众传媒把关 Gatekeeping(中文注释版)[M]. 张咏华，注释 . 2007:3-5.

② Shoemaker P J, Reese S D. *Mediating the Message: Theories of Influences on Mass Media Content*[M]. 2nd ed. Longman USA, 1996:61.

③ Ibid, 1996:100.

④ Shoemaker Pamela J. 大众传媒把关 Gatekeeping (中文注释版)[M]. 2007:75. 戈夫曼（Erving Goffman）描述的框架，在日常生活中为超越、控制、理解并选择恰当的认识和行为，建构了现实。吉特林（Todd Gitlin）将框架与媒介联系在一起，认为媒介框架是认知、解释和表达的模式，是选择、强调和排除信息的过程，也是组织言论的过程。媒介框架为记者快速常规地识别、处理、包装信息提供了保障，最终呈现给大众 // [美] 吉特林 . 新左派运动的媒介镜像 · 导言 [M]. 张锐，译 . 北京：华夏出版社，2007:13-14.

⑤ Shoemaker Pamela J. 大众传媒把关 Gatekeeping（中文注释版）[M]. 2007:83-94.

⑥ 同上，2007:94-104.

⑦ 这里借用戴锦华在《妇女、民族与女性主义》导言《两难之间或突围可能？》里对 articulate 的翻译 // 陈顺馨，戴锦华 . 妇女、民族与女性主义 [G]. 北京：中央编译出版社，2004:29.。

有人共享的整合的世界观。[①] 阿尔都塞将国家机器分为由政府、军队、监狱、法庭等靠强制或暴力手段发挥作用的强制性国家机器和由传播媒介、宗教、教育、家庭、政治和法律等掩盖了强制特征而主要靠意识形态发挥作用的意识形态国家机器。意识形态国家机器利于统治阶级向被统治阶级施加影响，个体不可避免地处于支配性意识形态之中。[②] 吉特林认为，葛兰西把意识形态霸权解释得比较含糊，显得支离破碎，他认为应这样理解葛兰西的理论：霸权即统治阶级通过加强意识形态在日常生活中的渗透实现对被统治阶级的支配。这个过程是对大众的支配过程，使他们认可（但并不是必要或蓄意的）既存的秩序。在霸权形态下，无论是统治者还是被统治阶级都接受统治是合理存在的。[③] 斯图亚特·霍尔认为媒体不仅仅只是传递信息或娱乐大众，也不只是塑造社会共识及意义价值的文化活动，媒体还塑造“有利于优势权力结构”的价值体系和共识。这种优势权力结构可能是当前的政治体制、经济秩序、以男性为中心的意识形态，或是各种排他或单面的价值体系，例如唯科学主义、种族歧视、消费主义、物化的价值观等。[④] 总而言之，媒介选择、解释和安排信息最终呈现给大众的过程中，建构出某种特定的价值体系和意义。[⑤]

把关过程是休梅克基于美国大众传播媒介发展背景下所提出。20 世纪 30 年代的中国媒介固然有其自身的独特性，但《玲珑》杂志已具有现代资本运作的雏形，因此研究作为资本主义现代性全球扩张一部分的中国媒介——《玲珑》时，可以分享把关理论的普适性。根据所能收集和接触的资料，本研究拟结合传播

① Williams R. *Marxism and Literature*[M]. New York: Oxford University Press, 1977:109.

② Althusser L. Ideology and Ideological State Apparatuses (Notes towards an Investigation) //The Anthropology of the State: a Reader[C]. Blackwell Publishing, 2006:86-98.

③ [美] 吉特林 . 新左派运动的媒介镜像 · 导言 [M]. 2007:89.

④ 张锦华 . 媒介文化、意识形态与女性 [M]. 正中书局，1994:26-27.

⑤ 同上，1994:38.

者个人层面和社会系统层面两个层面对《玲珑》杂志内容进行考察，本研究其在1931—1937年出版期间是否含有及如何展开强国优生的民族主义媒介表述。

二、民族与民族主义

前文叙述中多次提及“民族”和“民族主义”，那么，何为民族？何为民族主义？

“民族”一词对大多数人来说是既熟悉又陌生，对它进行定义却非易事。“民族”的概念争议很大，其起源和定义尚未达成共识。无怪乎沃尔特·白芝浩（Walter Bagehot）写道：“民族是什么？这种群体如此熟悉，但当我们停下来思考时，它又变得如此陌生。”[①] 白芝浩的民族观更接近于族群观，强调模仿成群，民族性是在习俗团体内部形成，社会奖赏遵奉传统的成员。[②]

在当代比较通行的民族定义有：

> 民族是一个特定的人类群体，其全体成员拥有共同的神话、共享的历史、大众公共文化、特定的祖国、经济统一以及有着平等的权利和义务。[③]
>
> ——安东尼·D. 史密斯

> 民族是人们在历史上形成的有共同语言、共同地域、共同经济生活以及表现于共同文化上的共同心理素质的稳定的共同体。[④]
>
> ——斯大林

① [英]沃尔特·白芝浩.物理与政治[M].金自宁，译.上海：上海三联书店，2008:58.

② 同上，2008:64-78.

③ [英]安东尼·D.史密斯.全球化时代的民族与民族主义[M].龚维斌，良警宇，译.北京：中央编译出版社，2002:107.

④ [苏]斯大林.马克思主义和民族问题//斯大林全集·第2卷[M].北京：人民出版社，1953:294.

史密斯致力寻找民族的族裔根源，认为族群的“神话—象征集合”(myth-symbol complex)，虽然从长时段上看，其符号的内容和意义发生改变，但是具有巨大的影响力。史密斯与斯大林都对民族进行了一系列的条件限定，且斯大林的定义与史密斯的族群定义相似。[①] 二者均从种族和文化两方面对民族进行定义，从“共享历史”/“历史上形成”“特定的祖国”/“共同地域”“共享的大众公共文化”/“共同文化”等措辞中看出种族、血缘及文化观的隐晦表达。生物体征易于观察，文化如宗教和语言也可以直接辨析，但斯大林定义的“共同文化上的共同心理素质”需要经过分析和综合，并不那么易于辨认。[②] 而史密斯的定义中提到的具有政治、法律特征的“平等的权利和义务”，体现了欧洲的市民社会的特点。

“现代主义”民族理论略早于以史密斯为代表的“族群—象征主义”的民族理论，认为现代意义上的民族是从法国大革命才形成。[③] 盖尔纳认为，民族主义的政治单位和民族单位是相一致的，是一条政治原则，它要求族裔 (ethnic) 的边界不可逾越政治的边界，特别在一个国家中，它的边界不应该割裂掌权者与其他人，并且社会需要文化的共同性才能正常运转。[④] 霍布斯鲍姆认同盖尔纳的民族定义，认为“民族”不是墨守成规的社会实体，它是一项非常晚近的人类发明，与当代在特定领土上创建生存的主权国家一脉相连。欲使“民族国家”(nation-state) 具有真正的意义，必须将“民族”“民族性”与领

---

① 史密斯给族群的定义为：“具有共同祖先神话和历史记忆、具有共享文化成分、与历史版图有一定联系、具有一定团结的 (至少在精英层是这样的)、有名称的人口单元。”// [英] 安东尼 · D. 史密斯 . 全球化时代的民族与民族主义 [M]. 2002:65.

② 毛丹武 . 现代性中的阶级和民族 [D]. 福州：福建师范大学，2004.

③ 其主要代表人物为凯多尔利 (Elie Kedourie)、盖尔纳 (Ernest Gellner)、霍布斯鲍姆 (Eric Hobsbawm)、吉登斯 (Anthony Giddens)、本尼迪克特 · 安德森 (Benedict Anderson)、布罗伊尔 (John Breuilly)。

④ [英] 厄内斯特 · 盖尔纳 . 民族与民族主义 [M]. 韩红，译 . 北京：中央编译出版社，2002:1-2,72-76.

土主权相提并论，不然会导致“民族国家”不值一哂。“民族”必须与特定地域、特殊社会背景和既定的历史时空相结合进行概念的界定，必须把“民族”概念还原至历史现实中加以讨论。[①] “民族”是公民构成的实体，国家是由国民构成的集体主权进行政治表达的方式。[②] 他们认为现代意义上的民族不具有长久的历史性，应从现代性考察。共同体组成人员间首要的政治联系是由民族建立和维系的，民族—国家是全体成员的效忠对象。[③]

要形成一个民族，必须要有民族认同。在成为民族集体前亦会强调具有指向未来的“共同的命运”。[④] 具有相同的感情、行为的人形成群体认同，对群体产生认同感和归属感，具有“我们”与“他们”的区别，而该群体的范围又足够大时，“民族”便产生了。现代意义的民族认同是对国家的认同，效忠的对象是整个民族国家，也只有在这个意义上才能讨论爱国主义、民族精神和祖国。[⑤]

民族无法拥有放之四海皆准的标准。以民族划分的客观标准而论，有时是根据如语言、族群特性等简单的标准；有时则结合语言、共同地域、共同文化和共同历史经验等各类不同的标准。霍布斯鲍姆认为，不管这些客观标准具体是什么，都不能成立，因为与这些定义和标准吻合的诸多群体，只有小部分无

---

① Hobsbawm E J. *Nations and Nationalism since 1780: Programme, Myth, Reality*[M]. 2nd. Cambridge University Press, 1992:9-10.

② Ibid, 1992:18-19.

③ 叶江．当代西方的两种民族理论——兼评安东尼·史密斯的民族(nation)理论[J]. 中国社会科学，2002(1):146-157.

④ 伊瓦-戴维斯．性别和民族的理论//陈顺馨，戴锦华．妇女、民族与女性主义[G]. 2004:31.

⑤ 杜赞奇认为在前现代社会，个人和群体均认同于不同的想象的共同体，这些身份认同是历史地变化着的并且常伴有矛盾冲突。这类政治上的身份认同并不是要具有现代国家时才会出现//[美]杜赞奇．从民族国家拯救历史：民族主义话语与中国现代史研究[M]. 王宪明，高继美，李海燕，等，译．南京：江苏人民出版社，2009:53. 本书认为这种前现代的身份认同是忠于某个地域、领主或地方长官，与国家不同。

论在何时都可被叫作“民族”。符合标准的根本不是“民族”或没有民族精神，而真正的“民族”却达不到标准。主观标准如雷南所言“民族源自每日民族自决的结果”或个人认同来判定民族，或如奥地利马克思主义者的观点，“民族性”是个人的特性之一，无论他们居于何处或与谁共居，只需他们表示自己是，那么他们就是。但主观意识成为民族感的判定圭臬，将人类决定自身集体认同的多样想象力窄化到单一标准或选项，无视民族受一定的客观因素和条件的制约，也是不尽恰当的。①

要对“民族”做出精确定义十分困难，不同的学科视野对其定义和关注不同，定义难以获得所有人的认同。结合中国历史，“中华民族”是在近代特殊的社会语境中产生，并非自古有之，它被赋予了政治性，是置于国家框架之内的民族（国族）。②因此，本书采取霍布斯鲍姆的立场和观点，即不对“民族”采用先验定义，当所有足够大的人群声称他们隶属一个民族的时候，那么就接受这一人群的自我认定，看作是他们对“民族”暂且的假定。③安德森认为，民族是一种想象的政治共同体——并且，它是被想象为本质上有限的，同时也享有主权的共同体。④定义避开对客观标准的界定，直指群体认同的认知方面——这种认知有一定的过程，而不是假想、捏造，是一种社会心理学上的“社会事实”。⑤无论是假设还是想象，都需要满足一定的条件，要保存遗传性的生物特征，加以后天所习得的文化，当“自我认定”时，需要考察这些客观

---

① Hobsbawm E J. *Nations and Nationalism since 1780: Programme, Myth, Reality*[M]. 2nd. Cambridge University Press, 1992: 5-7.

② 徐迅．民族主义（第二版）[M]. 北京：东方出版社，2015:28.

③ Hobsbawm E J. *Nations and Nationalism Since 1780: Programme, Myth, Reality*[M]. 2nd. 1992: 8.

④ [美]本尼迪克特·安德森．想象的共同体——民族主义的起源与散布（增订版）[M]. 吴叡人，译．上海：上海人民出版社，2011:6.

⑤ 吴叡人．认同的重量:《想象的共同体导读》//[美]安德森．想象的共同体——民族主义的起源与散布（增订版）[M]. 2011:8.

条件的关联性和“想象的方式”是否具备一定的基础。

民族主义是什么？民族主义的内涵与外延更为复杂。史密斯认为，民族自治、民族统一和民族认同是从民族主义衍生出的核心概念，并鼓动着民族主义运动。[①] 霍布斯鲍姆认为，人为因素在民族建立过程中十分重要，比如激发民族情感的宣传与制度设计等。有时将文化传统作为手段来凝聚民族，有时更新或改良文化传统以满足创立新民族的需要，甚而导致传统文化的紊乱。简而言之，民族主义于民族建立之前存在，并非民族缔造了国家与民族主义，反之，是国家与民族主义缔造了民族。[②] 民族的意识或情感是民族语言和象征、争取民族利益的社会和政治运动及民族信仰或民族意识形态的前提。[③] 民族主义除了情绪和情感方面之外，还可以是文化情结、历史运动、行为方式、社会政治运动、意识形态，等等。[④]

本研究结合“中华民族”产生之特殊性，选择从政治的角度来考虑民族、国家、民族主义的问题。中华民族的诞生，正是一个“民族—国家”的诞生。民族国家是表达集体的自我意识，是一种特殊的集体身份，同时国家需要民族国家这种集合性的身份作为集合性的符号和合法性来源。[⑤] 民族主义运动通过“民族”来界定“自己人”，为民族成员提供保护和安全感，以精神联系和集体文化排斥和抵御异己力量。民族主义所产生的集体行为和忠诚根源于个人对集体的认同和归属感。正是民族主义诉诸人类深层的情感，具有精神上的感召力，

---

① ［英］安东尼·史密斯．民族主义：理论，意识形态，历史 [M]. 2006:25. 史密斯对民族主义的定义为：“一种为某一群体争取和维护自治、统一和认同的意识形态活动，该群体的部分成员认为有必要组成一个事实上的或潜在的‘民族’。”见第 10 页。

② Hobsbawm E J. *Nations and Nationalism since 1780: Programme, Myth, Reality*[M]. 2nd. 1992:10.

③ ［英］安东尼·史密斯．民族主义：理论，意识形态，历史 [M]. 2006:7.

④ 徐迅．民族主义（修订版）[M]. 北京：中国社会科学出版社，2005:61.

⑤ 同上．2005:40.

能够整合社会力量。民族面临危亡的时刻，民族主义比任何意识形态更能有效地动员社会力量，凝聚人心。[①]民族主义的现代现象就是以“民族”为目标、动力和符号的社会、文化运动和政治诉求，是以民族国家为诉求的意识形态。[②]

三、中华民族

中国近代民族主义形成的时间，研究者们大多认同形成于19世纪末20世纪初的说法。[③]

自鸦片战争起，中国民族主义关于中国近代史的叙事开始展开。[④]维新派们在西方列强的刺激下提出“保国、保种、保教”，认为彼时的国民需要统一的民族身份，但仍固守着儒家文化，欲在“天下”观的意识指导下，对原本分离的社会和国家进行统合。他们的民族主义仍停留于文化民族主义[⑤]的阶段。但在19世纪末期，太平天国运动之独尊天帝，义和团运动的“扶清灭洋”，革命派之“驱除鞑虏，恢复中华”，使得中国的最后一个封建王朝无法形成一致的民族认同。因此，维新派们的“强国优生”无法成为全社会认同的文化符号，不能借用民族主义意识形态发起大范围的政治社会运动，最终无法建立具有现代意义的“民族国家”。

① 徐迅．民族主义（修订版）[M]. 2005:40.

② 毛丹武．现代性中的阶级和民族 [D]. 福州：福建师范大学，2004.

③ 俞祖华．民族主义与中华民族精神的现代转型 [M]. 北京：社会科学文献出版社，2012:18.

④ 徐迅．民族主义（第二版）[M]. 2015:162.

⑤ 在中国古代文化传统中向来没有近代国家的概念。中国人历来认为中国即是“天下”，“非我族类，其心必异”，“尊王攘夷”，华夏文化民族将己群的精神文化气质视为中心和价值标准以评价其他族群。中国前现代时的民族主义是一种文化民族主义，认为本族文化和历史传统精神优于别人，又以宽容的心态对“蛮夷”进行民族关系上的处理。这种文化界定了民族和国家的界线，并且文化认同高于种族认同和国家认同 // 陈明明．政治发展视角中的民族与民族主义 [J]. 战略与管理，1996(2):63-71.

维新派提出的“国”，在当时自然指大清国，然而，维新派和革命派关于“种”的定义却大为不同。维新派认为“种”指儒教教化之下的中国人；反清人士看的是满汉之别，认为维新派提出的“种”为满人。不同的理解使中国民族主义从一开始就形成了政治派别之争。

20 世纪初，中国思想界、知识界受西方思想影响，对民族国家理论有更深的认识，知识分子们致力于研究如何将文化民族主义转向民族认同主义。他们吸取近代西方的民族主义观念，以建立民族国家为目的进行改革或革命。[①]改良派和革命派在国内政治问题和民族问题的认识上存在分歧，民族主义从一开始就表现出改良派以满汉合一为特征和革命派排满革命为特征的民族观，但两者最终的目的都是为了建立民族国家，都提出了塑造国民新灵魂的思想，以树立国民意识和国家观念。[②]但民族国家观念已经开始逐渐影响人们对传统中国的“国”和“种”的理解。[③]中国人需要统一的民族身份与世界各国进行对话。

以孙中山为代表的革命派后期逐渐放弃了建立单一的汉民族国家的构想，提出的“三民主义”，标志着中国民族主义正式登上历史的舞台。[④]1912 年，孙中山认为民族之统一，是合汉、满、蒙、回、藏诸地为一国，合诸族为一人。“五族共和”“五族平等”成为彼时中国处理国内民族关系的基本原则，即持不同文化身份、族群和社会身份的中国人，在此政治共同体里都处于平等的地位。至此，中国现代民族主义最终形成。[⑤]不止五族，中国所有的民族整合

① 19 世纪末 20 世纪初，中国民族主义利用各自的政治意识形态发起的民族主义包括晚清政府选择的君主立宪制和以孙中山为代表的革命派主张推翻清朝建立共和国。至 20 世纪 20 年代，以马克思主义为意识形态指导的中国共产党选择共产主义革命。不同的政治主张选择不同的民族主义道路以建立民族国家。

② 陶绪．晚清民族主义思潮 [M]. 北京：人民出版社，1995:184.

③ 徐迅．民族主义（第二版）[M]. 2015:216.

④ 徐迅．民族主义（修订版）[M]. 2005:261.

⑤ 郑大华．论中国近代民族主义的思想来源及形成 [J]. 浙江学刊，2007(01):5-15.

成一个中华民族，具有共同的命运。辛亥革命以后，以共和国形式缔造的国家的诞生，标志着一个新的民族国家的成立，由人民、主权、领土三要素构成国家。这样，具有浓厚文化民族色彩的华夏民族概念被具有政治色彩的“中华民族”所取代。①

辛亥革命后，彼时中国作为现代的民族国家只具有政治和组织架构，“中华民族”尚未被普遍接受，缺乏国家合法性来源的民族认同。五四前后，在民族自决运动推动下，越来越多的人接受“中华民族”的概念和观念。自“九一八”事变、华北事变和七七事变后，民族主义空前高涨，中华民族观念得到越来越深入的传播和接受。②1911 年后提出的“强国优生”中的“国”指彼时的中国，当中华民族被当作政治符号时，它与国家是等同的。③ 优生则是希望生活在中国领土上各族人组成的中华民族的后代体质能得到加强和改善。

四、强国优生

19 世纪中后期，清朝逐渐衰弱。面对着西方列强的入侵和国内的叛乱，有识之士纷纷将目光投向西方，希望“师夷长技以制夷”。王朝的国势杌陧和西方译作的介入，尤其是严复的《天演论》的翻译和盛行，引发了国人的种族危机，将达尔文生物进化论应用于社会政治领域。数十年间，与“进化论”有关的词语，如天演、天择、进化、竞争、适者生存、优胜劣汰等很快成了社会上的流行语。彼时，中国正面临着“亡国灭种”的危险，因此，中国人对进化论的关注，从一开始就是对“救国之术”“强国之道”的关注。④

---

① 陈明明．政治发展视角中的民族与民族主义 [J]. 战略与管理，1996(2):63-71.

② 郑大华．中国近代民族主义与中华民族自我意识的觉醒 [J]. 民族研究，2013(3):1-14.

③ 如果作为文化符号使用，“中华民族”可以整合各个族群维护价值的统一 // 徐迅．民族主义（第二版）[M]. 2015:244.

④ 金自宁．白芝浩的方法与问题 [J]. 中外法学，2007,19(06):748-756.

结合当时中国国运衰微，列强船坚炮利的实际情况，国人相信“物竞天择、适者生存”，表示“落后就要挨打”，但所幸并未表明落后者不能通过人为努力图强——在那个内忧外患、水深火热的近代中国，中国人宁愿相信人力可“与天争胜”而终“胜天为治”。[①]也就是说，近代中国人选择相信：民族的生死存亡，取决于人们能为之所做出的努力。[②]“凡一国之存亡，必由其国民之自存自亡，而非他国能存之能亡之”，[③]许多知识分子相信，一个国家的存亡在于国民自身，改造国民是挽救国势的必要举措。

自然地，知识分子将目光投向了国民孱弱的身体，认为国民身体的强弱与国运的盛衰休戚与共。“三寸金莲”的中国妇女成为身体改造的重要对象。

在中国漫长的封建社会里，儒家思想占主要地位，宣扬“男尊女卑”的女性观，男女两性地位总体上处于一种不平等的状态。[④]康有为在“天赋人权”思想下提出“男女平等”，认为女子在专制制度下倍受压榨欺凌，但“女子未有异于男子”，女子亦可胜任男子所做的事情。[⑤]知识分子们意识到，要实现男女平等，必须改造女子身体和思想。首先应戒缠足，从身体上改造女性。

19 世纪 70 年代，在华传教士已关注中国妇女的缠足问题，提倡天足，意在恢复上帝给予的“完整、天然的身体”，促进女性身体健康。[⑥]国内人士则更多地从未来国家民众体质强壮和国富的角度来看待戒缠足。康有为的《戊戌奏稿》之《禁请妇女裹足折》里提到欧美人“体直气壮”在于他们的母亲并不裹足，

---

① [英]托马斯·赫胥黎．天演论[M]. 严复，译．北京：商务印书馆，1981:93.

② 金自宁．白芝浩的方法与问题[J]. 中外法学，2007,19(06):748-756.

③ 梁启超．饮冰室合集·文集之三[M]. 北京：中华书局，1989:48.

④ 魏国英．女性学概论[G]. 北京：北京大学出版社，2000:161-162.

⑤ 康有为．大同书[M]. 陈得媛，李传印，评注．北京：华夏出版社，2002:153-154.

⑥ [美]高彦颐．缠足：“金莲崇拜”盛极而衰的演变[M]. 苗延威，译．南京：江苏人民出版社，2009:10-13.

她们生育的子女体质易强；中国人民“尪弱纤偻”是因为女子裹足导致生育的子女体质易弱，“今当举国征兵之世，与万国竞，而留此弱种，尤可忧危矣”。康有为之取缔裹足的观点，并不是以妇女的健康为首要考量，主要是以民族盛衰为考虑的基点。金天翮认为缠足对女子迫害尤甚，是“自速其丧魂亡魄，而斩绝宗祀也”。去了压制束缚，则天全神完则身体强，身体强则国兴。① 张之洞从国富角度讨论妇女的价值，指出妇女缠足无法“负载”“不利走趋”，如同废人闲人一般，只能坐着，“所作之工，五不当一”。这两种论调促进了 1890 年代后期广泛的废缠足的社会运动。②

但是身体的改造只是表面上的，必须还从精神内核上对女子进行改造，要兴女学。梁启超认为，女子应同男子一样接受教育，女学强弱与国家盛衰有着唇齿相依的关系。③ 妇女不能接受实用的教育、没有职业、不能成为生利者是国家积贫积弱的重要原因。“凡一国之人，必当使之人人各有职业，各能自养，则国大治。其不能如是者，则以无业之民之多寡，为强弱比例差。”二万万的女子成为分利者，要依附作为生利者的男子生存。男子同时要供养数人，无法积累财富，民穷而国弱。④

只有接受过教育的女子，才能更好地担负起抚育国家未来人才的责任。在《论女学》中，梁启超说：“治天下之大本二：曰正人心，广人才。而二者之本，必自蒙养始。蒙养之本，必自母教始。母教之本，必自妇学始。故妇学实天下存亡强弱之大原也。”西人种族之学重胎教，命女子习体操，身体强健后所生

① 金天翮．女界钟 [M]. 上海：上海古籍出版社，2003:15-16.

② 黄金麟．历史、身体、国家：近代中国的身体形成（1895-1937）[M]. 北京：新星出版社，2006:40.

③ “是故女学最盛者．其国最强．不战而屈人之兵．美是也．女学次盛者．其国次强．英法德日本是也．女学衰．母教失．无业众．智民少．国之所幸存者幸矣．印度波斯土耳其是也．”（断句的标号“．”为原文所有）梁启超．饮冰室合集·文集之一 [M]. 1989:43.

④ 梁启超．变法通议 // 饮冰室合集·文集之一 [M]. 1989:37-39.

婴儿也必健康，这也是办女学堂的义务所在。[①] 康有为认为将女子禁锢家中，不让女子正常外出社交，不能广学识，拓心胸，健身体，资世用，“人生童幼，全在母教；母既蠢不学，是使全国之民失童幼数年之教也”，直言：“抑女有害于立国传种，宜解禁变法，升同男子，乃合公理而益人种。”[②] 在多数现代民族国家中，家庭被视作民族道德的载体。国家有责任对妇女进行教育和“解放”的原因在于有必要打造出能够在文化和生物学意义上孕育出“优异”公民的卓效母亲。[③]

当时前识之士忧天下者，事则有三，即保国、保种、保教，而这“三保”是 1898 年维新派在北京成立保国会时的设会宗旨。保国即保国权，保领土不丧失，方能强国；保种优生方能使后代素质增强。当时维新派提出的“种”概念定义含糊，没有指明是指“族群”“民族”或者是“人种”。但是要保国优生，占据一半的女子亦有责任，“妇学为保种之权舆也”。[④] 这里的妇学，是一种仿西式的教育，而非传统的闺塾教育。除了妇学，对于幼童的教育也应革新，才能使中国民众拥有创新的精神。

甲午战后对妇女采取的种种举措，有学者认为是妇女解放运动，刻有鲜明的时代烙印。[⑤] 但是这更多的是出于救亡意识下的民族主义情结，服膺于种族和国家的竞争生存。19 世纪中后期，帝国主义列强掀起了瓜分中国的狂潮，中国到了生死存亡的危急关头。[⑥]“救亡图存”成为时代的最强音，是以维新派为主的知识分子们肩负的历史使命。从废缠足、兴女学、办女报一系列举措

① 梁启超 . 变法通议 // 饮冰室合集 · 文集之一 [M]. 1989:40-41.

② 康有为 . 大同书 [M].2002:195-196.

③ [美] 杜赞奇 . 从民族国家拯救历史：民族主义话语与中国现代史研究 [M]. 2009:9.

④ 梁启超 . 饮冰室合集 · 文集之一 [M]. 1989:41.

⑤ 吕美颐，郑永福 . 中国妇女运动 [M]. 郑州：河南人民出版社，1990:108.

⑥ 杨剑利 . 国家建构语境中的妇女解放——从历史到历史书写 [J]. 近代史研究，2013(03):110-124.

第三章　研究方法、意义和结构

《玲珑》杂志电子资源最后一期标示为 298 期，实际共出 297 本。可寻找到电子及纸质资源 272 本，共 273 期。[①] 本研究不对杂志进行抽样，仔细阅读每期内容并进行分析。

第一节　研究方法

凡·祖伦就西方女性主义媒介研究进行整理分析，从批判理论与女性主义研究，再到心理分析、内容分析法、符号学、民族志、阐释学，展示了女性主义媒介研究的丰富性和异质性，并评价了各种研究方法的长短之处。[②] 结合研

① 研究的资料来源分别为：《玲珑》杂志电子资源来源于海德堡大学与哥伦比亚大学合作的“女性期刊”资料库和厦门大学图书馆从上海图书馆购买的《期刊全文数据库（1911—1949 年）（全国报刊索引）》，以及研究者在旧书市场购买电子资源所缺少的纸质版《玲珑》共八期。在已收藏的期卷中，有少量缺期缺页的现象。收集的 272 份杂志中，114-115 期合出一本算一份，标号无总 186、187、188 期，由总 185 期（1935 年 20 期）直接跳到 189 期（1935 年 21 期），189 期、253 期出现两次但对应每年不同期号。缺的期数有：1934 年缺 2 期，分别为第 16、41 期；1935 年缺 2 期，分别为第 44、50 期；1936 年缺 10 期，分别为第 1、2、3、5、6、17、18、20、46、48 期；1937 缺 9 期，分别为第 3、7、8、10、14、19、20、26、28 期。1934 年 24 期（总 149 期）脱期，以玲珑书业之《男子的丑态》的发行代之，1935 年 47 到 48 期总期数多算 1 期，从 214 直接到 216 期，实际无 215 期。

② ［荷］凡 · 祖伦 . 女性主义媒介研究 [M]. 2007.

究需要，针对《玲珑》的刊登的图像、文本和广告，笔者将综合使用以下方法：

质化的内容分析 (content analysis)：大多数研究采取的内容分析是对媒介的显性内容进行可见的、表面内容的编码，接近于标准化的问卷使用。[①] 但是本书不单纯地依赖于可见的、表面化的编码，更偏向于阐释性的研究，强调文本表现的意义，需转向使用质化内容分析研究，从事先形成的理论分析和资料中进行有层次的归纳，形成类目，分析所有文本后，对研究问题做出回应。质化内容分析主要是对文本提到的各概念要素之间的联系及组织结构进行归纳和推理性分析，用来探析传播的推断或隐性意义。[②]

核心概念部分提到结合“中华民族”产生的特殊性，从政治的角度来考虑民族和国家的问题。中华民族的诞生是一个“民族—国家”的诞生。中华民族被当作政治符号使用时，它与国家是等同的。[③] 因此，本研究对“强国优生”中的“国”做出定义：“国”共同指中华民族和中国，包含中国领土各族人民组成的中华民族成员。民族主义作用于人类情感，产生精神上的感召力，在民族危亡时，能有效地动员社会力量。民族主义是一种以民族国家为诉求的意识形态，以“民族”为符号、动力和目标的社会运动、文化运动和政治诉求。[④]

从核心概念部分“强国优生”的解析可以看出，知识分子们认为要实现强国优生，女性拥有健康的身体至关重要：一是有利于生育健康的后代，实现优生；二是利于成为“生利者”。同时，女子接受教育对于国家强盛有着举足轻重的作用：作为幼童人生的启蒙老师，受过良好教育的母亲有利于抚育后代，促进后代素质的提升；通过教育增长见识的女性可以从事“生利”的职业工作，

① [美] 艾尔·巴比. 社会研究方法（第十一版）[M]. 邱泽奇，译. 北京：华夏出版社，2009:323-326.

② 周翔. 传播学内容分析研究与应用 [M]. 重庆：重庆大学出版社，2014:304-305,14-17.

③ 如果作为文化符号使用，“中华民族”可以整合各个族群维护价值的统一。见徐迅. 民族主义（第二版）[M]. 2015:244.

④ 毛丹武. 现代性中的阶级和民族 [D]. 福州：福建师范大学，2004.

内容评价的“理性的拼凑”和文本互涉方式的“特殊的理解文本的能力”成为将《玲珑》杂志（如果存有）显性、存而未显的强国优生的内容以及当时政治、经济和文化背景进行整合可采取的研究方法的指向路径。

欲探索《玲珑》（如果存有）如何鲜明地和存而未显地表述强国优生的民族主义内容，及这些内容是否含有父权制或男性主义制的意识形态，需要借助文本分析来研究。文本分析（Text analysis），是指对相关文本进行搜集、鉴别和整理，并通过系统性地研究文本，形成对相关问题的认识。《玲珑》作为女性杂志，图像和文本的言说对象主要为女性，因此，本研究试图探析文本符号背后深层的女子与“强国优生”民族主义媒介表述的关系，进行媒介的意识形态分析，揭示《玲珑》杂志选择、解释和组合什么类型的信息内容最终呈现给大众，建构出某种特定的价值体系和意义，即国家意识形态和编辑自身特定的意识形态对内容产生的影响。研究《玲珑》杂志的相关内容，不能只停留在图片或文字表面的叙述与描绘。图像文本一般有特定的传播意图，并非只是单纯地展现美感或文字表面意义而已，所以要将图像文本置于杂志编排与行文的脉络里进行分析，了解它们的指涉意义。

本研究还要探索《玲珑》杂志编辑群体的特征和强国优生民族主义媒介表述与时代背景的关系，单纯凭借杂志本身的内容无法详尽地解释。因此需要运用其他的出版史料来分析《玲珑》杂志编辑人员的个人特征（背景、经验、个人态度、价值观、专业角色）和所刊内容 / 文本。其中，主要是从编辑人员撰写的文章和其对相关文章的评注（按语）分析他们的立场和思想倾向。

第二节　研究意义

一、研究视角

以往对《玲珑》杂志的研究多集中于女性形象建构方面，尚未从强国优生民族主义媒介表述角度对《玲珑》展开研究。根据收集的文献，通过女性期刊关注民族主义的研究，时段多集中在辛亥革命以前、新文化与五四期间和 30 年代某个特定的时段（1934 年新生活运动和 1934 年以后的“妇女回家”），暂没有对 20 世纪 30 年代发行的女性期刊结合具体的历史背景进行个案的民族主义研究。

二、理论意义

第一，《玲珑》杂志作为单行本的发行时间（1931—1937）处于彼时中国教育民众为主要任务的特殊时期，这期间经历了“九一八”“一·二八”、国货年、妇女国货年、新生活运动、华北事变和七七事变，民族危机不断加重。《玲珑》是一本商业定位的以女性读者为主的杂志，本研究通过《玲珑》个案研究，探索杂志强国优生的民族主义媒介表述，尤其是杂志呈现出的女性形象与民族国家关系，管中窥豹，反映当时训政时期上海印刷媒介关于强国优生民族主义媒介表述的生态环境。

第二，研究旨在丰富大众传播关于女性形象研究领域的内容，通过对 20 世纪 30 年代杂志《玲珑》的研究，为中国传播学的研究发展做贡献。

自身具有五四运动后年轻知识分子的特质——以天下为己任。第三个原因的推测是否成立?《玲珑》的编辑群体具体有着什么样的特征?编辑的特征又如何影响着《玲珑》的风格?

本章从编辑群体的特点,读者群、规训对象及不同时期杂志特点,以及男性编辑为主体三个方面展开论述。

第一节 编辑群体的特点

对收集的资料分析后可以肯定,《玲珑》杂志主创者林泽苍、他的胞弟林泽民、编辑彭兆良,均是20世纪20年代在上海接受高等教育的大学生。优秀的外语能力为他们提供了接收西方文化的便利,其中,彭兆良还翻译过多本英文书籍,并擅长“性”文化的研究。[①]20世纪20年代,中国的现代化运动使得高校教育机构融入促进民族发展的普及项目。其中有些人,尤其是北京和上海两地的学生,常常活跃在学生运动的前列。1934年,接受过高等教育的中国人每万人中尚不足一人,仅为0.88人。这些大学毕业生在20世纪二三十年代中国战乱相较于前期较少的时期也只占现代精英的一小部分。[②]在清末,传统知识分子最初共有的追求和理想是欲从格物致知中寻找治理国家平定天下的

① 彭兆良可能于20世纪20年代后期毕业于复旦大学。彭氏曾撰文纪念复旦大学国学系创始人、诗人刘大白,文中描写刘大白课堂表现颇细致,或许与其自身曾为复旦国学系学生有关 // 兆良 . 记诗人刘大白 [J]. 茶话,1948,(20):40-41。此外,有学者(2014年8月29日)与彭兆良的孙子彭爱华(1973—)通信,彭爱华对其祖父的生卒年、籍贯、20世纪二三十年代社交情况等基本信息作了交代。彭兆良翻译过多本英文书籍,在《玲珑》翻译过安徒生童话。

② 20世纪30年代以前,大学和大学生数量更少 // 孙任以都 . 学术界的发展 // 费正清 . 剑桥中华史(第二部)[G]. 章建刚,译 . 上海:上海人民出版社,1992:410,428.

对策；在近代中国，为“救亡图存”而寻求“强国优生”之道，仍可看作是旧中国的知识分子们“以天下为己任”心扉的持续。[①]《玲珑》杂志的主创者正是这些受新文化和五四运动影响的大学毕业生们，身为现代精英，他们身上多少肩负知识分子的责任，希望中华民族转弱为强。林泽苍的个人经历可以为《玲珑》这一都市休闲类杂志为何会展开民族主义媒介表述提供相对合理的解释。

林泽苍，福建古田人。1922 年，尚在上海圣约翰大学就读的他创办了“三和”公司。[②]1924 年在圣约翰读大学期间，他参加了该校的摄影研究会并任会长。林泽苍一直对摄影保持着浓厚的兴趣，于 1925 年发起成立中国摄影学会，出版《摄影画报》，作为学会定期周刊。[③]同时，他还积极参与各类摄影比赛的组织以及摄影教材的编写和摄影知识的普及。1925 年五卅运动风潮时，上海首先举行罢工罢课罢市，即使地处沪西苏州河畔的外国教会创办的圣约翰大学的爱国师生也决定与其他学校联手罢课声援，上书请求教授和学校的支持。校方极力阻止他们参与活动。[④]中国教授及学生异常悲愤，林泽苍同学校爱国师生一起离校，在仿圣约翰大学成立的光华大学继续求学，于 1926 年毕业获得商科学位。

---

① 金自宁 . 白芝浩的方法与问题 [J]. 中外法学，2007(06):748-756.

② 三和，意味着人和、地和、人和。这也是他长期坚持的做人和经商理念 // 张伟 . 谈影小集——中国现代影坛的尘封一隅 [M]. 秀葳科技资讯股份有限公司，2009:215.

③ 上海摄影家协会，上海大学文学院 . 上海摄影史 [G]. 上海：上海人民美术出版社，1992:20-21.

④ 1925 年 6 月 3 日早上，圣约翰大学童子军升旗时，美国国旗升到顶，中国国旗降半旗以纪念在五卅运动中牺牲的同胞，但随后国旗不知所踪。找校方理论，校长卜舫济翻脸强词夺理。学生另在礼堂纪念同胞，校长闯入会场要求学生解散，立刻离校。全体学生集体决定：永远与圣约翰脱离关系，永远不入教会学校！ 513 位圣约翰学生昂首挺胸离开校园，与心爱的母校愤然斩决，一刀两断，其中有 9 位是即将毕业的应届学生 // 许正霖 . 光华大学：一段被遗忘的激情与辉煌 [EB/OL]. [2016 年 6 月 22 日]. http://dajia.qq.com/blog/507400022304475.html. 傅立沪 . 光华大学校庆来自“六三事件”[J]. 教育发展研究，2005(8):96.

表 3 《玲珑》杂志编辑群

总期数	职责及负责人员
1—298	主干者：林泽苍
1—4	编辑者：周世勋（娱乐）陈珍玲（妇女）林泽民（摄影）
5—21	编辑：周世勋；摄影编辑：林泽民
22—79	文字编辑：陈珍玲，林泽民（22—73）；陈珍玲，梁心玺（77—79）； 美术编辑：叶浅予（48—79）；摄影主任：宗惟赓（47—51）
80—143	文字编辑：陈珍玲，梁心玺（81—83，85）；陈珍玲，梁永福（84，86—143）； 美术编辑：黄士英（80—89,103）；宗惟赓（90—102，104）；林奋升（107—143）
144—171	文字编辑：陈珍玲；美术编辑：赵白夜
172—217	文字编辑：陈珍玲，彭兆良（172—217）； 美术编辑：赵白夜（172—181）徐今生（182—217）
222—298	编辑：彭兆良，陈珍玲 执笔者：梁永福，史景明，范欲飞，徐今生（222—234） 美术编辑：许秉铎（237—298）

注：1931：1—41；1932：42—79；1933：80—125；1934：126—164；1935：167—218；1936：219—267；1937：268—298。

彼时中国流传着这样一句话——“北有燕京，南有圣约翰”，这表示当时的圣约翰不易考取，作为名校文凭含金量十足。[①]然而，林泽苍为爱国激情所驱使，决然放弃了令人垂涎三尺的文凭，与中国教授和学生一起脱离该校，就读于爱国师生们新创的光华大学。当时的光华大学无论是名气还是教学设施设备方面都无法与圣约翰大学相比。如果林泽苍是个精致的利己主义者，他大可在圣约翰大学忍辱负重一年，即可拿到名校文凭毕业。虽然他当时已经创办了“三和”公司，作为骨干，他也许不需要圣约翰大学的文凭装点门面。但是，在特殊的历史节点下他毅然离开圣约翰，除了“爱国激情”，实难用其他原因来解释他选择离开就读多年的圣约翰名校转而就读爱国师生创办的光华大学这样的行为。

① 许正霖．光华大学：一段被遗忘的激情与辉煌 [EB/OL].[2016 年 6 月 22 日]. http://dajia.qq.com/blog/507400022304475.html.

林泽苍不但在摄影上颇有兴趣，社会活动能力也是非常突出。他还是学校乒乓协会的成员，并且在乒乓球领域也占有一席之地。1927 年，他作为上海乒乓球联合会的代表人之一，与日本桌球同盟会会长共同制定了在上海举办的第八届远东运动会乒乓球规则。[①]他将自己的兴趣发展到商业上，售卖乒乓球，并响应时局，冠以“国货”出售。1933 年的国货年，他创办的《玲珑》杂志写道：“国货广告，特别优待。”“九一八”事变后，《玲珑》于双十特刊刊载《国难鸟瞰》，公布日本的罪行。[②]时隔一年，杂志又再次提醒读者不忘国耻。[③]1932 年“一·二八”事件，上海受战事影响，《玲珑》杂志短暂停刊。同为林泽苍创办的三和公司旗下刊物的《摄影画报》编辑们（林泽苍、林泽民、宗惟赓等人）亲自前往前线拍摄二十九军抗日照片，同时还从各机构购买相关照片，着力宣传爱国将士们的抗战事迹。[④]《玲珑》在随后复刊时也刊登他们前往前线所拍摄相应的照片，以宣传爱国将士的英姿和前线情况。国难当前，杂志还会在娱乐版提醒读者应有节制的娱乐以救国[⑤]……不可否认商人的本性为追求商业利润，或者说商业利益是驱使商人进行商业活动的主要动力，但前面所述《玲珑》杂志在特殊节点时所发出的爱国声音可证明，商人的逐利并不妨碍《玲珑》在追求利润的过程中所体现出的民族主义。

---

① 上海市地方志办公室．乒乓球 [EB/OL]. [2016 年 6 月 22 日]. http://www.shtong.gov.cn/node2/node2245/node4455/node13485/node13555/node60880/userobject1ai15221.html.

② 国难鸟瞰 [J]. 玲珑，1931,1(30):1099-1110.

③ 编辑者言 [J]. 玲珑，1932,2(68):857. 编辑者言 [J]. 玲珑，1932,2(69):905.

④《摄影画报》在 1932 年 1 月 31 日出版《上海战事专号》后，因战停刊，在当年 3 月 2 日出版《战事三日刊》。画报中对刊载的照片做出如下说明（论文中引号内标点均严格按照原文所标）：“本报所刊之照片系由中宣委会艺术股。中国摄影社供应新闻部。申报馆。中外电影公司。罗芳，卡尔登，光艺，兆 等照相馆。黄英，林泽苍，德国女记者，吴幼麟杨霁明，宗惟赓，林泽民等中外摄影记者所联合供给者。特此誌谢。”// 战事照片之大荟萃 [J]. 摄影画报，1932,(235):194.

⑤ 妙．我们应该怎样娱乐 [J]. 玲珑，1932,2(48):1982.

第二节　读者群、规训对象及不同时期杂志特点

本节将探讨《玲珑》杂志的读者群特点、《玲珑》杂志所规训的对象和杂志在不同时期呈现的不同特点。

一、男女读者

《玲珑》创刊初期将自己称为《玲珑图画杂志》(第1—70期)，在某程度上表示杂志一开始并没有鲜明的性别定位。初期阶段，“陈珍玲”、周世勋、林泽民分别负责妇女版、娱乐版和摄影版，第4期增加常识版块。① 负责妇女版的“陈珍玲”在首期写道：

愿为全国女同胞之喉舌。发挥女子积悃。并请同志踊跃赐稿。②

妇女栏目抱着为“全国女同胞喉舌”的“使命”，向社会广征稿件。在第5期，《玲珑》的妇女版很肯定地表明：

给姐妹们

本刊是你们唯一的喉舌。最好的园地。请姐妹们将心中的积郁，烦闷，苦

---

① 由曹冷冰负责，第8期由林泽人接手编辑该版块，26期起不再标注负责人。

② 陈珍玲．给姐妹们[J]. 玲珑，1931,1(1):5. 论文所有从《玲珑》引用的内容，文字和标点与原文保持一致。

衷。或是将男子们欺骗的事实寄来。[①]

由此可见，当时《玲珑》杂志妇女版的女性定位十分明显，投稿者及针对的读者群明显以女性为主，杂志上刊登的文章有时会附女性作者的照片。

《玲珑》刊发半年以后，逐渐发现杂志更受女性欢迎，于是杂志所有的版块内容开始以女性读者为主要诉求对象。第 39 期《编辑者言》表明：

本刊为发表妇女意见之喉舌。有鼓吹男女平权和自由解放的责任。以后当多刊足以促进平权与解放的文字。并指导女界以适当路径。[②]

直到总 63 期（1932 年 8 月），《玲珑》旗帜鲜明地表示自己是“全国唯一之妇女刊物”，第 71 期起版权页由“玲珑图画杂志”改为“玲珑妇女图画杂志”，后又称自己为“玲珑妇女杂志”。1934 年卷四（自出版起始年开始，以年为单位计算卷数）开始发行后，《玲珑》扩充了妇女版的篇幅，要使杂志成为“一纯粹的妇女读物”。[③]

《玲珑》虽主要面向女读者，但不可否认的是其读者群里仍然有男性。杂志娱乐版以提倡社会高尚娱乐为宗旨，大多刊登好莱坞明星的照片和逸事，男女读者均适宜阅读；同时，无法从《杂志》早期常识版的内容看出明显的性别偏向。

在第 4 期的《编辑者言》中，周世勋认为《玲珑》是“娱乐”“妇女”

① 陈珍玲 . 给姐妹们 [J]. 玲珑，1931,1(5):147.

② 编辑者言 [J]. 玲珑，1931,1(39):1552.

③ 编辑者言 [J]. 玲珑，1934,4(2):101.

和“常识”三本杂志的合刊。[①]不同于“陈珍玲”征稿时总以“姐妹们”称呼读者，周世勋征稿时的表述为：

至于本志的粮食——文字和照片——。也希望兄弟姐妹们寄投给我们。[②]

由此推断，周世勋并不认为《玲珑》仅是一本女性杂志，而是综合性的休闲读物，并且向男女读者征稿。当投向杂志的稿件增多时，29 期的编辑者对投稿的男女读者表示感谢，提到有男女读者向《玲珑》杂志投稿。[③]

1931—1932 年期间，《玲珑》时常刊登揭露男子丑态的文章，尤其是男性欺骗女性感情之事。[④]1932 年杂志刊登一则看似通告实为广告的文字，声明杂志的定位为妇女喉舌：

时向男子进攻，所论虽颇合理，但挖苦男子未免过甚，且多失实之处，男读者有所不满，玲珑杂志又不愿披露。摄影画报有鉴于此，于 324 期起，另开一栏，披露“不平之鸣”，特此通告。[⑤]

杂志的第 63 期《编辑者言》又表示：

---

① 原文为：“本刊除了‘娱乐’及‘妇女’外，自本期起更将‘常识’加入。所以一本小小的《玲珑》。是三本杂志的合刊了。”// 周世勋 . 编辑者言 [J]. 玲珑，1931,1(4):132.

② 周世勋 . 编辑者言 [J]. 玲珑，1931,1(5):167.

③ 原文为：“自从各校开学以后，本刊居然接到不少稿件。我们对于爱护本刊的男女读者。都得表示谢忱。”// 编辑者言 [J]. 玲珑，1931,1(29):1094.

④ 1933 年以后，对于女性控诉指责男性的文章趋于减少，不如头两年明显。

⑤《摄影画报》与《玲珑》同为三和公司出版物。在通告最后，写道：“摄影画报。上海南京路五十六号，全年特价仅取二元可专得黄铜版纸。”// 为男子鸣不平 [J]. 玲珑，1932,2(46):173.

给姐妹们

近来常有男子来信，说本刊太偏袒女子。对于这类责斥，我们置之不理，因为本刊为妇女界喉舌。一切均以增进妇女幸福为主，持论公正，为读者所熟知。况且实在说来，男子们实在有什么是值得我们称道的呀。[①]

男读者对《玲珑》刊登的有关攻击男子的内容表示不满，来信指责杂志过于偏袒女子。《玲珑》对此适时地推出同为三和公司旗下的《摄影画报》，表明此刊物会另辟专栏披露男性的不平之声，但坚持《玲珑》杂志为“妇女界喉舌”的性别定位。由此推测，《玲珑》杂志侧重于女性视角，《摄影画报》偏重于男性视角，三和公司以性别化营销的策略占领男女读者市场，实现读者数量的最大化。

从《玲珑》初期刊登的内容亦能推断杂志照顾男性读者的阅读需要（见图1）。1931 年间，《玲珑》每期有固定页数主要对摩登家居和女性衣饰进行介绍，但是《玲珑》（第 5、6、10、17—19 期等）也会刊登有关男性时尚装束、健美身材标准的图文。刊登这类图上的目的，除了杂志为女性给男子买衣服提供指南的原因之外，另一合理的解释即是杂志此类信息主要针对男性读者。

图 1 《玲珑》有关男性装扮和健美的表述

资料来源：由左至右分别刊在《玲珑》1931 年第 17 期 606 页；第 18 期 633 页；第 19 期 687 页、699 页。

① 编辑者言 [J]. 玲珑，1932,2(63):613.

从上述内容可以推断，至少在 1931 年至 1932 年上半年期间，《玲珑》兼有男女读者，这也是本节第三部分将 1931—1932 年划为《玲珑》杂志发行第一阶段的原因之一。杂志兼有男女读者，为下一章对健美女体的消费提供“消费者”支撑。

二、女性——被规训的对象

1931 年是《玲珑》杂志的发行首年，杂志刊登奉劝女性参加运动以强身健体、使用国货勿使金钱外溢和教导儿童等内容，语言表达相对比较温和，措辞并不激烈。但“九一八”事变后，《玲珑》的措辞风格发生了较大的改变。《玲珑》杂志 1931 年的国庆特刊妇女版首篇文章指出，国内女性将全部心思放在服饰、娱乐、交际或家政上，平时不注意国事，说这些女性：

> 宁愿睡觉看小说，决不愿细阅报纸杂志。对于暴日的侵略，我们多数的姐妹，只知其事，不知其所以然。《玲珑》是女界的暮鼓晨钟，所以在本期国庆特刊上将这次暴日盗行的前因后果，作有统系简短之叙述。唤醒姐妹们的醉生梦死，共救危亡。[①]

简短的几句话透露出编辑者对国内大部分女性的看法——与国事绝缘，认为杂志有责任和义务唤起女性的民族意识，加入民族救亡运动当中。不过，《玲珑》平时所刊的内容，大多是关于家政、服饰、交际、明星故事等方面的内容。但每逢国家遭逢危机之时，《玲珑》会呼吁女性加入拯救民族危亡的工作当中（详见第七章、第九章）。

---

① 国难鸟瞰 [J]. 玲珑，1931,1(30):1099-1110.

三、杂志的特点

《玲珑》一向以“女界喉舌”自居，喉舌在此有双重功能：一是替女子发声揭露男子、社会的丑恶，为女性的不幸和不公的遭遇鸣不平；二是规劝和引导女性行为（如前文提到杂志认为女性不关心国事，要唤醒姐妹们的醉生梦死，共救危亡）。替女子发声、揭露男子丑恶的相关内容主要刊登在1931—1933年间。不过随着编辑的更换，编辑自身对相关知识和主题的偏好，使得《玲珑》在不同时期呈现出不同的特点。笔者将《玲珑》粗略地划分为三个时期：1931—1932年为杂志初期阶段，在林泽民的主编下，妇女版以女作者投稿为主，以揭露男子丑恶为特点，主打休闲杂志风格；1933—1934年为杂志中期阶段，倡导男女平等、妇女解放的言论增多，并且在国货年、妇女国货年和新生活运动背景下，对女性提出各方面的要求，言论不如初期轻松休闲；1935—1937年为后期，在主编彭兆良的“性”趣主导下，关于“性”文化内容增多，对妇运的指导更加激进，同时受国际形势影响，号召女性为民族国家做贡献的文章增多。

《玲珑》在七年的发行期里，编辑更换频繁，不同时期呈现不同特点，对于女性与民族国家的关系也有所侧重。但是，杂志自始至终反对只看重外表的“摩登女性”，提倡女性通过运动以强身健体，并不时地提出自己对女性的要求。1931—1932年期间，《玲珑》关于身体健全是新女性的标准之一、是强国优生基础的表述居多；杂志发行中期，恰逢国货年、妇女国货年和新生活运动期间，号召女子抑制外货、崇尚节俭文章数量增加，并将使用国货、节俭看作新女性的标志，呼吁女性谋求职业争取妇女解放的文章开始出现；杂志发行后期，彭兆良任主编时，第174期直白地表明杂志发刊的最大目的是为了指导女性生活，解决妇女的问题与苦闷，女性拥有适当的行为、道德修养和读书学问亦十分重要，认为女子不应只注重外表摩登，打着“新女性”的旗号，行为不检点反为旧式女性所不耻：

正所谓“新其外而不新其内，革其面而不革其心”，与我们理论的前进女子相拒（距）实远。我们因（应）不客气地给予她们厉害的裁判！

至于学问方面是日新月异的，我们但愿本志成为新学林，不但是足以点缀女界荒凉的园地，且足引起读者们读书的兴趣与修养。①

彭氏主导杂志后期的文章关于妇女解放的指导言论更加激进，倾向于要求女性谋求职业、经济独立，更重视女性的精神内核而非外表摩登，同时，认为女性与男子一样，可以积极地参加各项国防工作实现保家卫国。

---

① 编辑室大放送 [J]. 玲珑，1935,5(8):509. 括号内字为研究者所注。

第三节 男性编辑为主体

《玲珑》杂志其他的编辑更换频繁，唯独“陈珍玲女士”编辑从未离开杂志。从杂志发刊开始，“陈珍玲”的名字就一直出现在杂志的版权页，从未消失。创刊号上，负责妇女版的“陈珍玲”写道：

给姐妹们

珍自离校后与同学及老友每少聚首之机会。消息久疏。今就任本杂志妇女部编辑。愿为全国女同胞之喉舌。发挥女子积悃。并请同志踊跃赐稿。并附本人或本文照片尤感。[①]

同时，在该页配上一幅标题为《新婚后葛璐茜女士》的照片。上文下图的安排，加上女性化的名字，极易使读者默认“陈珍玲”的女性身份。

給姊妹們

图 2 《玲珑》创刊号“陈珍玲”编辑的《给姐妹们》

资料来源：《玲珑》1931 年 1 期 5 页

① 陈珍玲 . 给姐妹们 [J]. 玲珑，1931,1(1):5.

“陈珍玲”的名字虽然出现在《玲珑》杂志每期的版权页上，但事实上并不存在“陈珍玲”这一真人，是虚构的编辑。根据前人研究，有位叫“陈霞”的男编辑在1934年《皇后》撰写的文章里提到自己曾任《玲珑》的编辑，杂志所刊文章大多是“赞美男性和咒骂男性”，这样的文章是吸引年轻女性的法宝。“赞美男性和咒骂男性”与《玲珑》前期妇女版的风格一致，且当时妇女版编辑仅有“陈珍玲”一人，而且《玲珑》初期有关赞美或者咒骂男性的文章多刊在妇女版上，由此可推测，“陈霞”极有可能扮演过“陈珍玲”。此外，《玲珑》所刊的署名为“陈珍玲”的一些文章，收录在三和公司独立出版的玲珑书业；同样内容的文章，玲珑书业《产前须知》的编辑却署名为“露萍”。“陈霞”“露萍”具体是谁无可考证，但却为“陈珍玲”之虚假性提供了一定的佐证。

真正让人产生怀疑“陈珍玲”并非同一个人的是“陈珍玲”对于爱情或婚姻不幸女性前后态度的差异。《玲珑》杂志前期力争做女界喉舌，抨击和揭露男子丑恶，“陈珍玲”对于女子哭诉男性花心的来信均是先对女子遇人不淑的遭遇表示同情，随后劝女性识清男子本质后，不要再想法挽回男子爱心。① 一女读者来信倾诉结婚八年的丈夫突然受刺激离家住旅馆冷落妻子，欲寻求解决对策。“陈珍玲”认为只是丈夫厌倦长期的婚姻生活，让女读者不要有任何举动，待男子在旅馆饱受饮食不佳和管理衣物之苦后，自然会回到家里，过上一向幸福的生活。② 彭兆良任编辑的其中一期，“陈珍玲”为《如何对待男子》一文作序，指出杂志经常收到女子哭诉遭受男子或丈夫欺骗的来信，“陈珍玲”先是指责男性，随后话锋一转，责怪这些女读者涵养不足，不了解爱的艺术。“陈珍玲”指出具体的恋爱的艺术就是御男术或御夫术，文中甚至提到了加本特——五四知识分子讨论性和婚姻问题时常提及的人物。彭兆良正好对于

① 李云，珍玲．我要夺回我底爱人 [J]. 玲珑，1932,2(56):250-251.

② 绮姻，珍玲．喜欢独居的丈夫 [J]. 玲珑，1932,2(60):444.

“性”文化颇为在行，而且自他任编辑后，《玲珑》杂志关于“性”文化的内容越来越多。如此看来，此时的“陈珍玲”是由编辑彭兆良扮演的可能性极大。前人将彭氏用真名在其他刊物发的文章与《玲珑》同样内容的文章进行比对后，得出彭氏本人还用过“红笑生”“启明”“蒋佩英”“子修”等笔名的结论，“李若兰”“梅影”的言论与彭氏观点相似，但尚无确凿证据证明这些人为彭氏本人。

由此可以推断，“陈珍玲”这一虚构的女性编辑，不过是《玲珑》为了打开女性读者市场，对杂志进行性别化营销的策略之一，“她”的扮演者极大可能是不同时期《玲珑》杂志的男性编辑们。与此同时，彭兆良还采用较为女性的笔名在《玲珑》发表文章。

除了彭兆良，《玲珑》杂志的其他男性编辑亦会采取女性化的笔名发表文章。前期（1931—1932）的妇女版文章选刊大量的女作者来稿，以“某某女士”署名表明性别，有的文章会配上作者本人照片，可以确认该文作者确为女性无疑。到了中后期，《玲珑》的男性编辑会使用女性化的笔名在杂志上撰稿，但名后不再加上“女士”二字以示性别。《玲珑》第 144 期更换美术编辑后，第 145 期的《编辑者言》做出如下声明：

> 本刊美术编辑改由赵白夜君担任，白夜最近时有作品在本刊发表，想读者当能忆及“白妮”其人？①

赵白夜是《玲珑》杂志第 144—181 期的美术编辑，在他担任美术编辑期间，以“白妮”这一女性化的笔名屡屡撰文。其实，在他尚未以美术编辑的身份出

---

① 编辑者言 [J]. 玲珑，1934,4(20):1278.

现在版权页上时，他自杂志的第140期起就为杂志撰文了。[①]《玲珑》第140—168期的首篇文章，部分由“白妮”所撰，部分署名为“妮”，笔者推断“妮”也是赵白夜的化名。首先，当时赵白夜已经任《玲珑》的美术编辑并兼任文字编辑，如果他已经用了“白妮”为笔名，其他人再用“妮”这个笔名则不太合适，会产生重复。再者，“白妮”和“妮”对1934年争法运动的态度相似，均更多地从妇女人格角度出发肯定运动意义，肯定女性团体对法律条文中对女性的不公规定进行抗争的意义。1934年，“妮”对刑法修正案中“今后凡急色儿奸淫十四岁以上的小姑娘者，概不矣强奸论罪矣”、强奸年龄从十六岁改为十四岁条文表示强烈不满，认为中国社会对于女子犯奸的制裁向来严重，却宽容男性的同样行为；谴责法律不仅不对女子加以更缜密的保护，居然还做“摧残女子生理之发育”的刑法修正，无法明白立法诸公的用心。[②]1934年期间的妇女团体反对刑法修正案中只规定女子通奸受罚，“白妮”认为应争取妇女之人格，拥护男女平等而争法，否认争法在其他人眼中只有片面性，与妇女运动无关联的看法。[③]不过，《玲珑》杂志内部对此观点存有分歧，在接下来一期里署名为“竹”的文章表明妇女运动不是以法律规定的平等为限度，改法了也无助于改善妇女经济从属关系，不能实现妇女解放。[④]《玲珑》自此以后，不断强调女性应该依靠经济独立实现妇女解放。后续赵白夜以“白夜”为名在第171期提供了一篇小品文。[⑤]彭兆良于172期接任《玲珑》文字编辑后，以“白

---

① 赵白夜以“白妮”为名撰写的文章有：专制婚姻的罪恶[J]. 1934,4(20):1219-1221. 关于爱美[J]. 1934,4(33):2108. 妇女运动与法律平等[J]. 1934,4(37):2355-2356. 迎儿童年[J]. 1935,5(2):67-68. 儿童年难产及其他[J]. 1935,5(2):67-68，等等。赵白夜是否有其他署名，尚待进一步考察。

② 妮．刑法修正案中之强奸年龄问题[J]. 玲珑，1934,4(35):2227-2229.

③ 白妮．妇女运动与法律平等[J]. 玲珑，1934,4(37):2355-2356.

④ 竹．妇女解放的先决条件[J]. 玲珑，1934,4(38):2419-2421.

⑤ 实际上第169-170期已经没有以“白妮”和“妮”署名的文章，以“彭兆良”署名的文章开始增加。第171期赵白夜以“白夜”为名为《玲珑》提供了最后一篇文字《俘虏》(1935,5:277-283)。赵白夜在

妮”和“妮”署名的文章在杂志彻底地销声匿迹。

1936年初，《玲珑》在总第222期的杂志版权页里完整地公布了它的团队，除了编辑彭兆良和“陈珍玲”、美术编辑许秉铎（第237—298期）外，还给出了四位执笔者的名字，分别为梁永福、史景明、范欲飞、徐今生。根据执笔者的名字，他们很有可能是署名为“明子”“飞”“今生”“生”的文章的作者。

以上分析说明，杂志文章女性化的署名其实大部分是男性编辑们的笔名或化名，《玲珑》杂志的编辑团队是以男性为主，尤其到杂志的中后期，所刊文章基本大多为男性编辑们所主笔。这表明了《玲珑》刊载的许多文章是由男性撰写的，尤其是署名为“陈珍玲”“珍玲”“珍”或没有署名的文章，均由男编辑进行“把关”，由他们主笔撰写。

兼任美术编辑期间，也当作文字编辑，推测彭兆良接手《玲珑》后，赵白夜让贤或原本就要离开，仍待考证。

小结

《玲珑》杂志的主创人员受过良好的大学教育。林泽苍、林泽民兄弟均毕业于光华大学，林泽民是林泽苍的胞弟，与其兄的兴趣爱好十分接近。《玲珑》在林泽民主编期间，刊登了大量的图片，其中许多图片为林泽民所摄。彭兆良作为翻译家，翻译了大量的英文作品，并专注于“性”学研究。这些编辑精通外语，为他们率先接触外国文化和知识提供了便利性。杂志同时拥有男女读者，不同时期的编辑有其自身的内容诉求偏好，使得杂志在不同时期呈现不同的特点。不可否认的是，《玲珑》前期文章的作者有不少女性，但杂志的中后期的作者团体是以男性编辑为主体。

作为把关人的编辑们虽然各有特点及内容偏好，但是他们作为受过高等教育的知识分子阶层，心怀天下、渴望传递新知给普通民众以塑新民的情怀和抱负却是相同的。“以天下为己任”的知识分子情怀使休闲定位的都市杂志《玲珑》赋予自己唤醒和启蒙女性甚至包括男性在内的大众的责任，号召与国事绝缘的女性应多关注国家大事。在国家危难时，杂志亦会向读者发出救国的呼声。

第五章 《玲珑》女性国民身体的媒介表述

清朝自道光到光绪年间，不断面临着列强的入侵和国内的叛乱。[①]甲午战争清廷败于日本，知识分子们幡然醒悟，洋务运动的器物改革无法达到国富民强的目的。戊戌时期的知识分子将眼光投向了政府制度的改革和国民身体的改造。与强盛的欧美诸国的女子身体相比，知识分子们相信女子缠足是导致国民身体孱弱的原因，因为彼时强盛的西方国家的女性并不缠足，从而提倡戒缠足。维新变法的失败和义和团运动所暴露出民众的严重愚昧，最后才使得国民身体的改造在 20 世纪初成为集体关注的重点，期望通过对人的改造将其塑造为强国和富国的基础。[②]北伐成功后，日本对中国的不断滋扰再次激发起中国民众对"优胜劣汰、弱肉强食"的警觉。1934 年在江西南昌发起的新生活运动，以衣食住行合乎"礼义廉耻"和"整齐、清洁、简单、朴素"的要求对国民的生活和身体进行军事化的教育，期望通过改造国民身体和知识实现救国建国与民族复兴。[③]

中国近代体育的先驱者和奠基人张伯苓提出要想国家强盛，就必须要增强国民的身体素质，使中华民族更加强大。他指出："强我种族，体育为先"，从

① 中英鸦片战争（1839—1842）、1850 年以后的二十年时间里以农民为主力的太平天国起义等、英法与中国的战争（1856—1860）、俄国在满洲的扩张等 //[美] 费正清，赖肖尔 . 中国：传统与变革 [M]. 陈仲丹，潘兴明，庞朝阳，等，译 . 南京：江苏人民出版社，2012:244-267. 蒋廷黻 . 中国近代史 [M]. 武汉：武汉大学出版社，2012.

② 黄金麟 . 历史、身体、国家：近代中国的身体形成（1895-1937）[M]. 2006:17.

③ 新生活运动 [M]. 南京：正中书局，1934:1.

实践上提倡国民要进行身体锻炼。[①]20世纪初期，进行体育锻炼的女性在数量上明显偏少，为了使女性对运动产生兴趣，倡导运动者将体育有益身体健康的说法更进一步地与女性美进行关联。于是，健康美在20世纪20年代后期成了流行语。在媒介的大力宣传下，社会逐渐将健美作为女性的审美标准，认为拥有健全体格是现代女性必备的条件之一。[②]

20世纪30年代，《玲珑》通过文字和图片展现健康的女性身体，并指明运动是身姿健美、体格健康的唯一途径，还认为健美对于女性家庭、个人亦有影响，以促使女性关注自身的健美问题。[③]这点需要指出（虽然本文没有具体陈述）。文中所指女性身体，并非仅指生物意义的体格，还包括了女性的服装打扮等方面。

《玲珑》杂志对女子健康健美的表述是否含有强国优生的论调？据统计，《玲珑》对健康健美的表述中，显著地以强国优生为出发点、偏重民族国家论述的内容有57份，加上多主题类别涉及身体规训内容数量10份，实为67份。[④]但是杂志有些涉及女子身体的文字和图片并不偏重民族论述，但又存而未显地与强国优生有着千丝万缕的关系。那么，杂志刊载大量的女性照片和有关女子身体的文字表述，是如何进行强国优生的媒介表述？如何生成和打造理想的民族女性身体？本章从审美的破旧立新和构建民族女体健美两大部分展开论述。

---

① 孙海麟．中国奥运先驱张伯苓[G]．北京：人民出版社，2007:20.

② 明．现代女子须具有的五个条件[J]．玲珑，1936,6(44):3409-3410.

③《玲珑》体现女性关注自身健美的相关文章有：秀之．我的体重减轻的经过——体育赐给我一个新生[J]．玲珑，1933,3(34-35):1857-1860．美容顾问之平板的胸部[J]．玲珑，1934,4(5):282．少女们的切身问题怎样使身体健美[J]．玲珑，1934,4(11):645-647.

④ 包含多主题类目中涉及的关于身体规训的内容，身体规训类别数量为67份，有关身体规训的内容在1931—1937年每年数量分布为8，8，13，13，7，12，6。

第一节 审美的破旧立新

在不同历史时期，女性美的标准和判断有所不同。中国从前以三寸金莲、弱柳扶风的“林黛玉”式女子为美。19 世纪末期，中国国门大开，国势杌陧，西方影响渐深，观西方之强盛及西人体格之强壮，国人自然地将民族命运与强壮的身体关联起来。“三寸金莲”被认为是影响女性身体健康的重要因素，母体不健康导致生育出来的下一代体质也偏弱。将缠足妇女看作落后象征的观点，是现代民族主义论述的特点。官方和民间的反缠足运动在辛亥革命前后十年间风起云涌。缠足的消逝并不随着国家政律的颁布而立刻退出历史舞台，作为社会风俗习惯和个体体现的缠足，它由缠到解的过程所呈现的特色，是一种在感情、时间和时尚三者之间摇摆和徘徊的动态。[①] 到了 20 世纪 30 年代，人们的审美的眼光早已改变，已然不会再以“缠足越小越时髦”作为评判一个女子美与否的标准。[②]

但拥有了“天足”的中国女性的体格，是否就代表着是健全健康的身体?

一、打倒病态美

随着人们对女性身体健康的关注越来越高，至 20 世纪 20 年代后期，健美逐渐成为女性美的新标准。到了 30 年代，健康美仍然受到推崇。《玲珑》杂志的论者推崇健康美，着力论述健康美是时代美的标准之一。要提倡健康美，首先要先破除过去对病态美的欣赏。《玲珑》杂志的作者王恭瑛直接表示真正的“女

① [美] 高彦颐. 缠足:“金莲崇拜”盛极而衰的演变 [M]. 2009:5-7.

② 珍玲. 现代男子对女性美目光之转移 [J]. 玲珑，1933,3(15):635-637.

性美”是必须建筑在健康上面，在一位病弱的女子身子，不会找出什么美来。①《玲珑》指出，中国女子对于美的观念是一种畸形的审美：以为容貌美丽即为美；身体弱不禁风、多愁善病才能够动人怜爱。这种审美观念减弱了女子体质，牺牲了女子的健康，杂志提议现时代的妇女应该认识健美的重要性。②

不过，《玲珑》并不认为女子对病态美的追求全是出于其自身的原因，杂志指出病态美受到追捧和提倡，与男子的审美有很大的关系。“陈珍玲”指出，过去的女子因为束之闺阁、缠足且不注意运动，大多为弱不禁风的病态美人，这种现象在20世纪30年代仍然存在。以林黛玉式的“愁”和“病”为特征的美人成了大多女性模仿的对象，而男子也以这种女子为理想中的美人。所谓女为悦己者容，男子对“病美人”的喜爱无形中会影响女子对美的认知。“陈珍玲”自嘲地指出，彼时中国会被冠以“病夫国”这个“雅号”，要归功于男子提倡的努力。③“陈珍玲”这篇文章发表于1933年，此时尚处于杂志的发行初期。杂志在创刊时声称要做“女界喉舌”，《玲珑》将国民身体孱弱的原因归于男子对女性的畸形审美而并非全然认为是女性的全部错误，是替女子发声、揭露男性丑恶的表现，与杂志初期定位以及性别营销策略是高度相关的。

同样将女子软弱归罪于男子错误观念的还有论者志勤，他认为对“林黛玉”式女子偏好的原因自古有之：

> 所谓“楚王好细腰。宫中多饿死”。“赵飞燕能作掌上舞”等。提倡林黛玉式女子。遗传至于今日。

他呼吁女子应不再甘为男子玩具，要摆脱女性依附的地位。论者志勤明显

---

① 王恭瑛．“女性美”与健康 [J]. 玲珑，1933,3(36):1934-1936.

② 现代妇女应有正确的审美观念 [J]. 玲珑，1937,7(11):810-812.

③ 珍玲．现代男子对女性美目光之转移 [J]. 玲珑，1933,3(15):635-637.

还有更深层次的忧虑，他担忧不爱运动、“弱柳迎风”的摩登女子将会短寿易病，对中国前途造成巨大危机；物竞天择，适者生存，他担心中国妇女如果仍然不醒悟，继续追求病态美而不愿意加强身体的锻炼，她们本身也将受天演淘汰。他呼吁每位女性应对拥有强健的体格加以极严切的注意，因为拥有健康的体格，才能生育健康的儿童，“为中国转弱为强之基础也”。[①]

从《玲珑》杂志的论述当中，可以发现当时的社会论调很自然地将中国女性身体，与国运之强弱、儿童之康健联系在一起。

二、妆饰美非真美

彼时在中国健美备受推崇，并被认为是时代美的标准之一。健康美的具体标准是什么？《玲珑》给健美做出了定义：

> 健美，并非指大块头或胖子，也不是指涂脂抹粉的粉彫美人，而是指有丰满的体格，健康的颜色，和活泼的举动的人呢。[②]

从定义中可以看出体格丰满、肤色健康和举动有活力的人是健美的，杂志还特别指出涂脂抹粉的妆饰美并不是评价健美与否的指标。

---

① 志勤.女健儿身手惊人[J].玲珑，1931,1(28):1019-1022.

② 珍玲.现代男子对女性美目光之转移[J].玲珑，1933,3(15):635-637.

图 3　健美的女体

健美的体格是我国女子所需要的 对于你的脸部不宜太看重

资料来源:《玲珑》1931,1(38):1488

《玲珑》认为健美的体格是中国女子所需要的，但不应该过于看重脸部。① 论者们批评所谓摩登女性借助如长旗袍、高跟鞋等漂亮时髦穿着、涂脂抹粉、烫发等方式打扮而成的“美”，认为这不是真正的美。② 质朴的美才是女性们应该追求的。③《玲珑》表示妆饰出来的人工美不可取，女性应追求健美的身材。杂志曾经刊出一篇文章，特意将上海着高跟鞋、粉红黛绿的摩登姑娘与山东强壮体格的女同胞进行对比，指责上海的摩登小姐们一个个像生活于 1932 年的林黛玉，是“白的粉团”，代表柔和弱；赞扬山东姑娘如同雄赳赳的娘子军，是“黑的钢铁”，代表健而美。杂志认为，时代需要的是穿着运动衣短裤

---

① 无题 [J]. 玲珑，1931,1(38):1488.

② 腰线美的力量 [J]. 玲珑，1931,1(3):89-90. 薇 . 摩登妇女的装饰 [J]. 玲珑，1933,3(30):1593-1594. 王恭瑛 .“女性美”与健康 [J]. 玲珑，1933,3(36):1934-1936. 白妮 . 关于爱美 [J]. 玲珑，1934,4(33):2108.

③ 华 . 对女同胞的希望三点 [J]. 玲珑，1937,7(1):9-11.

在运动场等户外场所跑跳、晒黑了皮肤的健美女性，呼吁摩登女子不要着迷于高跟鞋和脂粉这种外在的人工美，应学山东的姑娘，放弃妆饰打扮，到运动场锻炼身体去。[①]

除了认为打扮摩登、不爱运动的女性是林黛玉式的软弱代表之外，《玲珑》的其他论者又是如何看待喜爱妆饰的女子？论者华认为，虽然“爱美之性，人皆有之”，但是时代需要的是质朴、自然的美，香水脂粉以及一切装饰品，只有“落伍的人们才会亲近它”，劝导女性应丢弃这种东西。[②]论者薇表示，妆饰得越厉害越显出丑态，穿了阻碍脚发展的高跟鞋的女子，与过去缠足妇女毫无分别，是一种变相的腐化。让论者薇感到更可悲的是，许多妇女讲求外观美的目的是为了献媚异性。[③]

论者美卿也认为，女性服装的争奇斗艳就是为了博取男性的欢心。选择舶来品的“时髦”已经和她（他）所提倡的卫生、俭朴、便利三原则抵触了；认为时代新女性的任务，不仅是服务家庭、博取男性的欢心，在一切社会工作上，女子都应负同样的责任。涂脂抹粉、着高跟鞋、摆出媚人的风度等，在她（他）看来仅仅只是出卖自身肉体和灵魂去逗弄男性的手段，对于一切社会工作起不到一点作用，并感慨女子一直热衷于取媚男性，是妇女解放运动的阻力。[④]《玲珑》号召现代女性要摆脱“花瓶”和“专供男子鉴赏”的定位，认识到女子与男子一样要承担建设国家社会的责任和义务，应该像苏联女子一样努力参加生产工作，以获得政府的奖章为荣，不应该专门在妆饰上花费工夫。[⑤]

虽然《玲珑》初期每期有一定篇幅介绍时尚的妆扮，例如流行的高跟鞋样

---

① 山东姑娘颂赞 [J]. 玲珑，1932,2(71):1006.

② 华 . 对女同胞的希望三点 [J]. 玲珑，1937,7(1):9-11.

③ 薇 . 摩登妇女的装饰 [J]. 玲珑，1933,3(30):1593-1594.

④ 美卿 . 妇女服饰的我见 [J]. 玲珑，1934,4(34):2176-2177.

⑤ 现代妇女应有正确的审美观念 [J]. 玲珑，1937,7(11):810-812.

式、新兴的发型和时髦的女性时装等，但到中后期，随着国货运动及新生活运动的开展以及杂志逐步走向妇女运动立场后，《玲珑》杂志不再如初期兴致勃勃地向女性介绍时髦装扮，而是对它曾经向女性介绍过的流行的高跟鞋进行了批判。

编辑彭兆良认为女子穿高跟鞋与缠足一样有伤身体，影响子宫甚至会有减少子嗣的危险；不穿袜子的裸足女性，花费巨甚保养双腿，在男子眼中还是“现代女子放浪淫靡的象征”。女子如此沉迷打扮，可称为一种“新缠足主义”。[①]论者胡兰畦认为，穿着高跟鞋的“摩登”女性，只是表面的摩登，不是真正摩登，“长旗袍高跟鞋的社会意义，就是说明穿着的这般妇女是垂着手，坐着吃，不做事的”，号召女性要挽救民族国家危急，抛弃高跟鞋，锻炼健康的体魄，养成操作习惯做生产者，成为真正摩登者。[②]

“落伍的人”“献媚异性”“花瓶”“不做事”成为《玲珑》给爱妆饰的摩登女性打上的标签。《玲珑》谴责这些女性没有健康的体魄，无法独立，要以色事人，依附男性，没有认识到自己应参与国家建设的责任和义务，不能成为一名“生利者”。编辑彭兆良将矛头指向穿高跟鞋的女子，表示穿高跟鞋不利于生育健康的后代，专注于妆饰是沉浸于“淫靡”的表现。

随着 1934 年妇女国货年和新生活运动的开展，对于女子使用舶来脂粉造成国家漏卮的批评甚多，《玲珑》更加提倡女性应注重自然美、健康美，反对妆饰美（本书第七章对此有相关陈述）。

三、运动——强国优生的道路

身体健康健全有助于国人参与国家建设。论者金玉芙表示，国家与社会的

① 兆良 . 足的故事 [J]. 玲珑，1934,4(26):1654-1656.

② 胡兰畦 . 长旗袍和高跟鞋 [J]. 玲珑，1937,7(21):1623-1625.

兴衰强弱与人所能供给的能力多寡有关。倘若只偏重学业，但身体不好，精神不足，无法长时期地向国家社会贡献他的能力。因此，身体强壮十分要紧，同时要讲究卫生和运动。[①] 论者华同样认为，只有做一个体格健全的人，才能够在社会上有所作为。[②]

当时社会上普遍认为中国人体格和健康不如西人，《玲珑》认为最大原因在于中国人缺乏适当的锻炼。西方女性通过练习柔软体操以使身材健美。虽然西方体育已经传入中国许多年，在社会上并没有掀起锻炼身体的狂潮，其中大多数摩登女性并不重视体育并且身体孱弱。这些女性孱弱到何种地步呢？《玲珑》如此描述：

> 步履倾侧。苟令跳远。势必未跳先倒。又观其步行稍远，即已气喘汗流。不胜疲乏。苟令赛跑。势必血管炸裂。[③]

杂志认为，中国女子瘦弱的原因，一在于不爱运动，二在于束胸和缠足。不爱运动身体无法健康，而束胸容易导致肺病。[④] 妇女身体是否强壮，对于能否产下健康强壮的婴孩有很大的影响；如果女性身体素质较差，很大程度上会导致其所生儿童也很瘦弱，这样不利于国民的身体素质的提升和加强。彼时的医疗水平不似现代般社会发达先进，如果孩子身体瘦弱体质偏差容易生病，倘若无法得到较好的医治，孩子容易夭折。因此论者倡导女性应多参加户外活动，注意体育，先加强母体的身体素质，为生育健康的孩子打下良好的基础。[⑤] 论

① 金玉芙．身体健全为人生的无上幸福 [J]. 玲珑，1934,4(41):2069-2070.

② 华．对女同胞的希望三点 [J]. 玲珑，1937,7(1):9-11.

③ 志勤．女健儿身手惊人 [J]. 玲珑，1931,1(28):1019-1022.

④ 女子瘦弱的原因 (上)[J]. 玲珑，1934,4(12):727. 女子瘦弱的原因 (下)[J]. 玲珑，1934,4(13):793-794.

⑤ 妇女瘦弱的原因及补救方法 [J]. 玲珑，1932,2(59):398.

者夏柏承也表明要以提倡女子体育为第一要务，只有通过培养专门的女性体育人才，方能塑造将来有希望的女性。适当的训练是女子健身、爱国、增强国民身体素质的根本办法。[①] 论者茉莉认为，如果中国普及运动，“如此则我国懦夫之讥不久可以雪矣”。[②]

健康美会让人印象深刻，心生好感。论者王恭瑛指出，女性健康自然会给人美的印象，特别是运动场里拥有健康身体的女子所散发的奋发有为的精神令人羡仰。运动场里的女子健全体格是真正的女性美，令人起敬和生爱。[③] 这表达了运动是使女性健美的主要途径。

除了在运动场上跑跳，《玲珑》认为，军事训练也是一种锻炼体格的好方法。上海务本女校三十周年纪念假时举行了女子义勇军操演，《玲珑》对操演表现出的整齐、服从、团结的尚武精神异常满意，认为义勇军训练足以锻炼身心。提倡全国女生极应加入义勇军加以训练，同时取消舞蹈及体操科目，“为将来强民之预备，该女生均为将来之贤妻良母也”。[④] 论者王孝英也认为，女学生爱国，除了读书外，实际上还要有强健的身体与敌奋斗，军事训练是锻炼的最好途径，如此报国更有实力，民族才会有前途。[⑤]

---

① 夏承柏 . 健全的女儿 [J]. 玲珑，1932,2(42):1701-1702.

② 茉莉 . 运动与中国 [J]. 玲珑，1931,1(1):25.

③ 王恭瑛 .“女性美”与健康 [J]. 玲珑，1933,3(36):1934-1936.

④ 珍玲 . 全国女生应加入义勇军 [J]. 玲珑，1931,1(35):1341-1342.

⑤ 王孝英 . 女子与军事训练 [J]. 玲珑，1931,1(39):1513.

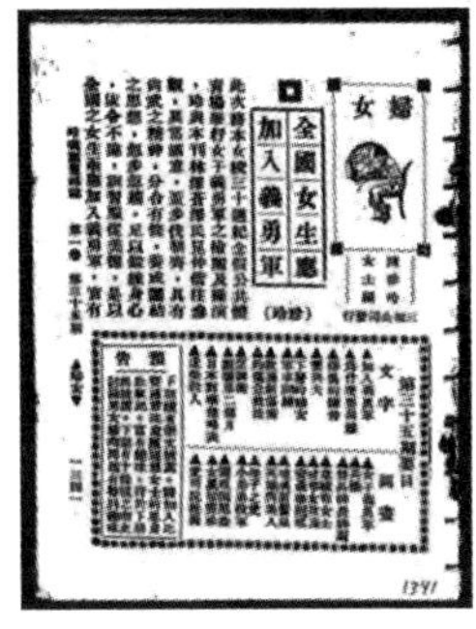

婦女

全國女生應加入義勇軍

图 4 《全国女生应加入义勇军》

资料来源：刊在《玲珑》1931 年 35 期 1341—1342 页

从上面的各项论述中，为国家社会做贡献、增强国民身体素质和一扫西方对中国身体孱弱固有印象之耻是女性们参加运动、拥有健康体格的主要目的。在和平时期健康的身体就已然显得十分重要，彼时中国危机四伏，又受日本的觊觎，随时会引发战争。在战争紧迫之时，女性参加国防工作，健康的体格亦显得必不可少，否则到时候根本没办法进行自救，更谈不上有余力救护他人。[①] 论者们指出，在中国生死存亡关头之时，妇女们不应与战争绝缘、置身事外，应当参加救国运动。女子体弱懦软尤甚于男子，要救中国，女子首先要锻炼健全的体格，否则一切方法与主张都是徒然。[②]

① 中国妇女的新姿态 [J]. 玲珑，1936,6(25):1885-1887. 宜之 . 女子与军事训练 [J]. 玲珑，1931,1(35):1351. 明 . 现代女子须具有的五个条件 [J]. 玲珑，1936,6(44):3409-3410.

② 国难中姐妹们的三大训练 [J]. 玲珑，1932,2(80):1395-1396. 骆惠英 . 妇女应有的觉悟及准备 [J]. 玲珑，1936,6(11):772-774.

第二节　建构女性国民身体健美的标准

前述部分论述了拥有健康、健美体格的女性对于民族国家的重要性。林黛玉式的“病态美”无法适应民族国家强国优生的需求，要破除过去“病态美”的标准，就需要新的时代美的参照标准。如果仅仅进行文字描述，读者还需要凭借对文字的理解去想象新的时代美的女性身体形象，而图片则能够提供直接、直观和明晰的参照。《玲珑》刊登的女性图片直观地提供了时代美、健康美的参照标准。

由于《玲珑》杂志的主创者林泽苍、编辑林泽民爱好摄影，与各摄影机构有业务往来，且林泽苍早在1925年就创办了专门介绍摄影知识和刊载各类照片的《摄影画报》，因此，《玲珑》丰富的照片来源能得到保障。《玲珑》杂志的封面采用真人照片，照片的人物一般为大家闺秀或中国女星，封底为外国影星。1931—1932年，杂志的妇女版登了大量女性作者的照片，好莱坞女星的照片几乎每期皆有，杂志同时还刊登普通西方女性及中国女性运动的照片。“健美”这个词汇并非在中国土生土长起来的，而是在西方诞生并从西方传入中国的，因此《玲珑》自然先以西人的形象给国人予直观的健美感受，然后再通过刊登彼时符合于健美要求的中国女性形象来构建理想的民族女体。

实际上，《玲珑》是在消费女性身体的过程中建构着符合于彼时民族要求的女性身体。观看杂志女性图片的“消费者”就是杂志的男女读者们。

《玲珑》通过刊登好莱坞女星的性感照片、倡导健美时采用的中西方女子照片和德国的裸体运动照片，树立对女性新的审美要求。女性照片刊登在杂志上，成为当时以男性为主体的社会审美的客体。作为审美主体的女读者，可通过杂志的女性照片进行自我审美以及对他者进行审美。女性和男性的观看视角可能不同，这些照片对男性而言不能不说是一种感官的刺激。上海虽受西方文化影响颇深，但长期以来受社会风气和封建礼教的影响，中国女性不可能整体上发生突变，其着装和言谈举止仍要符合于“礼”的要求。彼时中国女子需要洁身自好，衣着也不能过于暴露。随着经济的发展和职业的多样化，越来越多的女性走向社会谋求岗位，出现了女店员和女招待这样的新鲜职业。但衣着艳丽、打扮入时的女店员和女招待，会被看作不务正业，男子见了漂亮的女店员，如同蜂蝶般，“似购非购地同女店员胡闹”。[①] 因此，衣着较少、曲线毕露加上裸体的照片，会成为男性读者偷窥女性身体的窗口，甚至于满足其情欲的需求。

《玲珑》是一本靠商业资本运作的休闲杂志，要依靠销量来创造利润。由此推断，《玲珑》借着大量的女体照片来提升销量，这些女体照片一方面对男女读者起着健美的示范效用，另一方面《玲珑》借此扩大自己的读者群，满足男性读者的情欲。

一、外国女星的健康美

《玲珑》认为，健美“不在乎清瘦，也不在乎粗肥，而在乎全身肌肉的健美发达”，[②] 杂志通过西方女性“双峰高耸两股丰富四肢坚实”来展现何为健康和体美的姿态，来打破以往中国以林黛玉式弱小身材、束胸、裹脚的残缺为美的审美观。《玲珑》刊登的照片中的西方健美女性身材并不显得苗条骨条，但是身材匀称，且均拥有十分迷人的身材曲线，肌肉结实并富有弹性。

---

① 何潄芳．“女店员”[J]. 玲珑，1931,1(15):507-508.

② 健美 [J]. 玲珑，1931,1(19):699.

20世纪30年代美国电影事业蓬勃发展，彼时上海的电影业也在快速发展。开埠后的上海受到西方文化的影响，这里的文化包括了美国的电影文化。作为大众传播媒介的电影，在20世纪30年代颇为流行且影响较大，银幕上的明星也成为人们竞相效仿和追捧的对象。《玲珑》杂志娱乐版主要介绍彼时电影明星逸事或世界电影，杂志上刊登的好莱坞女星成为《玲珑》率先看向西方的“健美规范”。

图 5　西方女性健美的身材

资料来源：从左至右分别刊于《玲珑》第11期295页；第15期533页；第114期1846页。

图 6　性感的西方女明星

上图最左文字：对这两位娇丽的女星作何感想。淫荡吗？不。风骚吗？不。她们都有她们的惊人之处。就是“妩媚”两字。这妩媚虽是天生的。可是这一黑一白的内衣却帮助她们的妩媚滋长了不少。……穿了足以使女性固有的“体美”全部的透露。而保存她们专有的诱惑。

资料来源：《明星的内衣》，刊于《玲珑》1931 年第 2 期 66 页。

《玲珑》选登的好莱坞女星照片大多是身着华服或衣着暴露，她们曲线毕露、凸显女性特征，在相机面前摆出的姿态妩媚，直视镜头，眼神大胆或娇媚。《玲珑》对她们的评价是正面的，并不认为她们的“搔首弄姿”是淫荡或风骚的表现，而是专属于女性的妩媚。无一例外的是，《玲珑》刊登照片里的女星们均身体线条匀称，呈现健美之态。

二、中国女性的端庄

西方女星因为职业以及所处国家社会风气的关系，拍照时显示出热情奔放、妩媚的特点在情理之中。“师夷长技以制夷”，在很多知识分子心里，西方的物质文明发达，应当学习西方的器物。但是，他们不会公然允许中国的女性如同好莱坞女星一般在镜头面前“搔首弄姿”，以免显得“放浪”。中国女性仍然要秉持端庄、温婉等特性，遵守一定的道德规范。彼时有位美籍华人影星黄柳霜，参与了几部好莱坞的电影摄制，被称为“东方美人”。但是《玲珑》却对这位“东方美人”笔诛墨伐。杂志批评黄柳霜在电影《月光宝盒》扮演的蒙古女奴已经有损中国女性形象，更让杂志不齿的是她在派拉蒙拍摄的《上海快车》里饰演一个叫“胡翡”的“放浪的中国女子”，直接或间接地玷污了中国。杂志表示，外国电影公司并不了解中国，认为中国人是一个“卑鄙下流的民族”，总是将电影涉及的华人角色以诬蔑的方式进行呈现，更深刻地给本就不了解中国的欧美人留下不良的印象。而黄柳霜居然接受放浪女性的角色使中国女性污名化，糟蹋自己的祖国，“卖国”换取地位和名声，是中国电影界的汉奸。[①]从《玲珑》的民族主义表述看来，黄柳霜在好莱坞电影扮演的蒙古女奴和“放浪”女性意味着中国女性地位卑贱低下，充满屈辱感，并不是中国女性真实形象的体现。《玲珑》担忧西方电影将中国女性以负面的形象长期地在呈现银幕上，久而久之会让更多从未直接了解中国的西方人形成刻板印象，认为中国女性的地位都是如此低下抑或行为举止皆如此不端，进而对中国产生更大的误解。

图 7 《玲珑》封面女性

资料来源：由左至右分别为《玲珑》第 2、9、23 期封面。

什么样中国女性的形象才是彼时的中国女性所应该追求的？从《玲珑》的封面照片可窥一二。《玲珑》的封面照片或为自行摄制，或是向社会征求所得。从照片上女性的衣着以及当期杂志的文字介绍可知，封面女性的身份要么出身名门，是典型的大家闺秀，要么是女明星，抑或是女学生。20 世纪以前的中

---

① 电影界的汉奸 [J]. 玲珑，1934,4(17):1078-1079. 1935 年黄柳霜打算回故土中国之际，《玲珑》表示她虽然早年拍过辱华影片，但伊渐生爱国之心，痛改前非矣，在当期刊登了她自述的投身影界趣史 // 铁笔 . 黄柳霜自述投身影界趣史 [J]. 玲珑，1935,5(32):2091-2095.

国，社会阶层区别明显。在当时的社会中存在固定的符号系统反映人生的确定性。每个人知道他们在社会结构中所处的位置，他们的社会地位能够轻易地被解读。服装，往往就是区别人们社会阶层和地位的显著的符号。到了20世纪初期，当异常严格的等级制度被打破后，僵化的社会结构开始慢慢瓦解，普通民众可以通过模仿比自己地位阶层高人的衣着、举止和行为，实现一种对权力的挑战或者对更高阶层的一种向往和追求。《玲珑》杂志所刊登的有关这些中上层阶级的穿衣打扮的形象往往会成为一般女性民众模仿的对象。这些女性是社会上的稀缺资源，她们的照片刊登在《玲珑》杂志，成为人们“偷窥”和模仿的对象。

从杂志选择的中国女性照片看，中国女性与好莱坞女性相比，无论在衣着还是精神气质上差别巨大。中国女性即便身着旗袍，所选的样式相对宽松，而不是紧贴身体从而使曲线毕显，她们所散发出来的气质以典雅端庄为主。这些身份或为名媛或为女校学生的杂志封面女郎，无不是端庄大气、含蓄温婉。从她们拍照的姿态和神态上看，《玲珑》杂志的封面女性无论采取的是坐姿还是站姿，大多会选择略侧身，微微低头，紧抿嘴唇不露齿，许多女性眼睛并不直视镜头，往往做娇羞状。在采取坐姿时，闺秀们手的摆放位置是一只手轻搭放在胸前，一只手自然地放下搭在身体另一侧。这样的动作、姿态和神情组合起来后不仅将女性显得矜持，还表现得优雅，突显端庄和含蓄的特点。实际上，从《玲珑》杂志所刊登的有关女性行为举止的文章来看，举止端庄，是杂志对中国女性的要求。女性要保持端庄、含蓄和矜持的特性，那是不是应该如同过去女性一般在家相夫教子不出门呢？《玲珑》给出的答案是否定的。《玲珑》鼓励女性走出闺门进行社交，但是必须举止端庄，进行合理的社交，行为上有所限制。这从杂志对舞蹈的态度可见一斑。

跳舞，在彼时中国社会看来属于运动的一种形式，可使过去深居闺阁的旧式女子通过跳舞来锻炼身体和进行社交娱乐，陶冶身心，当时社会上甚至还有“跳舞救国”的呼声。但是，《玲珑》并不提倡长时间泡在歌舞厅或通宵达旦跳舞的行为，杂志从头至尾都在倡导“有限制”“规矩”的跳舞，如果女性超过一定的“规矩”，这样的女子会被认为“失去尊严”。论者郑美秀表示，在身心得到运动益处的目的下，不允许舞蹈超过她的“规定”。[①]

什么样的舞蹈和社交是合乎规定的？蓓拉女士在《慈善跳舞珍闻》中提到有一名施女士参加慈善舞会，在舞会上十分活跃，狂舞了半天。

她对人家说：“我并不跳得十分好。就是因为 Mr. W 带得好，跳得好，所以我也不错了！”（蓓拉按：果然女人跳得好，完全是同她跳的 partner 好的缘故！）

作者借此表明女性交际舞跳得好完全是因为男性舞伴的缘故。参加同一场舞会的陈小姐是在其长辈唐瑛带领下方才参加舞会，并非自己独身前往。由此可见，跳舞是要有一定的“规矩”：未婚女子不可随意出入跳舞场所。[②]女性参加这类的交际场合最好需要有适合男性的陪伴。对于西方女子酷嗜社交，与男子通宵达旦混迹于电影院舞场的行为，《玲珑》编辑林泽民认为这样的行为方式完全不可取，是道德的沦丧，虽然西方物质文明发达，但是对礼教则毫不注意。[③]对于一到晚上青年男女就沉迷于舞场的情况，论者罗朴琦表示坚决反对，认为那是堕落志气的表现，会葬送青年人。奉劝自称为国家主人翁的青年，在国际风云日紧，帝国主义欲吞并中国之时，应将沙场当作舞厅，负起救亡图

① 郑美秀．女子与跳舞 [J]. 玲珑，1931,1(1):15.

② 蓓拉．慈善跳舞珍闻 [J]. 玲珑，1931,1(1):7.

③ 林泽民．摩登女子之明镜 [J]. 玲珑，1931,1(1):18.

存的国民天职，献身国家，“与那狼虎般帝国主义者去奋斗”。[①]

从封面女郎到对跳舞的表述，实际上反映了《玲珑》对彼时中国女性的态度。女性的姿态、动作、身体举止和生活活动空间并不可以随心所欲地呈现或选择，要受到一定的限制。从《玲珑》选择的封面女郎和刊登的有关女性的一些文章上可以看出，杂志偏好端庄典雅、含蓄温婉的中国女性，女子不可以自由地出入娱乐休闲等公共场所，并且不可随意地与无血缘关系男性接触。所谓的女子走出闺阁，仍然还是要遵守一定的“礼教”规矩。当国势危急时，青年人更不可放纵自己去跳舞享乐，应以国事为重。

三、运动为体美的方式

《玲珑》常表示西方国家因为重视运动，所以国民身体十分强健。与西人相比，中国人的体格及健康明显更逊，论者茉莉认为国人体弱的最大原因在于缺少适当的运动。茉莉提到欧洲有专门开办旨在促进西方人体格健康的体育学校和体育杂志，西方人大多能按学校和杂志的指导进行锻炼，因此，其体格显得十分健美。20世纪初，杂志作为主要的大众传播媒介深受人们的欢迎。杂志一般是采取图文并茂的形式，会产生较强的视觉刺激，吸引读者的注意。它的时效性不如报纸和广播，但是杂志的内容却可以反复翻阅，有较高的复读率。因此，利用杂志教育和启发读者在体育上的认知具有一定的效用。实际上《玲珑》有意效仿欧美专门的体育杂志，通过刊登有关运动的指导内容，促进中国人的健康。[②] 比如，论者茉莉建议男性们最开始邀妻子或朋友散步公园或于周末步行郊游以促身体健康，过段时间再做强度更大的运动。这样身体和精

① 罗朴琦．醒觉吧，青年们！莫迷恋舞场了[J]. 玲珑，1936,6(13):934-936.

② 1932年《玲珑》的《编辑者言》如此表示：“日来在报纸上刊物上，读者想见到不少关于中外体育消息吧？你看在外国是怎样地热闹，我们也应有表示才好。本刊特地选载关于运动消息，尤其是关于女子的。”// 编辑者言 [J]. 玲珑，1932,2(58):375.

神上不会觉得痛苦，锻炼的兴趣也会逐渐地增加，不久关于中国人体格孱弱的讥讽被可以被雪耻。[①]除此之外，杂志还刊载了有关游泳、柔软体操等运动方式的图片和文字指导。

好莱坞女星代表着西方世界体态优美的“摩登女性”，《玲珑》杂志会刊登明星们的运动照片，以表示女星们匀称健美的身材主要是通过长期的运动所塑造出来。《玲珑》除了介绍好莱坞女星采用的各类运动方式，还会刊载国外普通女性的运动照片。杂志认为德国女子大多体态健美的原因在于她们经常参加户外运动。[②]《玲珑》还指出国内一般女性虽服膺健美主义，可是实际能投入到体育锻炼的人却很少，呼吁中国女子如果真的向往健美的身材，应当效法德国的全民健身运动。[③]《玲珑》在第 23 期常识栏特推“日光裸浴专号”，十分推崇德国“讲究伦理、道德和自重”的裸体运动。人们一丝不挂，享受阳光和运动，体格健美，避免穿衣束缚体格。因为衣服的束缚使原有体格变坏，而长坐不动会导致身体发生病变。[④]

日光浴的结果是使皮肤变暗，但是身体却异常健康，于是棕色的皮肤成为健美的象征。[⑤]中国人棕色的肤色成为《玲珑》为女子夏季赤脚裸腿辩护的依据，认为棕色肤色呈现了健康美。1936 年，《玲珑》一篇文章对《字西林报》一西人批评中国女子赤脚肤色为棕色，不如白人肤色白皙，属于东施效颦，国内赤脚是做苦力之表现的言论表示不满。《玲珑》杂志谴责这种言论含有侮辱中华种族的意味，非要将肤色作为种族优劣的依据，草率地认为白色与纯洁相

① 茉莉 . 运动与中国 [J]. 玲珑，1931,1(1):25.

② 德国女子多半体态健美 [J]. 玲珑，1931,1(23):831.

③ 健身运动 [J]. 玲珑，1937,7(16):1205-1206.

④ 薛公珍 . 德国提倡裸体运动后风行于欧美 [J]. 玲珑，1931,1(23):830-831. 刘近仁 . 日浴的新思想裸体运动 [J]. 玲珑，1931,1(23):833-834.

⑤ 薛公珍 . 德国提倡裸体运动后风行于欧美 [J]. 玲珑，1931,1(23):830-831.

关，将白种人奉为优秀种族，而肤色较暗的黄种和黑种人则次于白种人。杂志义正词严地表示每个种族各有其特色的美，且健康美大都以“黄棕色”的皮肤为标识。中国女子的肤色为白种女子所梦想不到的天然健美肤色。《玲珑》还将枪口指向了《字林西报》，指责中国报纸没有一点爱国之心，竟然愚笨地引用“毫无价值的异族人的‘狂吠’，以自诋中国女子”。①

四、中国的女运动员

既然拥有棕色皮肤和健美身材的女性是值得推崇和赞扬的，在彼时中国符合于要求的女性自然地聚焦于中国的女运动员身上。拥有健美身姿的运动员，常被看作民族未来的象征。运动场上健美的、黝黑的女性，代表着“刚毅的，忍耐的，勇敢的精神”。论者朱瑶仙将这小部分的运动女性看作民族光明的将来，是“经过了锻炼的女战士”，代表并引导了全体女性做人生的奋斗，同时警告对这种热爱运动的新生活仍持怀疑态度的大部分姐妹会走向没落的命运。②文中并没有对没落的命运做出更加详细的解释，但推断朱瑶仙想表达的是女性若身体仍然如此孱弱不爱运动，身体素质不佳，如林黛玉般，除了对生育下一代不利，也会为社会上健美的新风气新时尚所看不起。

1932年美国洛杉矶夏季奥运会行将开幕前，《玲珑》强调体格强健的男女运动员“都是国家的股肱，未来的强健民族的创造者”，并表示国家文明和民族强弱与体育发达程度呈正相关关系。日本及西方国家总认为中国国民体质孱弱，甚至还出言侮辱。杂志认为，日本体格先天不及中国，“却跟欧美颉颃了”，比肩欧美，因此中国人应努力训练体格，摆脱他国对中国人身体孱弱的负面印

① 何必藏拙[J]. 玲珑，1936,6(27):2045-2047.

② 朱瑶仙. 从女子体育看到女子将来的命运[J]. 玲珑，1933,3(14):1203-1204.

象。[①]在1935年南京举行全国运动大会期间，《玲珑》认为当时意大利侵略阿比亚尼亚（埃塞俄比亚），弱肉强食又成为不可避免的趋势，此时召开全国运动会有其价值和深意：

唤起国民注意体育，恢复民族精神，所谓“强国必先强身，救国必先救己”也。女子参加全运意义，在强国优生之外，尤负有提倡女子体育运动之责，一扫以前“病美人”之耻。[②]

1936年中国运动员参加柏林奥运会并未取得任何奖牌，被国人谴责空费国币二十万。论者琳玲认为国人过于苛责，解释中国游泳和田径未取得奖牌原因在于中国人的体格和体育训练方法不如欧美国家，但不应忽略女性参加奥运所具有的积极意义：一是女子到了国外可以大开眼界，增长见识；二是打破外国人认为中国女子都是弱不禁风的认识，意识到中国也有“雄赳赳的新女性”。[③]

《玲珑》在表述中凸显女运动员的社会地位，将女运动员视作民族的希望。皮肤黝黑身材健美的运动员成为理想民族女体的象征。《玲珑》时常刊登女运动员的照片，尤其是每逢上海或国家举办各类运动会期间，杂志会特地扩大篇幅以刊载照片。活泼健美的运动员在当时中国占国家全体女性人数的比例很小，同时她们可以光明正大地活跃于户外场景，从事着与以往很多女性所不同的活动，出于猎奇的心理，运动员成为大众观赏和消费的对象。

---

① 难道永远做病夫[J]. 玲珑，1932,2(59):430.

② 珍．女子参加全运会的意义[J]. 玲珑，1935,5(40):3411-3412.

③ 琳玲．参加世界运动会谈到我国女子体育是否进步[J]. 玲珑，1936,6(45):3488-3490. 引号内文字为原文引用，原文为“纠”，今为“赳”。

图 8 体育明星杨秀琼

资料来源：从左至右分别为杨秀琼参加第五届全运会时的比赛照片（1933 年第 37 期，2051 页）；1934 年南京中央游泳池照（1934 年第 25 期封面）；家人合影及官员褚民谊亲自为杨秀琼杨秀珍姐妹俩“执鞭役充马车夫”（1934 年第 25 期，1614 页）；杨秀琼姐妹合影（1935 年第 41 期封面）。

在《玲珑》介绍的诸多女运动员里，杨秀琼无疑是受关注最多的体育明星。当时的游泳明星杨秀琼个人成绩优秀，身形匀称健美，同时外表靓丽，颇具女性气质，一时成为各媒介争相报道的宠儿。[①]1933 年，杨秀琼在南京召开的第五届全运会上一人包办四项冠军。[②]《玲珑》描述杨秀琼为：

> 不特成绩为全国一人，且身体各部分平均，姿容秀美……在会中有标准美人及美人鱼之号，均名副其实。[③]

---

① “杨秀琼到上海来了，这个消息可像世界第二次大战爆发了一样的动人。于是，外勤记者早做准备马上就忙碌了起来，各种报章杂志都给她的新闻占去了一个很大的篇幅。杨秀琼女士过沪留影，杨秀琼女士全家合影，杨……影等照片，满载在各种报章杂志上。”// 白羽 . 杨秀琼与新闻 [J]. 十日谈，1934,(38): 86-87.

② 五十米、百米自由泳，百米仰泳，二百米俯泳 // 女子游泳各项成绩表 [J]. 玲珑，1933,3(37):2013.

③ 慧英 . 水陆名将素描 [J]. 玲珑，1933,3(37):2011.

从《玲珑》的表述中可以看出其对杨秀琼容貌和身材的赞美，并且杨的游泳技术亦佳，才貌兼备，认为杨之美人鱼的称号名副其实。

1934年，杨秀琼参加在菲律宾举行第十届远东运动会，载誉而归后应南昌新生活俱乐部之邀，获千元旅费前往表演。《玲珑》对此表示，杨秀琼仅是希望把游泳推广到南昌，将南昌发起的新生活运动带回到广东，彼时国家希望借杨秀琼女士的名气，成为国人模仿的对象，鼓励国人重视体育，参与到体育锻炼当中。杂志指责有人以杨女士为活招牌作生财之道，一般的小市民无法承担票价高达五毛大洋的门票。高票价直接打击了一般小市民的热诚而使其望门兴叹。《玲珑》担忧社会一般人如过去利用电影明星和抗日将军一样利用杨秀琼的声望达到营利目的，担心这会助长成功者的骄狂心情，希望喜爱和疼惜杨秀琼女士的人们，在不停地给予她赞美和荣誉的同时，不要放弃督促她，以免其狂妄自大起来。[①] 从《玲珑》的表述中可以感受到杂志对杨秀琼的关注和爱护：杨获得千元旅费表演游泳，但《玲珑》却否认杨去南昌是为了增加收入，而是为了宣传和普及游泳，为了将新生活运动带回广东；希望大家不要捧杀了杨秀琼，使她在名利面前迷失自我。

正是因为有了杨秀琼这样出彩的游泳运动员，游泳运动为官方大力提倡。1934年，含有推广除掉东方人体质孱弱各类绰号体育运动内容的新生活运动[②]发起之际，运动发轫地江西省先禁止妇女烫发袒臂，随后北平、杭州等市为防伤风化而发布禁止赤足裸腿的禁令。[③] 当时的游泳衣相较于其他运动装更为暴

① 荣誉与危机 [J]. 玲珑，1934,4(25):1587-1589.

② 新生活运动的内容分为建立社会秩序的规矩运动、扫除一切污秽恶习的清洁运动、造成能自卫国民的保甲运动、除掉东方病夫绰号的体育运动、减低入超、成中国国际贸易均衡的国货运动和除掉全国文盲的识字运动 //《新生活运动之发动及其进行——邓雪冰在新生活运动宣传员人会讲演》//《新生活运动指导》[M]. 上海：三民图书公司，1934:12.

③ 丽 . 严禁妇女烫发袒臂 [J]. 玲珑，1934,4(15):901-902. 一片禁止声 [J]. 玲珑，1934,4(22):1404-1405. 北平通讯 . 禁止裸足声中一反响 [J]. 玲珑，1934,4(26):1664-1665.

露，但是游泳是运动健身的方式之一，可以促进身体健康，雪耻自强，实现民族复兴，因此着泳装游泳并不被认为有伤风化。有论者认为，游泳时男女所穿的游泳短衣身体暴露度很高，曲线毕露，男女同一泳池游泳，参观的人每天成百上千，不是应该比赤足裸腿更伤风化吗？为何无所置喙？[①]实际上，彼时中国欲借杨秀琼之光来推广体育运动。1934 年杨秀琼赴南昌后，官员褚民谊邀请杨秀琼参加南京市游泳比赛，并且亲自为杨秀琼、杨秀珍姐妹俩“执鞭役充马车夫”[②]；南昌载誉而归后，上海高桥海滨浴场邀请杨秀琼表演，表演时，“警察手枪高擎着”实行保护；[③]且杨秀琼在上海期间频繁接受要人和团体的欢宴；[④]1935 年 8 月，杨秀琼应厦门华侨黄弈住先生之子黄大恩聘请，参加闽厦各界游泳大赛；[⑤]1936 年参加柏林奥运会……即使男女同游泳池、泳衣暴露，杨秀琼本人衣着时髦并且烫发，与新生活运动改造人们“衣食住行”以符合“礼义廉耻”、达到“整齐、清洁、简单、朴素”的军事化要求在某程度上是相悖的，但是因为杨秀琼本人长相甜美，身材健美，符合于官方和大众对于“理想民族女体”的要求。从民族主义角度出发考虑，官方和民间对杨秀琼的推崇折射了背后“体育救国”的思想，即国民身体强健可雪国耻，是强国优生的基础。

像杨秀琼这样优秀的女运动员异常受社会关注，且频繁参加社会活动。1935 年第六届全运会期间，《玲珑》表示全运会有女子参加是为女界增光，也是国家重视女子体育的表现。杂志反对社会上以玩弄的心态将女子视作“运动花瓶”，认为这是不尊重女运动员人格的表现。[⑥]由此可见，《玲珑》非常支持

---

① 北平通讯 . 禁止裸足声中一反响 [J]. 玲珑，1934,4(26):1664-1665.

② 荣誉与危机 [J]. 玲珑，1934,4(25):1587-1589.

③ 百里 . 杨秀琼在高桥 [J]. 十日谈，1934,(38):88-89.

④ 白羽 . 杨秀琼与新闻 [J]. 十日谈，1934,(38):86-87.

⑤ 杨秀琼厦门献艺 [J]. 玲珑，1935,5(30):2050-2060.

⑥ 珍 . 告六届全运女运动员 [J]. 玲珑，1935,5(41):3571-3574.

女性参加运动，甚至成为专业的运动员。

虽然《玲珑》表示不应将女运动员当成“运动花瓶”供社会观赏玩弄，但是它将杨秀琼本人作为“封面女郎”和“新闻素材”亦免不了“消费”杨秀琼的嫌疑。杨秀琼当时在社会上有多受欢迎呢？1935 年，杨秀琼到厦门主持胡里山游泳池开幕典礼，并参加厦门全市的游泳竞赛大会，打破了两项纪录，成了“万人争仰”的美人鱼。彼时厦门当局趁机发起筹募水灾赈款：只要捐款二至五元，即可得到杨秀琼亲笔签名的照片，募捐当日就售出签名照两百张。在厦门游泳大会闭幕当天，杨秀琼感到身体不适进入帐篷休息，请他人代售签名照。有妇人出价百元，就为了见杨秀琼一面，请杨亲自给予签名照，《玲珑》直叹“一照百金，其价格突破全国之纪录也”。[①]1935 年第六届全运会，观众不管每天票价高低，纷纷掏钱购票观看游泳项目，等到杨秀琼下了水，男人们紧盯着水里的杨秀琼。运动场外的男学生们由于经济原因，无法亲眼看到杨秀琼的身体之美，但在精神上对杨秀琼尤为崇拜，甚至会背诵和传阅杨秀琼在报上写的小文。由于游泳比赛的入场券价格较高，一般平民阶层的男性只能在报纸上看杨秀琼的照片，或争相购买照相馆冲洗出的杨秀琼的照片。[②]以当时社会风气来看，女子穿着衣料甚少的泳装显得十分“暴露”，紧身的泳衣又使曲线毕露；杨秀琼又是闻名中国的体育明星，长相甜美。照此推理，《玲珑》刊登杨秀琼身着泳装的照片，男性们可以通过购买刊有杨秀琼照片的《玲珑》杂志保存以便时时观看，满足他们在泳池只能匆匆一瞥或无法进入游泳池场看真人的遗憾。《玲珑》的大部分图片为彩色印刷，与当时报刊主导的黑白印刷相比更具优势。当杂志以杨秀琼为“封面女郎”或“新闻素材”时，借其明星效

① 美人鱼赴厦表演 [J]. 玲珑，1935,5(5): 2117-2118. 美人鱼一照百金 [J]. 玲珑，1935,5(34):2281.

② 汤锐 . 体育 · 性别 · 政治动员——以南国“美人鱼”杨秀琼为中心 [J]. 广东社会科学，2014(3):133-140.

应自然会提升杂志的销量。

杨秀琼在第六届全国运动会五十米自由泳比赛输给了刘桂珍，没有像1933年第五届运动会一样横扫游泳项目的金牌。《玲珑》对于参加此次运动会的女子如此评价：

> 得奖欢跃者几人耶，失败嗟叹者几人耶？成为“运动花瓶”出入于要人巨公之门者几人耶？

杨秀琼自1933年后不断地受邀参加各项公益和商业活动，杂志提到女运动员要避免成为“运动花瓶”，似乎暗暗将“运动花瓶”指向杨秀琼。同时，《玲珑》谴责那些无法在运动会取得好成绩而决意退出体坛的女子，表示“强国者必先强身”，举行运动会本意打算通过运动员的精彩表现，发扬尚武的精神，劝导人们积极参加体育，达到健心健身，强国优生，使国家增加若干卫国勇士的目的。中国正是不重视体育，才致国家积弱，甚至一直被冠上体质孱弱的侮辱性称号。“一·二八”就是不重视锻炼的惨败教训，所以中国要图自强，以“勇武”为美，以“文弱”为羞；以克服强敌、角力疆场为荣，以健于运动不赴国难为辱。杂志表示，女界运动员所负的“救国责任”更甚。中国男女要为中国积弱负责。女界运动员除了负有国民救国责任之外，还应从女界注重体育以图自强开始，反抗数千年男性对女性的压迫，光大妇女运动。因此女运动员要戒骄戒躁，奋发自强，不应该当“运动花瓶”，“不为女子争气，而反为臭男子作伥”。[①]《玲珑》指出如果女运动员是借着运动作为自己成名的捷径，成为被人们欣赏的“运动花瓶”，这不是女界的骄傲，而是耻辱。[②]

① 珍．赠别女运动员 [J]. 玲珑，1935,5(42):3647-3649.

② 珍．告六届全运女运动员 [J]. 玲珑，1935,5(41):3571-3574.

《玲珑》的表述体现了民族国家的存亡是发展或改造女性身体的主要目的取向，有着深厚的强国优生的政治目的。举办运动会和对女运动员的推崇是为促使众人积极参加体育运动，强身健体，改变国家积弱的状态，以实现强国优生的目的。告诫女运动员不要成为“运动花瓶”，体现了杂志后期的妇运立场：积极倡导男女平等、要求女子不依附男性（第四章提到杂志中后期的特点，第八章“独立的生利者”部分会详细讨论）。

五、审美的转向

不论是西方女性还是中国的女运动员作为健美的模板，再加上社会各界对健美的提倡的缘故，人们对“美”的眼光发生了转变。《玲珑》认为，过去以弱为美，但是随着时代和文化程度的变化，男子对女性美的目光从“病态美”转向“健全”。除了女子自身觉悟开始活跃于运动场外，杂志认为还有其他原因：

（一）各刊物的提倡，近代的刊物，多提倡女子健美的重要（本志即其中之一），因为这种刊物的鼓吹，男子也渐渐觉得他们以前目光之错误。（二）受多病女子之痛苦，男子常常因为妻子或女儿的身体不健全，多病，受到许多精神上的痛苦，和物质上的损失。同时对于这种人生，也感到没有兴趣。因而引起对病态美的反感，而倾向于女子“健美”。[①]

由此可以推断，以往男子因妻子或女儿身体孱弱受到折磨和痛苦，媒介对健美的持续介绍和推广，逐渐使得人们审美观发生了转变，倾向于健美的女体。《玲珑》杂志再次强调了杂志作为大众传播媒介所能起到的启发和教育作用。

① 珍玲．现代男子对女性美目光之转移 [J]．玲珑，1933,3(15):635-637.

健美的女体，逐渐为社会所推崇认可。1936 年，金陵女子文理学院的健康女子比赛选举轰动一时，舆论褒贬不一，《玲珑》认为此活动：

> 提倡妇女健美及促进社会对于健美女子之注意，借以增进国民健康……却有相当利益的。①

在 1935 后国际风云紧张之时，二战随时可能爆发之际，《玲珑》表示各国青年妇女同男子一样参加军训，呈现伟大勇武的姿态。杂志反对女人不宜从军论，再次提出“健美”为世界一致推崇的妇容之美，同时希望中国的青年妇女通过训练而得到健美强实的体躯，不落于世界其他国家之后。②

因此，健美的女体，不但使国民身体健康，更是强国优生的基础；在国难之时，经过训练的女体从军时更有利于保卫民族国家。

① 史云芳 . 健美的途径 [J]. 玲珑，1936,6(23):1734-1738.

② 黎明德 . 各国女青年的健身运动 [J]. 玲珑，1937,7(27):2088-2092. 黎明德 . 各国女青年的健身运动 (续)[J]. 玲珑，1937,7(29):2256-2258.

小结

面对欧美、日本等列强的威胁和国内的叛乱，知识分子开始聚焦于改造人的身体以促进强国优生。虽然造成彼时中国积贫积弱的原因更多是在于制度本身，但许多知识分子们认为不论从国家生存或是种族延续的角度出发，国民身体的强弱是构成国家和民族竞争力的基础。缠足女子身体孱弱和无法外出工作需要依附男性，在甲午战败后，被知识分子们视为中国国民身体素质较差和国家贫穷的根源之一。他们大力倡导戒缠足，将缠足看作是落后的表征。20 世纪 30 年代，日本对中国的不断滋扰再次激发起中国民众对“优胜劣汰、弱肉强食”的警觉，民众的体格再度成为需要改造的焦点。

彼时的知识分子认为利用书籍、报纸和杂志这样的大众传播媒介能够起到启发、塑造和教育新民的作用。人们可以从印刷媒体中获取新知新识，而杂志作为复读率极高的印刷媒介，图文并茂，是宣传新知的良好工具。《玲珑》深刻地认识到作为杂志自身所具有的功能和作用。杂志提到欧美人有许多指导民众健身的体育类杂志，同时 20 世纪 30 年代人们对女子形态美的观念发生了变化，而产生这种变化的原因之一就在于包含其自身在内的印刷媒体长期以来就女性健康身形、姿态、行为举止等方面的宣传和教导。

从《玲珑》杂志的表述中可以发现，彼时女性的身形、姿态、动作、行为举止和生活活动空间均受到一定的限制。自 20 世纪 20 年代起，健康美成为一种流行语，到 30 年代健美仍受推崇。《玲珑》认为要提倡健康美，就要打倒人们对林黛玉式病态美的欣赏和推崇。杂志指出男子对病态美的追捧影响了女子对美的认识。《玲珑》对男性审美的批判是履行其为“女界喉舌”、揭露男性丑恶的“职能”。杂志论者担忧弱柳迎风的摩登女子会影响中国的国运，因为只有拥有健康的体格，才能生育健康的后代，是中国转弱为强的基础。

《玲珑》认为健美即是真美，女性不需要利用脂粉、高跟鞋等来打扮自己。杂志反感妆饰美的摩登女性，认为她们并非代表真的时代美。编辑彭兆良提出穿高跟鞋影响子嗣，批评为了讨好和依附异性而过于妆饰的女性，这些女性不投身于民族国家的建设工作，成为“分利者”。《玲珑》积极地号召女性参加运动，表示适当的训练是强国优生的根本方法，拥有健康体格能够为国家社会做贡献、强种和雪耻“病夫”之称。在战争紧迫之时，女性参加国防工作，健康的体格更是一切救国工作的基础。

在民族国家的建构过程中，林黛玉式的体弱与现代女性的健美代表了国家弱与强两极的基础。《玲珑》将林黛玉式的女子视作耻辱，认为国人体弱与国弱是唇齿相依的关系。瘦弱女子的对立面，是健康的现代女性。《玲珑》通过褒奖女性健美身体和贬低女性瘦弱体质的规范化裁决方式，对女性身体进行了等级分配。在这种规训手段下，女性健康的身体与国家强盛进行了完全结合，是强国优生的基础，民族希望的基础保证。

《玲珑》先从西方女子寻找健美的表征。但是，在以西方女子身体为模板的同时，不允许中国女性如同西方女子一般在镜头前“搔首弄姿”，尤其在国际影片里更加不允许，以免给欧美造成不良的刻板成见。杂志批判了美籍华人女星黄柳霜在好莱坞影片饰演卑贱低下的“放浪”中国女性有辱中国，认为这些角色并不能代表真实的中国女性形象。《玲珑》偏好中国女性保持含蓄温婉的气质，这从杂志以男性为主体的编辑选取的封面女郎中的中国女性形象和评价女性社交的相关文字中可见一斑。编辑林泽民认为中国女子不可像西方女性一般社交开放，应进行适当的社交。

《玲珑》通过介绍德国的日光浴运动表示中国人种的肤色是德国人想通过日光浴而得到的健康肤色，将中国理想女体的代表——拥有棕色皮肤和匀称健美身材的女性——投射于活跃在运动场上的女运动员，认为女运动员可以起到号召大家参加锻炼、实现强国优生的示范作用，也可成为反抗男性压迫的象征。彼时游泳运动员杨秀琼深受社会各界欢迎，杂志对其亦有多篇幅的报道。《玲珑》是以盈利为主要目标的商业杂志，刊登各类好莱坞女星的艳照，国内名门闺秀、女明星、女学生和女运动员照片，借此提升杂志的销量。杂志同时拥有男女读者，在对女性身体的消费过程塑造理想的民族女体，一方面为读者提供健美的参考，一方面满足男性读者的情欲要求。

从《玲珑》杂志对各类运动会的报道可以看出，当时国家对体育活动的重视和推崇。从社会各界的体育活动到各省市运动会，再到全国运动会的召开，以及 1934 年起始的新生活运动推广体育运动，目的是为了除掉中国人身体孱弱的各类侮辱性绰号、号召更多的民众参与到体育锻炼当中。体育女明星杨秀琼，受到当局、相关团体、社会名流以及社会民众的深切关注。杨秀琼成名时，新生活运动已经开展。新生活运动要求人们的衣食住行符合“礼义廉耻”的要求，并且当时已经有多个省市发布了禁止烫发裸臂、裸腿的禁令。但是，杨秀琼每次都以烫发、时尚连衣裙的造型公开亮相。杨秀琼的烫发已经与“整齐、清洁、简单、朴素”的要求相悖，但是她本人仍受到各界的推崇。彼时广东省禁止在公共泳池男女同泳。[①] 游泳时女性着装远比不穿袜子而裸腿的女子装束更为暴露，但是彼时的社会上层阶级却没有以游泳着装过于暴露不符合“礼义廉耻”而禁止游泳。这背后隐含着彼时中国“体育救国”的思想，希望通过借

① 取缔男女同泳 [J]. 玲珑 , 1934,4(19):1213.

体育女明星的声望来吸引民众加入体育锻炼，促进国民身体健康，成为振兴民族的力量。

《玲珑》及当时的国家社会对女性身体的关注，更多的是侧重关注提升身体素质后有利于生育健康下一代。杂志对杨秀琼或者女性运动员的推崇并不是主要赞扬她们的专业技能如何突出，最终总是落笔在两个方面：一是改变民族的气质、改变他国对中国女性甚至整个中国民众身体孱弱的刻板印象；二是拥有健康的体魄才可能生育健康的下一代，实现优生。在《玲珑》关于女性身体的表述中，女性被尊敬不是由于她们的专业能力和个人技能，而是她们的子宫。虽然杂志口口声声认为女性要反抗男性的压迫，但是男性编辑对女性的行为举止却仍要横加干涉并树立标准，甚至外出参加舞会都须在有亲缘关系男性在场方可参加。《玲珑》对女性身体甚至是生育健康后代的强调，还是将女性摆在“母职”“妻职”所应有的立场。女性在媒介表述里，被物化成为性别、生产的工具。

第六章　优生与教育:《玲珑》优生优育观的媒介表述

受严复翻译的《天演论》和斯宾塞进化学说的影响，康有为、梁启超、金天翮等人认为人种之强是西方强盛的原因之一，因此自然地将中国之弱与人种孱弱联系在一起；同时这些大知识分子们又持着借力图存、事在人为的乐观主义，认为从身体和教育上对女性提出新的要求，塑造合格的母亲可达到后代素质增强的目的（核心概念就女子与强国优生关系有所表述，不再赘述）。

如果说以前对人种改进的理解更多是基于感性、直观的认识，到了 20 世纪 20 年代，对于改善人种的认识和见解则更偏向于更富科学色彩的优生学。20 年代 30 年代，《玲珑》汲取各大知识分子们对优生学的观点和看法，杂志里杂糅着各类优生知识，同时亦提倡对儿童采取各种现代的教育形式，其中显著地从优生优育角度进行表述的优生类文章有 29 篇，儿童教育类内容（文章与图片）有 44 份（包含多主题类别中涉及此内容 4 份）。

第一节　优生学的提倡

优生学，英文为 eugenics，由希腊字根意义“优”与“生”凑合而起。20 世纪初时中国人有译作“优生学”“善种学”“淑种学”“哲嗣学”或“人种改良学”。前三种在 20 世纪 20 年代常见于报章文字。参照各国翻译及根据字义，彼时我国的社会学家和优生学家潘光旦认为“优生学”最适宜进行一致采用。优生学（1873 年初名为人艺学）创始人为英国戈尔登，随后在欧美各国流行起来。潘光旦于 1922 年赴美留学，作为留美学者，将优生学引入中国。他认为优生学发端未久，包括理论和实施方面，应作为一门学科而非科学看待，是以选择的婚姻生产为手段达到“遗传之迁善”的目的。[①]

一、家庭制度与优生

（一）20 世纪 30 年代以前有关家庭制的争论

有着古老的风俗习惯和价值观念的中国家庭社会，将家庭和宗族看作社会的基本单位。但是，从 19 世纪末起，随着外国政治著作和哲学思想中个人主义、自由平等西方思想的影响，这一基础开始动摇，以家庭为中心的社会逐渐瓦解。[②] 五四时期，社会主义者曾提出废除家庭制，认为家庭制是国家衰弱的重要原因，并且是束缚和戕害女性的牢笼，直接否认家庭制存在的必要。1921

① 潘光旦．优生概论 // 潘乃穆，潘乃和编．潘光旦文集（第 1 卷）[G]. 北京：北京大学出版社，2000:251-257.

② [美] 徐中约．中国近代史：1600-2000，中国的奋斗：第 6 版 [M]. 计秋枫，朱庆葆，译．北京：世界图书出版公司北京公司，2013:319.

年，易家钺[①]、罗敦伟合著了《中国家庭问题》，并于次年再版。易家钺认为，中国大多数人的自由为“家庭制度”所限，想要自由地为社会中的一员，首先应该打破这个束缚自由的东西；需要打破家长的子女私有等落后及丑恶的观念；在论婚姻上觉得婚姻亦不需要，提倡“灵肉一致的恋爱”。[②]全书善用情感煽动，理性逻辑分析较少。[③]废除家庭制的思想在上海有一定影响，潘光旦于1927年做的中国之家庭问题调查中回收的一份问卷，调查对象在答案里附加文字表示其完全否认家庭制有存在的必要，认为家庭的存在会使人变得自私并限制个性的发展，主张男女以恋爱进行自由结合，不需要婚姻对双方进行束缚。[④]

当时社会上也流行提倡小家庭制而废除大家庭制之说。1926年，光华大学社会学会曾调查在校学生对大小家庭问题的看法。在288名被调查者中，赞成小家庭制者为60%，赞成大家庭制者占40%。1927年潘光旦先生在《学灯》就中国之家庭问题进行问卷调查。在回收的317份有效问卷里[⑤]，71%的被调查者不认为中国之大家庭制度有保存价值，59.5%不认为欧美的小家庭制应完

---

① 除了《中国家庭问题》，易家钺还写了《家庭问题》《西洋氏族制度研究》《西洋家庭制度研究》。

② 易家钺，罗敦伟．中国家庭问题（第4版）[M]. 上海：泰东图书局，1929.

③ 1922年，在《中国家庭问题》再版自序中，罗敦伟写道：“朋友！你们知道哭的人，终有一天得着爱神的感动！你们知道求救的人，终有一天得着女神的降临！你们知道向上的人，终有一天得有站在进化轮盘上的机会！你们觉悟了，光明的蜡烛也由爱神手中点燃了！”// 罗敦伟．再版自序 // 易家钺，罗敦伟．中国家庭问题（再版）[M]. 上海：泰东图书局，1922.

④ 该被调查者写道：“我是根本反对家庭制度的人。我主张不但不要中国式的大家庭，且不愿需要西洋式的小家庭制。家庭的坏处，使我们自私，使我们个性不能发展，使我们社会中添许多的罪恶事实。我认为根本不必要家庭。准此，我们更不必什么一夫一妻制，我们主张废除婚姻制度，男女自由结合（我不说结婚！）以恋爱为基础的自由结合，提倡自由性交。至于父母奉养和儿童养育，可设立公共养老院及儿童公育机关处理之，不一定要有家庭才可以维持也。”见潘光旦．中国之家庭问题 // 潘乃穆，潘乃和编．潘光旦文集(第1卷)[G]. 2000:129-130.

⑤ 317人中，44人为女子（年龄15-43岁），273为男子（年龄14-57岁，被试年龄主要分布在17-30岁）。被试大学程度占36.6%，中学者占49.8%，小学者占13.6%，其他为其他及未填 // 潘光旦．中国之家庭问题 // 潘乃穆，潘乃和编．潘光旦文集(第1卷)[G]. 2000:87-94.

全采取；赞成采取折中的家庭制，即采取小家庭制、由子或孙辈轮流同居奉送祖父母与父母者占 64.7%，赞成采取小家庭制、由子或孙辈担任祖父母与父母生计但不同居者占 61.8%；最终统计认为偏好西洋制度即小家庭制者占 52.2%，女子较男子更侧重小家庭制。就《学灯》与光华大学社会学会在中国家庭问题看法调查结果存在差异的情况，潘光旦认为光大社会学会的调查对象为受西方文物熏陶比一般社会人士影响更深的大学生，而这些大学生看到西方国家都是子女婚后与双方父母分开居住，组建自己的小家庭，生育并抚养后代，因此调查结果偏重于小家庭制。①

与只恋爱不需要家庭的激进观点不同，潘光旦认为家庭有其存在的必要性。潘光旦认为，家庭的主要功用有以下三点：求个人发展，为社会谋秩序和为种族图长久保大。潘光旦倡导的家庭并非传统的大宅院或大家庭的形式，他提倡折中的家庭制，即去除大家庭制的枝叶，保留主干式的子女与祖父母或父母同居奉养的中小家庭制。这样的家庭，主要在于保持种族的绵延不绝。潘光旦表示家庭的最大效用就是为种族“消灾延寿”，因为小家庭完全是横断式的，会打击种族的延续性，相比之下，折中制显得更为妥善。②同时，他还认为，家风良好的家庭以及母亲所能提供的良好的家教有利于种族的改进，因为父母在家庭里更能识别到孩子的优缺点，进行个性化的教育。③

（二）《玲珑》的家庭制观

《玲珑》杂志的主干者林泽苍及其胞弟（1931—1933 年间任杂志编辑的林泽民），二人原先就读于圣约翰大学，后转入光华大学就读，均为光华大学的

① 潘光旦．中国之家庭问题 // 潘乃穆，潘乃和编．潘光旦文集（第 1 卷）[G]. 2000:97-99.

② 同上，2000:130-135.

③ 同上，2000:213-215.

毕业生。彭兆良毕业于复旦大学，受西方文化影响颇深。从《玲珑》选刊的文章和对读者来信的回答中可发现，杂志不赞成大家庭制，大多支持小家庭制。尤其对于翁姑虐待为难媳妇之事，《玲珑》认为是旧社会制度对妇女的压迫和虐待，要避免翁姑仇视，只有与他们分居建立自己的小家庭。[①]

《玲珑》有六篇关于家庭制的文章显著地从民族国家角度论述出发。[②]刊登的文章里，有论者秉承五四时期废弃家庭制之思想，认为家庭制有害于国家，子女只知承继祖业，从不想着要从事其他对国家更有用的行业或者自己外出谋生，以致养成惰性，不参与创业生产，于社会、国家无利：

> 家庭制度可说是社会国家的蛀虫，使社会组织不能健全的。欲求组织健全的社会，打破人类的依赖性，提倡平民思想，当亦自废除陈腐的家庭制度始。[③]

不过，作者文中提到的“陈腐的家庭制”到底是否认大家庭制还是家庭制则语焉不详，无从推断。

《玲珑》更多时候主张拥护小家庭。有论者认为，中国从前以大家庭立国，国势衰微，但现在国际环境变迁，强盛的西方国家多以小家庭形式存在，中国应当效法，不能因为小家庭制是西方习俗而摒弃。此外，大家庭因家庭范围太大，人们的一切活动都以家庭为中心，所以他们与国家的关系逐渐变得薄弱，

---

① 淑贤，珍玲．怎样拯救被压迫的女子 [J]. 玲珑，1932,2(43):1708-1709. 文章开头以信件的形式向主笔咨询如何拯救其出嫁受翁姑虐待且不受丈夫喜爱的胞妹，“陈珍玲”对此做出与翁姑分居或离婚的建议。类似的问题来信及建议同见于：碧英，珍玲．翁姑强迫离婚 [J]. 玲珑，1932,2(66):731-732. 秋心，珍玲．大家庭中妯娌的压迫 [J]. 玲珑，1932,2(76):1211-1213.

② 1931—1937 年刊发相关主题的数量分别为 1，0，1，2，1，1，0。

③ 听涛．废除家庭制度与解放妇女的途径 [J]. 玲珑，1935,5(9):3333-3335.

或者在人们的认知里，家庭的重要性大于国家。于是国家到了危急存亡的时候，人们还是只知道保卫家庭，完全没有保护国家的认识。因此，论者们直接指出大家庭制为国家致弱之本。①

父母或者组成婚姻关系的男女是小家庭里的重要成员。支持小家庭制者认为妇女是构成家庭的重要元素，家庭又是组成国家的基本单位，是培养民族未来继承者的重要场所。论者孙燕认为，家庭是民族未来主人翁——儿童——原始的学校，如果儿童从小接受良好家庭教育，这可以作为教育的基础来辅助学校教育；反之，如果缺乏家庭教育的基础，不仅影响儿童的身心发展，更会影响未来民族的智慧。孙燕希望全国能够提供良好家庭教养的家庭，应该多加注意家庭教育的问题②。这种思想与潘光旦先生所认为家庭与优生的关系，即良好的家庭教育有利于后代素质增强的观点如出一辙。

二、结婚的各项条件

优生自然地将生育和婚姻联合一起。为实现强国，就需要讲究优生优育；欲实现优生优育，就必须对结婚附加条件限制。

在选择配偶方面，在 20 世纪 20 年代时，周建人认为大部分人类自由恋爱时是积极地选择适于生存的、能促进后代优生的具有美、健壮、德行的配偶；哪怕父母替子女选择配偶时树立的种种标准是更多地从子女利益角度出发考虑，他仍然反对奉父母之命进行婚配，原因在于人类性质不能“如同树艺家选种子般地实行选择”而使民族前进。③

潘光旦则从优生角度出发认为父母替子女选择配偶是利益颇多的一件事

① 谭小英．拥护小家庭制度的我见 [J]. 玲珑，1936,6(23):1738. 钱浣青．大家庭与小家庭 [J]. 玲珑，1936,6(15): 1088-1090.

② 孙燕．我国家庭生活改良的三种途径 [J]. 玲珑，1936,6(44):3476-3478.

③ 周建人．恋爱选择与优生学 [J]. 妇女杂志，1925,11(4):597-603.

情。他认为父母能较客观地从各个方面考察对方的条件是否适合生养，不会单纯地为对方外在显露的美或健壮所迷惑；父母亲还会考虑将对方家世是否清白，即祖上是否有遗传疾病等纳入选择配偶的条件当中。潘光旦认为，自由恋爱者往往为表面现象所迷惑，并不从优育、增强下一代素质的优生角度出发选择配偶。[①]

《玲珑》杂志上刊有与潘光旦观点一致的文章。论者邓世昌女士认为，选择配偶不单是为了个人，更关乎未来人类的幸福，因此要着眼于对方的健康条件。她赞同德国在希特勒统治下实行“合乎于科学的原理”的优生政策。生育作为国家的基本和基础，要防止有缺陷的后代出生，就要禁止两性关系的绝对自由和结合，她认为：

我们应当本着这个基本原理，以选择配偶，则对于个人幸福与国家前途，俱有莫大的裨益。[②]

对于禁止中国留学生选择外国人做配偶的观点，《玲珑》从优生的角度出发，表示为了改善民族性，中国人大可采用外婚制度：

以中国人种之劣，留学生外婚，正可给我国人种上一种生机，以何禁之有？[③]

1911 年（宣统三年）编纂完成的《大清民律草案》对结婚年龄做出过规定：

---

① 潘光旦 . 中国之家庭问题 // 潘乃穆，潘乃和编 . 潘光旦文集 (第 1 卷)[G]. 2000:197-207.

② 邓世昌 . 选择配偶应注意健康条件 [J]. 玲珑，1936,6(21):1574-1576.

③ 禁留学生外婚 [J]. 玲珑，1936,6(8):544.

“男未满十八，女未满十六岁者，不得成婚。”[①] 彼时做出年龄限制相关规定的原因在于知识阶层认为早婚有害身体健康，体格尚未成熟的男女生出的后代较多数体质孱弱。同时，早婚者心智也不够成熟，仍然需要依靠他们父母的指导和教养，早婚者自身不具备教养下一代的条件。[②]1930 年中国修订并于次年正式实施的《民法・亲属编》对结婚年龄也有相应的规定，与十九年前的民律一致，也是男子和女子分别需达十八岁和十六岁的年龄限定方可成婚。[③] 彼时的民法规定可以说是对人种改良在法律规定的延续。

虽然当时法律对结婚的年龄限制已做出了规定，《玲珑》对于就适合的结婚年龄这一议题还是给出了自己的看法。首先在结婚年龄上，《玲珑》反对早婚及晚婚，认为早婚男女的生殖器官未能发育完全，生出的孩子体质怯弱容易夭折；夫妻血气未定，心智不够成熟，血气方刚，容易反目，离婚者多；晚婚者想要怀孕则相对比较困难，同时他们生出的孩子也较易生病。[④]《玲珑》论者还给出了适婚的年龄范围：男子为 22—26 岁，女子为 18—22 岁；女子岁数比男方年幼至多不可超十岁。[⑤] 论者认为结婚年龄的大小与文明程度的高低相关，即欧美国家晚婚，代表文明程度较高；印度和中国早婚居多，是文明程度较低的表现。[⑥]

1930 年民法规定，婚约当事人之一如有花柳病或其他恶疾的情况，另一方可以解除婚约。民法也对禁止近亲结婚做出了相关规定，但没有对结婚男女

---

① 由于清廷的迅速覆灭，《大清民律草案》未来得及正式施行，但是它第一次打破了中华法系的系统，引进了西方民法典的立法理念和编纂方法，使中国民法史出现了划时代的进步 // 杨立新点校 . 民律草案 . 民律草案 [Z]. 长春：吉林人民出版社，2002:6,171.

② 《民律草案第四编亲属 · 附理由书》第 13 页。馆藏于华东政法大学图书馆，原书无版权页。

③ 吴经熊校勘 . 中华六法理由判解汇编 [Z]. 上海：会文堂新记书局，1948:923.

④ 民 . 男女早晚婚之害 [J]. 玲珑，1934,4(3):149.

⑤ 杨瑶琴 . 结婚的条件 [J]. 玲珑，1931,1(33):1272-1273.

⑥ 琼 . 结婚年龄与文明程度 [J]. 玲珑，1934,4(5):259-261.

的身体条件做出严格的限定和干涉。[①]

《玲珑》论者杨瑶琴认为，法律应对结婚条件厉行干涉，才有改良人种素质的希望，他（她）认为法律应该禁止那些有精神病、肺病或花柳病等疾病的男女结婚，以免他们生育出染有遗传病的儿女；提倡国家对结婚男女进行婚前检查，如果不符合结婚条件就不准结婚，同时国家还要核实男女双方是否达到法定结婚年龄，然后再发给结婚证。如果限制婚姻，那么“民众的病弱现象。定可逐渐改良了”。[②] 杨瑶琴认为对婚姻条件加以限制，有利于生育健康的后代，可以改良民众的病弱现象。

1933 年，《玲珑》刊载了一则社会新闻：二十九岁的汉口黄陂人冯志杰，身体瘦弱且染有暗疾，三年前经人介绍与某女子结为连理。婚后三年不同床，无婚姻事实，女方向法院起诉请求离婚。杂志对此按语评论：

身有残疾的人，应该结婚吗？像这事件中的冯某，根本便没有结婚的能力和权利。……照优生学说来，有残疾的人，应禁止结婚和生育。现在他连结婚的能力也没有，为什么要延误了别人呢？[③]

在《玲珑》看来，无法履行丈夫责任的“残疾人”要被禁止结婚和生育，这类人结婚还延误了他人的青春。

对于优生学者提出的不适宜传种者不能结婚的说法，论者乐莎认为此种见解是错误的，干涉了个人的自由。主张将结婚与生育进行分开讨论：不适于传种的男女们可以结婚，但是必须强迫节育，避免生育出带有遗传病症或生理缺

① 民法规定婚约当事人如果有违约、再订婚约或已结婚、通奸、受徒刑、生死不明满一年、重大不治之病、婚约后成为残疾者、有花柳病或其他恶疾和其他重大事由，可以由他方解除婚约 // 吴经熊校勘 . 中华六法理由判解汇编 [Z]. 上海：会文堂新记书局，1948:919,925.

② 杨瑶琴 . 结婚的条件 [J]. 玲珑，1931,1(33):1272-1273.

③ 虚度了三年的青春 [J]. 玲珑，1933,3(13):830.

陷的后代，贻害社会；普通健壮的夫妇，当依照身体与经济情形而统制生育。婚前最好进行婚检，以确定夫妻双方在生理上是否有做父母的资格。论者认为，在有关种族前途与社会幸福的生育的问题上，国家有必要加以统治，进行干涉和管理。[①]对结婚持自由主义态度者在《玲珑》是极少数的存在，但对于生育，乐莎仍主张国家应严格控制。

无论是当时民法对结婚年龄或条件的规定，还是《玲珑》杂志对结婚条件的讨论，都是将婚姻与国家命运进行关联。早婚或不利优生的婚姻，被看作可能影响国运和种族延续的情况下，婚姻就不再只是个人情欲和传宗接代的领域。早婚、近亲婚等，成为国家干预的对象。《玲珑》认为，男女最佳的结婚年龄可适当地推迟，同时也表示国家对婚姻的干预还不够深入，需要对结婚男女进行婚前检查以促进下一代身体素质的加强。

三、节育与优生

当妇女作为特定的民族成员时，女子生育的压力则不再来自个体身份，而受到民族发展目标的影响。在特定的历史背景下，一些或所有处于生育年龄的妇女，往往根据不同的民族计划被要求多生或少生孩子，甚至有时被“贿赂”乃至被强迫。生育与民族有关的主要话语有以下三种：一是人多力量大的话语，它认为维持并增加民族的人口对民族利益至关重要；二是马尔萨斯式（Malthusian）的话语，它认为资源有限，只有减少人口的数量才能避免在未来给民族带来灾难；三是优生学话语，它致力于提高民族人种的质量，其方法是鼓励出身和阶级较佳者多生孩子，其他阶级应少生或节育。[②]

孙中山在 1924 年有关民族主义的演讲中，反对马尔萨斯的资源有限减少

① 乐莎．结婚与节育 [J]. 玲珑，1934,4(5):259-261.

② Yuval-Davis. *Gender and Nation*[M] // 陈顺馨，戴锦华．妇女、民族与女性主义 [G].

人口说，认为如果中国人口减少则中国人种有被不断增加的外国人种同化的危险。因此，他主张只有提倡生育，增加人口，方能使民族延续和强盛。[①]20世纪30年代，南京有不少社会上层阶级人士受孙中山增加人口以兴民族“遗教”的影响，反对马尔萨斯学说，认为中国的资源丰富，应积极鼓励生育。社会上层阶级也有支持节育的人士。彼时中国对节育言论持较开明开放的态度，并不限制或惩罚与孙中山“遗教”相悖的言论。20世纪二三十年代，对于节育运动的实际工作，彼时当局并没有显出十分明确的态度，一方面遵行孙中山增加人口之“遗教”，禁止社会上的节育指导工作；另一方面又默许节育诊所和指导所的医疗实践行为及相关机构的活动。[②]在20世纪20年代，社会上就已盛行关于节育的各种讨论。

(一) 20世纪20年代关于节育的讨论

20世纪20年代，节育专家玛格丽特·桑格夫人[③]访问中国后，倡导为了个体健康和种族优生应采取限制生产的措施，生育限制论在国内风起云涌，极

---

① 孙中山.三民主义[M].长沙:岳麓书社,2000:10-13.

② 1926年北京警察局以“生产[生育]限制是暗暗减少人口，那是大逆不道的事”为由，查封杨步伟的节育诊所。陈达、杨崇瑞等人在1932年组织北平妇婴保健会，经北平市社会局核准开设节育诊所，以从事节育实践。1936年2月南京鼓楼医院未经官方行文批准，但得到默许，开设了节育指导科//俞莲实.城市生育节制运动的研究[D].上海：复旦大学，2008:306-310.

③ 玛格丽特·桑格夫人（Margaret Sanger,1883-1996），旧译为山格夫人、山额夫人、珊格尔夫人，是美国节育运动的创始人，世界计划生育运动的领袖。她于1921年创办“美国节制生育联盟”，于1927年在日内瓦组织了第一次世界人口会议，于1952年在新德里成立了“国际计划生育联合会”，并长期担任第一任主席。桑格夫人曾于1922和1936年两次来中国传播节育。她的理论在二三十年代的中国知识界引起了一场热烈的争论,并对中国社会产生了深刻的影响。她主张利用种种科学的避孕方法来限制生育。从优生角度出发，认为不适宜生育的妇女应暂时节育。有论者认为她不仅仅像马尔萨斯一样仅关注人口问题，她首先是一位杰出的女权主义者，同情下层人民的左翼活动家，她的思想是集女权思想、社会改良思想与人口学说于一体的综合的思想体系//张倩红.试论玛格丽特·桑格的节育理论及其对中国的影响[J].河南大学学报：社会科学版，1992(4):86-92.

为热闹。当时对国内影响较大的国外性心理学专家霭理士[①]也支持生育限制运动。不过，国内反对节育者亦有人在。陈兼善在《优生学和几个性的问题》中认为，倡导避孕会使风纪败坏，性欲滥用，限制生产，是反优生的，会使“优良者减少、劣种增加”。[②]

周建人不同意陈兼善的观点，他指出采取避孕措施会引发风纪败坏和滥交的可能性与优生学没有关系；只在知识阶层宣传节育而忽略了贫民阶层，是宣传方法不当造成，限制生产并非是反优生的。[③]

潘光旦认为，生育限制，不是去限制每一个人，是否限制应该从一个人的家世和祖父辈功业等方面作为子孙辈确定生育量大小的参考和标准。换言之，家世遗传佳者和智力高者可以多生育，以此增加下一代的素质，反之，需控制或绝育。[④]

20世纪20年代知识精英们对于优生与节育的文字交锋并不限于这几人，但反映了当时对于优生与节育看法的主要分歧。知识精英们对节育的看法通过文字传播开来，而这种影响延续至20世纪30年代。

(二)《玲珑》对节育的看法

相对于知识精英和优生学者们对节育观的长篇大论，《玲珑》简要地介绍

---

① 霭理士是19世纪末至20世纪初英国著名的性心理学家、思想家、作家和文艺评论家，终身从事人类性科学和性心理学研究，是性心理学研究的先驱。1935—1937年《玲珑》的编辑彭兆良翻译过霭理士的《性心理学研究录》第四册《人的性择》中有关性与人类视觉、嗅觉及触觉的关系部分，可谓是近代霭氏性学翻译的先驱之一。潘光旦在20世纪三四十年代翻译霭理士《性心理学》。当时注意到霭理士的知识分子还有周作人、章锡琛、周建人等，他们也援用霭氏学说来讨论妇女与两性问题，却从未集中介绍或翻译其性学专著。

② 陈兼善．优生学和几个性的问题[J]. 民铎杂志，1924,5(4):1-10. 杂志每篇重新编页码，实际为正文第51-60页。

③ 周建人．恋爱选择与优生学[J]. 妇女杂志，1925,11(4):597-603.

④ 潘光旦．中国之家庭问题//潘乃穆，潘乃和编．潘光旦文集(第1卷)[G]. 2000:197-207.

了避孕的起源，提到避孕为欧美思想近十年来提倡的运动，随着妇女运动连带发生及发展起来。避孕的理论基础是马尔萨斯的人口论及高戈登的优生论。虽然高戈登提倡在先，但是妇女避孕的实际方法却是由现代的桑格夫人提出的。[①]

综合分析《玲珑》有关节育和避孕的文章，结果显示杂志支持妇女节育和避孕。杂志认为在国家处于天灾人祸、国穷民贫的时代，无论从妇女本身的利益出发，或从国家和社会的利益出发，已婚的妇女有实行节育的必要。如果不实行节育，生出来的孩童没有机会接受初级教育，无法得到生活的最低保障，国家又没有办法兼顾，无法对这些孩子进行教育，会导致这些孩子只有人养而无人进行教育，最后这些孩子会成为乞丐或盗贼。在《玲珑》看来：

> 节育运动就是节制一般父母的精力财力，使国家得到更优秀的儿童。[②]

《玲珑》采取马尔萨斯资源有限说的话语推行节育，认为现在处于“天灾人祸，国穷民贫的时代”，只有节制精力财力，才能达到优生的目的。

实际上，有论者直接简单认定节育与后代素质的提升呈现正相关的关系。

> 照近代优生学讲来，节育是很应该的一回事。要求将来人类的优良，生育便不能过滥。

论者陈娟云提出，注重人种质的方面的改良和经济的关系是节育的两大原因。但是，论者继续指出，如果节育动机是怕有损美貌、畏怯痛苦和不愿儿女拖累自己的生活，属于不愿生育而节育，非“应该节育而节育”，“违反了自然

---

① 子君．堕胎与避孕 [J]. 玲珑，1932,2(78):1299-1300.

② 上海女界节育运动 [J]. 玲珑，1935,5(49):4207-4210.

定律”，会对社会和民族产生不良的影响。[①]这样会使得国家人口趋向减少。

《玲珑》杂志有与潘光旦先生对节育认识相似观点的文章刊出，即认为一个国家社会最需要优秀分子来传种，但提倡和实行节育的都是知识阶级，不利于下一代素质的显著提升：

> 而现在优秀份子有学问有知识的人，知道节制生育，皆不愿去生儿女，于是好的国民不多，反过来下等人不知道节制生育，他没有方法控制生育，儿女一天比一天多，社会里大多数皆是不良份子。[②]

面对各种生育的观点，无论是马尔萨斯的人口说还是优生学者的种进说，论者李海涵认为这些都不是促使民族强盛、国家繁荣的关键所在；中华民族不怕“天演淘汰”而消亡，更无法靠“奖励生育”来挽救国难；问题中心在于中国民众能不能打倒资本主义制度、帝国主义，从根本上来挽救民族生存的危机。论者指出：一、中国的粮食很多，资源有限说站不住脚；二、在合理的社会制度里，劳苦群众的儿女会比资产阶级的儿女更有出息；三、为“美”而节制生育是迎合色情狂男子，为人所不齿：

> 我们要消灭阶级，用整个人类的力量来和自然界搏斗，有计划的，合理的生产人类需用的东西，那时生育将根本不成问题，而社会繁荣，人口的发达也将是我们意料中的事。[③]

---

① 陈娟云．节育问题与妇女 [J]. 玲珑，1934,4(23):2109-2110.

② 上海女界节育运动 [J]. 玲珑，1935,5(49):4207-4210.

③ 李海涵．节育问题的一个解答 [J]. 玲珑，1933,3(20):942-943. 李海涵．节育问题的一个解答（下）[J]. 玲珑，1933,3(22):1022-1023.

在李海涵的论述中，阶级被认为是阻碍中华民族发展的桎梏。与优生学者不同，李海涵秉持的观点是不应在生物因素上寻找国家和民族落后的原因，而应寄希望于社会制度的改革。只有消失了阶级，有计划与合理地进行生产，社会就会实现繁荣发展。在1929年，社会学家孙本文就以优生不能作为民族复兴之路而应注重社会改革，与优生学者潘光旦进行过文字交锋。《玲珑》刊载的这篇文章与孙本文思想观点类似。[①]

1936年，节育专家桑格夫人再次来华，国内反对呼声甚高，彼时中国面临日本步步侵占华北的威胁。[②]《玲珑》，对此进言，宣传节育不代表人口立刻减少，中华民族削减的危险绝不在于节育主义的宣传，而在于眼前“凶暴横行欲图鲸吞中国的那些强敌”。杂志表示，据相关报道，日本人将华北划入势力范围后就会将大量毒品运输至中国意图毒化中国同胞，消减中国人口，劝各位用反对桑格夫人的热度来进行民族自救。[③]

---

① 1929年，孙本文发表《对于优生学的批评》一文，观点主要是：一、优生学者将适用于动物的选种方法硬套到人类的身上，将人与动物等同。二、文化影响被优生学者当作先天的特质，认为道德、信仰都是遗传而得，进而认为可以用选种法去选择优等的个体。三、智力测验不能成为辨人们高下的标准。智力的优劣可能受后天训练及生活环境的影响，不能代表先天存在差异。四、优生学者认为社会上有财富有势力的人都是先天优秀的人，反之，都是劣败之人。他强烈反对优生学在社会中的推广，认为优生学者“放弃重要的社会原因于不顾，而欲求之于无切实根据的生物原因，以谋社会的改善，影响所及，将使社会力量用之于无用之途”// 孙本文．社会学原理上册 [M]. 上海：商务印书馆，1947:186. 刘波儿．中国知识精英对民族复兴的理论设想——以优生学思潮为中心 [J]. 自然辩证法研究，2012(2):87-92.

② 在华日军为侵吞华北，武力恫吓中国，随后签订了何梅协定（1935年6月）、土秦协定（1935年6月），冀东自治政府的成立（1935年11月），河北察哈尔临时政府的筹建土秦协定（1935年12月）……日本与中国的这些协定的目的，旨在将中国人及其影响从华北清除掉，取得华北自治。参见入江昭．日本侵略和中国的国际地位（1931—1949年）//［美］费正清．剑桥中华史（第二部）[G]. 章建刚，译．上海：上海人民出版社，1992:563-564.

③ 为反对山额夫人者进一言 [J]. 玲珑，1936,6(8):543-544.

（三）《玲珑》对堕胎的看法

与节育和优生关系一起讨论的议题包含了堕胎。1911 年至 1949 年间，中国都将堕胎视作非法。中国近代受天灾、战争影响，时局动荡，有人担忧种族有灭亡的危机，应继承孙中山增加人口的“遗教”；堕胎倘若盛行，将直接减少民族人口，制造民族灭亡的危机。彼时除了知识分子认为堕胎是侵害了婴孩生命和人权的观点外，社会上更多人士是为捍卫传统道德观而反对堕胎，认为如果不对堕胎加以限制，那么社会风化将被严重败坏，男女之间“有伤风化”的逾矩行为会层出不穷。[①]

《玲珑》论者认为，在当时的社会制度下，妇女堕胎避孕的动机有多种，其中因母亲精神或肉体方面欠健全者而担心产儿有优生学上遗传的弊病则与种族优化有直接关系。[②]

1934 年,《玲珑》出了一期堕胎与避孕问题专号。首篇文章的作者竹君认为，女子堕胎的动机不外是由于经济原因无力教养、失身怀孕怕受社会诽谤、热心事业、身体病弱等经济、舆论和生理三方面原因。堕胎若是由经济和舆论这样客观的社会环境促成，这种被人道主义者所论断的罪恶绝不是妇女本身所产生的，应归咎于社会：

> 然而法律为了“人道”，为了“民族繁殖”，必须加堕胎的妇人以罪恶的惩罚。（！）所以，为了防止堕胎与不平惩罚，避孕乃为最切要的前提了。

论者认为避孕在经济上和生理上都比堕胎更为便利。虽然避孕术还未完善，

① 龙伟．堕胎非法：堕胎罪及其司法实践 [J]. 近代史研究，2012(01):92-104.

② 子君．堕胎与避孕 [J]. 玲珑，1932,2(78):1299-1300.

但仍可以减少受孕机会，从而间接地防止堕胎。因此，避孕法的推行大有提倡的必要。[①]

彭兆良，当时尚未担任杂志的文字编辑，但他早已在《玲珑》杂志上撰文数篇。在堕胎与避孕专号里，他将真名署在了《如何救济堕胎》一文，指出国家法律、母亲健康和社会道德方面对堕胎都有所抵触，并陈述几种救济方法：一、多设托儿所，由托儿所代替父母养育子女。二、通过女子口头传授（避免违反国家政策印刷品被妨碍和被民众忽视）普及避孕知识。[②]文章前半段内容与当期卷首语相似，不禁让人怀疑竹君不过是彭兆良的一个化名而已。在这期专号里，杂志还介绍了现代医学及节育专家研究与实验下的各种避孕法。[③]

由此可见，《玲珑》对于节育、避孕的介绍主要为了优生，在“质”上使民族强盛，并不单纯追求“量”的增加。关于优生，《玲珑》还刊载关于母乳喂养、如何进行身体各部位保健等方面的文章，与现代医学知识相同，不一一介绍。

---

① 竹君 . 堕胎与避孕 [J]. 玲珑，1934,4(36):2291-2293.

② 兆良 . 如何救济堕胎 [J]. 玲珑，1934,4(36):2294-2295.

③ 避孕法概述 [J]. 玲珑，1934,4(36):2298-2303.

第二节　对孩子的教养

妇女身上还有一项极为重要的使命，即为民族国家培养健康优秀的国民。《玲珑》杂志以女性为主要读者群体，将自己定位为“女界的唯一喉舌”，并为承担实现民族延续责任的女性提供有关育儿的相关知识和经验。除此之外，《玲珑》还介绍世界各地教育儿童的先进方式。杂志几乎在每期的儿童栏下方注明“儿童为将来中国之主人翁”，并表明：

养育之道尤为重要，故本刊自始至今按期均有儿童一栏，固欲引起诸姐妹之注意。[①]

杂志认为如果下一代得到良好的教育并且身体健康，对于国家大有裨益，有利于国家的强盛，同时还会向社会各界征求儿童照片及教养儿童的经验。虽然栏目命名为儿童栏，但《玲珑》认为教养孩子的年龄是从婴儿期起始的。

一、母教

论者钱玛利认为，国家兴亡与身为母亲的女子关系匪浅。他（她）认为国家健全与否在于青年，青年健全与否在于儿童，儿童健全与否在于母教。[②]男女们从出生起，差不多有六年的时间主要接受的是母亲的教育。匹夫在小的时

① 征稿启事 [J]. 玲珑，1933,3(27):1432.

② 莉．教育儿童是我们的责任 [J]. 玲珑，1937,7(4):247-248.

候受了母亲良好的教育，才能治国。[①] 论者陈一龙认为，大部分中国母亲并不擅于母教。男子会成为军阀、政客、土豪劣绅、乞丐、盗贼，是他们的母亲们一贯持有的“儿孙自有儿孙福”之只养不教的结果；军阀等这帮人可恶可杀，同时又觉得他们可怜，原因在于他们的母亲不懂教才“产生出这般东西”。[②] 因此，现代的母亲对儿童的注意是刻不容缓的，因为儿童是未来国家的主人翁，民族国家的前途寄托在儿童身上。[③]

《玲珑》杂志提及对儿童要采取科学的培养方式，除了注重讲究卫生、正确处理各类小儿疾病、通过锻炼增强孩子身体健康外，母亲还要注重言传身教，比如母亲不可随意说谎，否则孩子会效仿大人；母亲要与孩子做朋友，要耐心地回答他们的问题，不可用武力教训孩子；要采取灵活有趣的方式培育孩子。[④] 论者李霞提出女儿的教育也一样重要，要替女子求自立之能，让其接受教育。家境贫困者可能比较难实现使女儿接受良好的教育，但家境富有者不能只求备好妆奁让女儿嫁个经济条件好的男子，而不管其婚姻是否幸福。[⑤]

二、儿童的服装

儿童的服装通常由母亲进行置办，社会上对儿童衣着的指导一般倾向于面料的选择。论者可矜认为，中国人的体格不健全是因为衣服穿得太多，家长们怕孩子冬天受寒，总是给孩子穿得很厚，而这为将来易得肺病埋下了种子；建议家长让孩子从小开始锻炼身体，不给孩子穿丝棉或厚重的衣服；孩子们通过

---

① 钱玛利．国家兴亡女子有责 [J]. 玲珑，1931,1(39):1512.

② 陈一龙．需要一个母范学校 [J]. 玲珑，1931,1(29):1068.

③ 明．现代女子须具有的五个条件 [J]. 玲珑，1936,6(44):3409-3410. 怎样教育你的儿女们 [J]. 玲珑，1937,7(13):1010-1011.

④ 徐秀佩．不要骗你的孩子 [J]. 玲珑，1933,3(10):349-350. 朱瑶芳．现代的母亲教育 [J]. 玲珑，1933,3(11):409-410. 几种家庭教育 [J]. 玲珑，1932,2(67):802-803.

⑤ 李霞．怎样去培植女儿 [J]. 玲珑，1931,1(13):440-441.

操练，还可以有助发育。[①]论者玉均指出，孩子衣着样式成人化的危害很大，会产生两方面的影响：一是长外衣和长裤子会拘束孩子天真活泼的举动，使其从小动作呆笨，不利于身体的发展；二是精神的影响。国人素来主张少年老成，要求从小养成君子般的温文举动。孩子穿长衫易成为“可怕的年少老人”，精神颓靡，失去原有的天真活泼。父母要注意孩子和成人衣服的分界，应该及早地将孩子们从衣服对他们的桎梏中解放出来。[②]

三、欧美日俄的儿童

儿童既是家庭的希望，更是国家的未来和民族的希望。《玲珑》认为西方国家的强盛与他们重视儿童培养是分不开的，并图文并茂地介绍了西方各国重视儿童教育的举措。

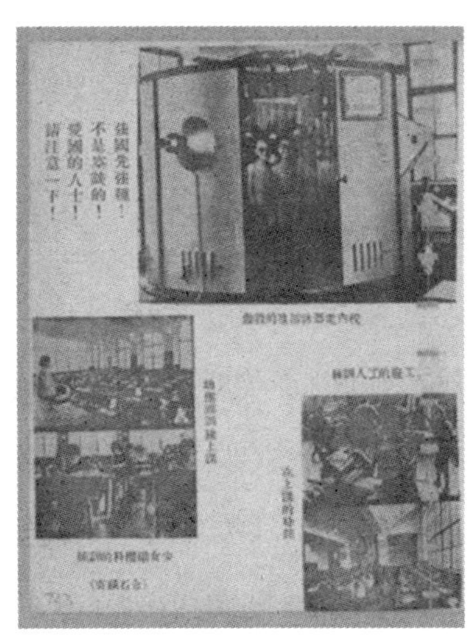

图 9 日本国家小学校的介绍

日本政府所办之国家小学校。刊登了卫生，机械，运动等各项教育情况图片。配文字“强

① 可矜 . 儿童穿衣问题 [J]. 玲珑，1932,2(47):1921.

② 玉均 . 儿童与衣服 [J]. 玲珑，1933,3(43):2422.

国先强种！不是空谈的！爱国的人士！请注意一下！”

资料来源：《日本他们强国的原因》，《玲珑》1933 年 16 期第 722-723 页。

论者朱丽娜和明德认为，苏俄是一个最能爱护儿童的国家，有专门管理儿童的机关来研究改良儿童生活及增进儿童幸福的方法。苏俄儿童能够受到真正保护，比在别的国家享受更好的待遇：儿童一出生就有医疗保障；到处有设备完美的托儿所，孩子在托儿所里会得到细心合理的爱护；国家设立了专门的机关检查孩子发育情形与健康，随时加以纠正及指导；孩子接受义务教育，且因材施教；法律规定父母不能随意打孩子。① 俄国和其他欧美国家重视公育，认为学校和社会团体对孩子的影响十分重要。在俄国，孩子的健康教育、经济和文化发展，都由国家负责，培养孩子成为社会上未来健全的一份子。②

即使是一战后战败的奥地利，在满目疮痍的情况下仍然认真办理社会事业，尤其注意儿童事业。首都维也纳有符合科学原理的设备完美的幼稚园一百多所，国民三岁以上可免费入园并有擅长教育的保姆。当地还设有儿童免费浴场、儿童公共游戏场，以引起儿童作高尚娱乐之兴趣。③ 意大利亦重视儿童个人发展，鼓励儿童自动培养和发展其思想。④

明治维新后的日本，经济和军事能力迅速上升，是当时亚洲强国，中国临近日本，日本教育儿童的方式也引起《玲珑》的注意。杂志还要求爱国人士注意，不要空谈儿童是国家和民族的未来，应注意科学、现代的学校教育方式。

---

① 朱丽娜 . 一个爱护儿童的国家 [J]. 玲珑，1934,4(1):11-12. 明德 . 苏俄的儿童 [J]. 玲珑，1932,2(56):273.

② 走向社会的孩子 [J]. 玲珑，1933,3(30):1639.

③ 奥大利的儿童 [J]. 玲珑，1933,3(16):738.

④ 意大利之儿童教育 [J]. 玲珑，1933,3(24):1256.

三、托儿所

《玲珑》杂志提倡国家社会应多举办有益于儿童的事业。在健康方面，需提倡体育、免费治疗疾病等；在知识方面，创办儿童报纸刊物等。他们认为：

> 儿童是国家的灵魂，是民族的命根，与整个民族的前途有密切的关系，儿童的教养问题，谁也认为要妥善解决办法的。[①]

实际上，彼时中国的上层就发展儿童教育做出过努力。

早在1924年，就有厉行教育普及，提高教育经费，全力发展儿童本位教育的政策。[②]1928年，南京开始大力整顿包括幼稚园和小学在内的初等教育。1929年至1934年，在学儿童占学龄儿童的百分比由17.1%（在学儿童人数8 882 077）上升至26.27%（在学儿童人数13 188 133）。1934年，彼时中国通过《宽筹经费，普及义务教育及民众教育案》，自1935年起在各省市实施义务教育，使全国儿童入学人数大为增加。[③]虽然对初等教育课程进行重新设定，提倡幼稚园和小学，但与西方相比，幼稚园前的托儿所教育，却是当时教育中所缺少的。

从西方的儿童教育来看，托儿所能更科学地培育代表民族未来的儿童，使其成为社会健全的一分子，弥补母教的不足；在中国还能替无力抚育儿童的父

---

① 静宜.儿童教养与民族复兴[J].玲珑，1936,6(14):1033-1035.

② 第一次全国代表大会宣言（1924.1.23）//荣孟源，孙彩霞.中国历次代表大会及全会资料(上册)[G].1985:22.

③ 宽筹经费，普及义务教育及民众教育案（1934）//荣孟源，孙彩霞.中国历次代表大会及全会资料(上册)[G].1985:248.顾树来.十年来的中国初等教育//中国文化建设协会.十年来的中国(上)[G].上海：商务印书馆，1937:559-584.

母养育孩子，能救济堕胎。[①]鉴于以上种种理由，《玲珑》提倡托儿所教育。

托儿所在欧美国家较普遍，但在当时的中国却是一件创举。当时中国有育婴堂、孤儿院等慈善团体，但它创立的动机仅为了救济贫苦无依的孩子，并且缺乏科学化适当的管理，与托儿所的原则是根本不同的。[②]

在《玲珑》看来，设立公育的托儿所，益处颇多。首先，当妇女们图谋职业，参与职业、学术、政治等活动，没有空闲全力照顾孩子时，公育的托儿所就是一个适当的育儿机关。其次，终日在外工作勤苦的妇女由于身体疲乏，无法给孩子提供充分的乳汁和购买其他营养品，而健全的儿童需要充分与优良的粮食以及有知识训练的人担任保姆；此外，教育技能、常识和生理卫生等必要知识，并非是每个妇女都能所有具备的技能，于是无产阶级的儿童难免夭亡、病态、先天营养不足等。《玲珑》认为托儿所可以较好地解决以上这些难题。虽然有钱家庭会请乳母哺育孩子，但乳母没有科学的卫生观念和知识，所受的教育少，知识水平低，由她们来照顾孩子并不利于孩子成长。请乳母完全不如有专门管理人员和注意孩子健康与卫生的托儿所合适。最后，托儿所代替父母负起培育子女的责任，儿童不会因父母的溺爱而趋于娇生惯养。倡导者直言托儿所，是中国目前最需要的一种组织，认为“为了民族的将来，这是应该要鼓励的”，并且希望能够大规模地举办。[③]

上海的第一托儿所，由上海市儿童幸福委员会筹办，于1934年3月成立，位于南京文庙民众教育馆内。[④]第一托儿所在中国是首创的育儿机关，成立不久，好奇的参观者络绎不绝，领略用于儿童教育的精致设备。不过托儿所当时

---

① 兆良．如何救济堕胎 [J]. 玲珑，1934,4(36):2294-2295.

② 儿童幸福委员会之工作 [J]. 玲珑，1934,4(2):114.

③ 静英．儿童与托儿所 [J]. 玲珑，1934,4(12):754-755. 陈丽云．托儿所与乳母 [J]. 玲珑，1933,3(27):1447. 儿童幸福委员会之工作 [J]. 玲珑，1934,4(2):114.

④ 第一托儿所托儿费办法 [J]. 玲珑，1934,4(11):691. 儿童幸福委员会之工作 [J]. 玲珑，1934,4(2):114.

最多只能容纳五十名儿童。《玲珑》感慨为生活压迫而不能适当教养的万千母子享受这种公育的机会十分渺小，希望继第一托儿所后，再有热心教育的人士能够继续为儿童谋取幸福办理托儿机关，因为仅有一家托儿机关，能够接受的儿童数量实在太少，没有办法对广大儿童做出贡献。①

虽然第一托儿所的创办理论在彼时中国十分超前，可惜由于经费不足以及筹集资金困难，第一托儿所运行不足一年后就因经费问题停办了。②

四、其他组织与训练

1931 年“九一八”事变后，军事训练愈发提上日程。对于儿童是否接受军事训练，1932 年时《玲珑》指出德国和日本如同 1914 年前的德意志帝国一样，让儿童从小接受军事教育——一队队七八岁的孩子全副军装戴了钢盔，扛着假枪，步伐整齐地过闹市。杂志从此情景中感觉到世界和平遭到了破坏。这种极端的尚武精神是把战争的意识印入儿童天真的心灵里，而破坏童真是一种大罪恶。孩子强健的方法可以通过运动，而不一定要受军事教育，《玲珑》认为提倡儿童军事教育，简直是在鼓励人类将来自相残杀。③不过，持这类论调者在《玲珑》杂志里独此一家。其他论者都认为青少年参加军训益处很多，鼓励青少年参加各类军训。

彼时中国男学生有参加军训者，女学生亦有参加者。社会上对女子参加军事训练的争议很多。赞成者认为男子能做的事，女子也能做；反对者认为女子体质向来孱弱，军事操练过于辛苦，高强度的训练对女子无益反倒有害。论者秋认为，提倡女子童子军是最为适宜的折中办法——兼有军事训练的雏形，同

① 妮儿 . 上海的托儿所 [J]. 玲珑，1934,4(20):1231-1234.

② 第一托儿所宣告停办 [J]. 玲珑，1934,4(35):2233.

③ 儿童和军事训练 [J]. 玲珑，1932,2(73):1087.

时过野外及团体生活，对于一向柔弱的女子，有极大的良好影响。[①]

1934 年，在彼时教育局和卫生局的共同提倡下，中国防痨协会、儿童晨报社和儿童幸福委员会合作举办了首届脱胎于欧美的夏令营——上海市夏令营儿童健康营。《玲珑》认为，参加的儿童多属营养不良，病后虚弱，在六星期的营养与锻炼后将有益身体的健康；而且有规律的团体生活，能够训练儿童心理和习惯；未来个人以及社会事业的创造有赖于培养出的团结精神。杂志表明公育的重要，不是只让孩子吃饱穿暖即可，应注意身体和精神的双重培养：

所以对儿童的合理的体格的锻炼与精神常识的培养，绝不只是时期的需要，在儿童的全部生活都急切需要，愿关心儿童教育者加以深切的注意。[②]

1935 年意阿战争爆发，国际形势严峻，中国彼时面临着日本对华北和西北的包围态势。《玲珑》认为，面对外来侵略，像中国这种危难的弱国，如果打算永固国基，发展民族的光辉，除实际的抵抗工作外，还应一开始就注重国防教育。杂志指出，中国的家长将国家观念抛诸脑后，只求子女“飞黄腾达”，不重视国防教育，不支持儿童尚武，认为这是民族发展的障碍。在国家开始重视尚武精神、国术与民众训练接连举行的时候，希望父母改变对子女教育的态度，支持儿童参加国防教育，能够使弱国变得更加强盛。《玲珑》指出：

努力行之，不但可使强国处心积虑，用以侵略他国，而且可使弱国转弱为强救亡图存的生命线。[③]

---

① 秋．女童军是女子军事训练先声 [J]. 玲珑，1933,3(43):2377.

② 儿童健康营与儿童公育 [J]. 玲珑，1934,4(27):1737-1740.

③ 露微．家庭教育与国防教育——墨索里尼提倡战事玩具 [J]. 玲珑，1936,6(29):2216-2218.

五、儿童与电影

1896年，上海徐园成为中国最早放映电影的场所。20世纪30年代时，上海经济发展、社会趋于繁荣，并深受西方电影文化的影响。1931—1933年期间上海新建或翻新如大光明、国泰等许多影院。[①]

电影是大都市的主要大众媒体。在大洋的另一端，美国人的生活早已深受电影工业的影响。社会各界担忧电影对儿童产生负面影响，20世纪20年代时美国就有心理学家、社会学家和教育学家设计一系列研究评估电影对儿童影响的佩恩基金研究。[②]虽然彼时中国没有这方面的大众传播研究，《玲珑》却认识到电影的动感性和吸引力比其他艺术作品强，如果利用得好，可以用来做教育宣传、爱国宣传和新社会道德教育的工具，其效力较之任何书本，演讲都更大。如俄国宣传共产主义，意大利宣传法西斯，日本宣传侵略的帝国主义。[③]杂志认为，中国最主要是把在国际政治形势下中国之所以成为次殖民地的原因及其求解放的途径，借着电影的形式与技巧，详细地分析给儿童听，使他们了解新社会的迅猛发展会使阻碍社会进步的种种矛盾日趋灭亡。[④]从《玲珑》的表述来看，它更多的是肯定电影的正面功能。

《玲珑》就国外电影与儿童的关系进行介绍。世界多国承认电影为教育儿童的唯一工具。许多外国教育机关，已实行采用电影作为教育的补助方式，但是并非所有的电影内容都适合儿童观看，需要由成人选择有益儿童的片子。如

---

① 张仲礼.近代上海城市研究[M].上海：上海人民出版社，1990:1105-1115.

② 详见：佩恩基金研究：电影对儿童的影响//[美]希伦·A.洛厄里，梅尔文·L.德弗勒.大众传播效果研究的里程碑（第三版）[M].刘海龙等，译.北京：中国人民大学出版社，2009:13-28.

③ 一样地利用电影[J].玲珑，1933,3(4):190.

④ 民天.儿童电影的任务[J].玲珑，1935,5(4):217-219.

何应对许多电影含有不宜儿童观看内容的情况？《玲珑》介绍荷兰采取的相应措施，即平时不让儿童进入电影院，每年在指定的时间选择有益儿童的电影供他们观看。美国没有明文取缔儿童进入电影院，但是有许多电影刊物特地指出有益儿童的片子，以借父母们进行参考。[①]1933 年 2 月《玲珑》杂志介绍苏俄列宁格勒（现在的圣彼得堡）当局为使一般儿童有适当的娱乐场，在该地建立一间儿童剧院已落成正式开幕，专供儿童观剧，每晚六时开演至十时。那里有一特殊条例：成人如果想入内参观，必须有小孩带领才能进去。[②]

六、给儿童灌输民族思想

《玲珑》论者认为，一个强盛的国家，国民的民族意识一定非常浓厚。国民如果能深切地认识到他们对于国家的利害及个人和国家的关系，整个国家上下就会有一致的意志和行动的步骤。培养民族意识应当尽早开始，这种意识必须在儿童时代便开始灌输培养。刚出生的婴孩如同白板，需要通过各种知识的接收和对社会规则的强化成为一个社会人。由于儿童没有先入观念，心灵纯正，因此最好从小给他们灌输有关民族意识的正确观念，养成儿童爱国和为公的思想。

《玲珑》表示养成儿童民族意识的工作，要在多方面同时进行的。首先是学校教育。教育是养成一个良好国民的有力工具，同时也是把民族意识灌输给学生（尤其是小学生）的大机关。人是一种社会性的动物，任何人的生存离不开与人的接触交流。在人们之间的交往活动过程中，相互之间传递着信息、知识和意见等。学校里的人际传播形式最为普遍，并且一般情况下教育采用人际传播得到的传播效果是最好的。孩子从小在学校里与教员的言谈和涉及民族精

① 儿童与电影之关系 [J]. 玲珑，1933,3(31):31.

② 苏俄的儿童剧院 [J]. 玲珑，1933,3(3):127.

神教育的接触过程中，会得到许多关于民族意识的启迪和暗示，无形中受到很深的影响。论者们以日本充满民族意识教育为例说明学校教育过程中灌输民族主义思想的重要，但指出他们近年除民族之外渐渐越伸张到帝国主义方面，把许多无辜的儿童引进了自杀的歧途。其次是父母的家庭教育。平日母亲和儿童接触的机会较多，母亲对于小孩的影响远比父亲大。母亲可以通过日常故事的讲述和亲切的谈话把民族意识灌输儿童的脑子里，很容易使小孩有深刻印象，有时这种亲子教育比学校教育还更加有效。《玲珑》杂志虽不提倡战争，但希望中国母亲至少有从前斯巴达母亲在出征时祈战士儿子战死的精神，认为母亲们必须负起这一部分的责任。① 最后，杂志指出，儿童玩具如果设计使用得当也可成为养成民族精神的工具。《玲珑》以意大利为例：意大利在侵略阿比亚尼亚之前利用特殊的国防教育——制造大批战事玩具，不但对青年鼓吹战争，对五六岁的儿童亦采取利用玩具来宣传战争，以灌输爱国思想和战斗的精神。②

《玲珑》认为，若不注意国民教育和儿童教养的问题，就违背“十年树木”的训义，因为儿童是民族和国家的未来，儿童需要得到良好的教育，否则中华民族将来绝无复兴的希望。1935 年意大利入侵埃塞俄比亚（当时称阿比亚尼亚）、华北事变后，中华民族危机重重，山河破碎。《玲珑》感慨要爱护儿童，确保“国家未来的主人翁，民族绵延的新生命”获得从他们保护人那里应有的教养与幸福。在危机重重之下，杂志指出中国人民目前重要的问题就是以血肉之躯保守中国国土。否则，皮之不存，毛将焉附？沦为亡国奴难以生存，更不要说实施一切有利于儿童最良好的计划：

---

① 余美芳．儿童与民族意识 [J]. 玲珑，1933,3(2):78-79. 静宜．儿童教养与民族复兴 [J]. 玲珑，1936,6(14):1033-1035. 儿童的精神训练 [J]. 玲珑，1937,7(29):2288-2290.

② 露微．家庭教育与国防教育——墨索里尼提倡战事玩具 [J]. 玲珑，1936,6(29):2216-2218.

我们若不能誓死抗敌，保留国土以为儿童们现在的教养乐园，将来的生养乐土，则我们所努力计划者，只可谓舍大就小。[①]

① 庆祝儿童节的感想 [J]. 玲珑，1936,6(14):1005-1006.

小结

创新和扩散理论指出社会经济地位较高者比社会经济地位较低者更易于采用新技术和新观念。观念早期接受者更具创新性或思想更为开放，比一般人更易接触各式的外界传播。西方优生新观念的采纳至付诸行动，在20世纪前半叶是自上而下的启蒙教育过程。在中国，优生知识的引进依靠一些知识精英的学习或著作的翻译，例如潘光旦先生美国留学归来，引进了西方的优生思想。1920—1930年代，精英知识分子在报刊发表自己促进后代素质增强的观点见解，多少影响了小知识分子们对于改善人种促进民族国家兴盛的认识。

《玲珑》杂志涉及的优生知识杂糅了多家之言。作为通俗性读物，《玲珑》照顾读者的平均阅读水平，将著名优生学者及非优生学者的一些观点进行简单的表达，并不做更深入的说明。同时，《玲珑》并非对知识精英们的所有观点全盘接受，刊登的文章中有从优生角度出发讨论如何实现强国优生，亦有从社会改革的角度切入。无论是通过优生还是改革社会制度的方式使民族强盛和国家繁荣昌盛，都反映了当时的知识分子对实现民族复兴之路的探索。

在结婚条件限制上，《玲珑》认为男女最佳的结婚年龄可适当推迟，国家应强制进行婚姻身体检查，不适宜生育的人控制其结婚生育，以免生出的后代孱弱，不利于下一代人口素质的提升，影响国运和种族延续。

在节育方面，20世纪20年代初期受节育专家桑格夫人的节育思想影响，国内掀起主张节育的思潮热潮。潘光旦作为优生学者并不反对生育限制本身，但担心当前的宣传方式会使人种无法得到优化。《玲珑》与潘光旦先生担忧一致，即较优秀的阶级率先接受节育思想，实行节育，生育孩子数量少，导致优秀的人才后代减少，聪明强干者最终会越来越少趋于消失；而社会中处于最下层而理宜少生或不生的阶级生育不加控制，使素质不佳的后代增多。[①]《玲珑》与彼时国内提倡的增加人口以使民族强盛的观点不同，杂志提倡节育是为了在“质”的方面使民族延续和发展。同时，《玲珑》的男性编辑群，如林泽苍、林泽民毕业于光华大学，彭兆良毕业于上海复旦大学，这些学校的教育偏向西式，因此他们受西方器物影响较深，推崇小家庭制，认为大家庭制不利于民族团结，小家庭可以摆脱妇女被翁姑压迫的地位，此观点又与潘光旦先生追求民族绵续的折中制家庭制有所区别。

儿童是民族复兴的希望，作为民族延续的根，儿童的教养显得十分重要。除了将孩子养得健康，也应对他进行科学正确的教育。在家庭里，孩子与母亲接触的时间更多，母教显得尤为关键。《玲珑》提供的母亲对于孩子的培养，更适合于具有一定资产和识字水平的家庭。但是，《玲珑》认识到较底层的民众无法科学养育下一代时，提出公育是一种良好的教育方式。《玲珑》大为赞赏国外教育儿童的方式和相关机构，尤其推崇苏俄对儿童的培养模式。公育形式的托儿所、夏令营等方式是培养儿童的良好途径。托儿所在当时中国尚属新鲜的教育形式，可惜上海第一托儿所因经费问题无以为继，开办时间不足一年被迫关停。

不过，潘光旦先生并不赞成公育。公育之说可追溯至希腊哲学家柏拉图。在《理想国》里，柏拉图认为应丢弃不健全的婴儿，健全者的婴儿则由国家设立的保育院的保姆进行统一的抚养，为父母者对孩子们不应当怀有私心，应对同时期的所有婴儿一视同仁，具备博爱的精神。潘光旦先生认为脱离母亲的公

---

① 潘光旦．中国之优生问题 [J]. 东方杂志，1924,21(22):15-32.

育无法照顾到每个孩子的心理变化，而只有在家庭教育中的母亲，才能够识别子女的特殊性，认清其优缺点，取长补短；另外，公育采取的是标准化、统一化的培养模式，不能因材施教，无法使有天分的儿童得到适合其个人模式的自由发展。①

《玲珑》杂志的编辑主张公育的动机与柏拉图为国家发展公育的动机并不完全相同。苏联和国外的儿童培养模式成为《玲珑》提倡儿童公育的模板。《玲珑》主张妇女解放，女权运动，认为女子与男子仅在生理上存有差异，智力上差异不多，男子能做之事女子也一样能做。但是女性同时又承担着生养子女的责任，杂志希望实行公育能使女子有时间和精力从事工作。只是《玲珑》提倡的公育并非表示女性可以全然不管孩子、全托付给国家，从而不履行其当母亲的职责，母亲在孩子的成长过程中仍然扮演着主要的角色。《玲珑》认为，作为公育形式的托儿所，它的教育优于一般的家庭所能给予子女的教育，更有利于孩子的健康成长。母亲们得以腾出时间从事职业，为国家和社会做出贡献。公育，不但使国家下一代的素质增强，还可以减少职业女性教养孩子的负担，腾出时间和精力参加工作，通过工作实现男女平等，创造价值，为强国做出贡献。

虽然无法从实证的角度提供佐证，但是《玲珑》已经认识到当时流行的大众传播媒介——电影，在教育儿童方面具有一定的正面作用。

《玲珑》杂志认为母教十分重要，关系到国家兴亡。母亲对儿童服装的选择也会关系到儿童体格健康与否。要使儿童的体格强健，还可以让儿童参与夏令营形式的组织与训练。通过给儿童灌输民族思想，使儿童从小具有爱国的思想。灌输思想的主体实施者，一是学校里的教职员，一是父母，尤其是母亲的

① 潘光旦 . 中国之家庭问题 // 潘乃穆，潘乃和编 . 潘光旦文集 (第 1 卷)[G]. 2000:213-215.

教育。此外，精心设计的战事玩具也能灌输爱国精神。因此，培育下一代的教育之责，在《玲珑》杂志看来，是母教与学校、社会教育的合力之作。

如果说优生使下一代素质增强更多依靠人的生理因素，那么教养使后代素质增强则更多地侧重于后天的培养。无论是优生抑或是后天培养，两者都与扮演母亲角色的女性有着紧密的联系。作为生育者和教养者的女性，在优生和儿童教养上为增强后代的素质负有很大的责任。《玲珑》杂志在优生教育方面突出了女性的地位和作用，浓墨重彩地强调“母职”的重要性与必要性。在生育问题上，除了在结婚年龄、身体条件和包含家世的择婚条件等方面可以将男性纳入考量，在对儿童的家庭教育当中男性似乎都是缺席的，并不在场。女性，在增强后代素质上面被加载了较男性而言更多的责任。《玲珑》作为女性期刊，更是展开了强化母职十分重要的相关论述。《玲珑》也鼓励女性外出工作成为生利者，但是女性仍然要当好母亲这个角色，为国家培育好下一代，由此可以看出，女性身上承载的生利和养育的双重责任。《玲珑》也将一些诸如军阀、盗贼等给社会造成不安定的男性成人的产生，归罪于女性的教育不足。

作为 20 世纪 30 年代上海知识分子阶层的《玲珑》杂志的男性编辑群体们，他们对母职的强调和希望后代素质增强的观点看法，与 19 世纪末时的维新变法家们的看法如出一辙。虽然彼时维新变法已然过去了三十余年，但对女性的母亲角色所应承担的职能看法，尤其是在对儿童的家庭教育所扮演的角色上，两个时代的知识分子们仍能达成异时空的共识。换句话说，维新时期对女性母职的看法，即使经过了三十余年的历史涤荡，仍然在中国大地上扎根留存着并产生着很大的影响。

第七章 《玲珑》女子消费观的媒介表述

女性的消费购买能力一直为人所津津乐道。因此，女性在辛亥革命以后的各次国货运动中被视作运动的关键人物。如果她是一名家庭妇女，家庭的主要经济开支由她负责；如果她讲究时髦，那么她用于个人妆饰的花费则不在少数。彼时代表民族工业的国货在充斥着洋货的中国市场夹缝里求生存。在知识分子与中国商人们看来，女子的消费行为与民族工业发展、民族国家的生存与强盛息息相关——支持国货，购买国货，那么中国就能在帝国主义疯狂的经济侵略中求得生存发展，并且国家也会越来越强大。同时，女子这种民族主义式的消费行为会获得社会上人们的尊重，被认为是爱国的。如果女子购买商品时贪图商品的华丽外表和价格而不在意商品的国别属性，继续购买洋货，尤其是日货，在民族主义者眼中无异于给敌人送枪弹，使中国走向灭亡。这样的女子被认为其行为是损害了民族国家的经济发展，是不爱国，甚至是叛国的。

1929 年南京颁布的《提倡国货运动宣传纲要》中有专门对妇女国货消费的要求，1934 年妇女国货年的开展表明了以往女性在民族主义消费上表现不力，从而需要设立专门的年份倡导和规训女性的消费行为。正因为女性在民族国家的建构过程中不能自觉地履行其必要的责任和义务，所以需要国家和社会对其做出相应的规定，协助其形塑为符合民族主义要求的社会角色。这正是彼时社会上层阶级民族主义父权制的体现。中国在 1920—1930 年代对妇女的设置更多的是将其定位母亲——贤妻良母的地位（详细分析见下一章），而《玲珑》，杂志里有关女子与国货的内容，虽然强调女性主动消费国货是应尽的义务，但是更突显的是女性作为民族国家的国民地位。杂志显著地从救国、保国、强国角度出发，提倡国货消费的民族主义媒介表述内容有 121 份（包含多主题类别中涉及消费关系的内容 13 份）。

第一节　国货运动背景

20 世纪 30 年代抵制洋货、倡导消费国货的行为与前几十年的中国国家社会形势有着紧密的联系。

19 世纪末期，不断战败的中国，被迫与帝国主义列强签订了一系列的不平等条约，列强将彼时中国作为商品倾销和原料垄断的重要市场。这些条约剥夺了中国自主提高关税限制商品进口的权力。自 20 年代 20 年代起，随着与德国、苏俄和美国签订的不平等条约的逐步废除，中国开始拥有关税自主权。[①]1929 年起，中国开始逐步提高进口关税，1934 年的关税较 1928 年提高

① 1921 年 5 月 20 日，中德正式签订了《中德合约》。德国不仅声明放弃 1898 年与清政府签订的《胶澳租界条约》里所涉及的德国在山东省的权益，而且取消此前所有的协定关税权、领事裁判权和在北京使馆区享有特权。这是鸦片战争之后，中国与西方大国签署的第一个平等的条约 // 石源华 . 外交史 [M]. 上海 : 上海人民出版社 , 1994: 176-178. 1924 年 5 月 31 日，中俄签订了《中俄解决悬案大纲协定》。这一协定废除了俄罗斯帝国与中国之间缔结的所有有损于中国主权的条约，而且废除了依赖裁判权，放弃了义和团的赔偿金和租借地。这是继德国之后的与欧洲国家建立的第二个平等关系的国家（石源华，1994，220-225）。1928 年 6 月，国民革命军进入北京，7 月 7 日，中国向外国发布了希望废除不平等条约的宣言。对于中国的宣言，美国政府最早响应。在宣言后不到一个月的时间，美国与中国签订了《调整中美两国关税条约》，承认了中国恢复关税自主。[日] 佐藤慎一 . 近代中国的知识分子与文明 [M]. 刘岳兵，译 . 南京：江苏人民出版社，2011:156-157.

了三倍。[①]1926—1936年间，关税收入的85%用于偿还外债、庚子赔偿和内债。[②]尽管提高了关税，且在1928—1935年间，中国42.23%的收入来自关税，但是加上盐税（占收入17.13%）和商业税（占9.16%），只能支付主要包括军费（40.3%）和债务（15%~37%）在内开销的80%。这些年，中国从未达到收入平衡，而是靠财政赤字来维持。[③]

洋货进口狂潮深深影响着中国的经济。随着近代资本主义工业的发展，民族企业开始生产与外国商品相似的机制工业品。中国人将当时称作土货的手工产品和国产的工业品统称为国货，与进口的包括外资在华企业生产的洋货相区别。[④]中国工业日益增加的竞争力使国内贸易趋向紧张。中国实业家们认为如果没有帝国主义的侵略，中国的民族工业会发展得更快。在20世纪的头三十年间，在中国与列强之间关系的重要转折点——1905年、1908年、1909年、1915年、1919年、1923年、1925年、1928年、1931年，发生过有影响的抵制洋货运动。[⑤]20世纪30年代以后几乎延续到抗日战争期间，抵货运动时有

① 对国内不生产之工业原料、生产工具及交通工具等亦增修税率。国内制成品之生产成本提高，外货又进口，政府得双重税收。国内不生产之平民生活必需品及工业必需品包括煤油、滑物油、汽发油等 // 郑友揆 . 我国关税自主后进口税率水准之变迁 [M]. 上海：商务印书馆，1939:12,14.

② 其余税收主要用于军费和行政。第二次世界大战爆发，美国认定中国为盟友，退还庚子赔款。但款项主要用于文化建设，鲜少用于工业 // 郑友揆 . 我国关税自主后进口税率水准之变迁 [M]. 1939:14-15.

③ [美] 徐中约 . 中国近代史：1600-2000，中国的奋斗：第 6 版 [M]. 2013:438.

④ 潘君祥 . 中国近代国货运动 [G]. 北京：中国文史出版社，1996:1-2.

⑤ 1905年，美国排华浪潮导致中国抵制美货；1908年，日本要求中国释放广州扣压的日本船并要求道歉和赔偿，清政府同意，激起华南地区中国人不满，抵制日货；1909年是反对日本对东北的侵占；1915年，袁世凯与日本秘密签订《二十一条》，反对日本对中国主权的侵犯；1919年，围绕凡尔赛和会开始抵货运动；1923年日本不愿归还租赁的中国东北的领土引发抵货风潮；1925年，发生“五卅惨案”；1928年，发生济南惨案彼时中国催化了抵货运动，1931年，发生日煽动朝鲜民众排华和“九一八”事变。总体看来，抵货运动多与日本关系密切，但实际上抵货过程中不单只抵日货，会涉及其他国家的进口商品。详见 Gerth K. *China Made : Consumer Culture and the Creation of the Nation*[M]. Harvard University Asia Center : Distributed by Harvard University Press, 2003:126-200.

发生。[①]抵制活动往往由某事件引起，而又随着时间流逝趋向停止，周而复始。

中国财政的紧张和民间的国货运动影响中国上层对国货运动和国货事业的态度变化。北伐战争结束后中国对民族资产阶级政策发生变化，对国货运动的态度更加积极。彼时中国的社会上层阶级认为在帝国主义长期的侵略中，中国受列强政治、经济和人口增加的压迫，陷入民穷财尽、国势阽危悲境，随时会被列强吞食。而造成这样局面的原因在于民众民族思想薄弱和民族主义的丧失，四万万之众如一盘散沙，团结不坚，精神涣散。[②]为扶危救亡、雪耻复仇、富国裕民、发扬民族精神和恢复民族固有美德，彼时中国在训政期间（1928—1937）提倡《七项运动宣传纲要》[③]，其中包括大力提倡国货消费。中国欲通过提倡国货，唤起人们的民族意识，恢复民族精神和民族地位，构建民族自信自立自决的力量。[④]彼时社会上层认为，将盲目迷信外货转为信仰国货可以增强民族自信；使用国货而不依赖外货能够提升民族自立；挽回国家财力，以及拥有建设人民生活所需及国家独立的基础，即为民族自决的力量。提倡国货运动，还能使人们不沉迷于奢靡消费，恢复中华民族勤苦节俭的美德。[⑤]1927年，负责全国工商业的孔祥熙提议各省市设立国货陈列馆。1928年以“策励工商、提倡国货”起见，在上海筹办中华国货展览会。通过对展品的陈列宣传，国货界对如何进一步开展倡用国货的活动有了新的认识。[⑥]同年7月中国发布，具

① Gerth K. *China made : Consumer Culture and the Creation of the Nation*[M]. 2003:57,125.

② 识字运动宣传纲要 . 七项运动宣传纲要 [Z]. 广州：中国广东省执行委员会宣传部，1929:4-6.

③ 七项运动分别为识字、合作、卫生、造林、造路、保甲和提倡国货运动宣传纲要 // 七项运动宣传纲要 [Z]. 广州：中国广东省执行委员会宣传部，1929.

④ 值得注意的是，在1929年的《提倡国货运动宣传纲要》第14—15页和《七项运动宣传纲要》第七篇第10—11页中，先使用“中国民族”，后提“中华民族”，可见当时中华民族尚未成为统一的国族指称。

⑤ 中国执行委员会宣传部 . 提倡国货运动宣传纲要 [Z]. 南京：中国执行委员会宣传部，1929:14-15.

⑥ 潘君祥 . 中国近代国货运动 [G]. 1996:32-35.

体建议，确定中国的每个社会和政府组织应如何为国货运动做贡献。其中建议书建议各部门与商业出版沟通，要求降低国货广告的刊登费用和出版商尽可能使用国内产的新闻纸。[①]1930 年通过的《厉行节约运动案》，规定先在党政军人员与各学校学生中实行提倡或使用规定国货，然后再推及各种团体和普遍全国民众。[②]

处于这种时代背景里的女性自然被划定为国货运动的参与者。上海自开埠后经济发展迅速，受西方的经济和文化等诸多方面的影响，女子们开始拥有出入学校、戏院、电影院、舞厅等公共场所的机会。彼时外国人在上海租界人数较多，西方女子时不时地出入于各个公共场合，她们的装扮影响着上海的都市女性。化妆品、香水和服装布料等奢侈品为都市女性们所依赖，奢侈品的消费所占比例增大。为了保护国内民族工业，中国对在国内有生产同类产品的进口货物提高税率，但是对进口奢侈品征收的税率较低。[③]在这种情况下，奢侈品，尤其是女性的香水、脂粉入超严重。同时，家庭妇女掌管了家庭的主要开支及身肩养育儿童的职责，可以说家庭的所有支出基本都由女性把关，诚如刊登在 1931 年第 2 期《玲珑》杂志上的一篇文章里指出：

有人说男子是外交部长，女子是内政部长，经济占内政的重要部分。[④]

---

① Gerth K. *China made : Consumer Culture and the Creation of the Nation*[M]. 2003:232.

② 厉行节约运动案（1930.3）// 荣孟源，孙彩霞 . 中国历次代表大会及全会资料（上册）[G]. 1985:799-800.

③ 郑友揆 . 我国关税自主后进口税率水准之变迁 [M]. 1939:14。1934 年 1 月 24 日第四届执行委员会第四次全体会议通过《取消盐斤加税并加重奢侈品消耗品之税，以维民艰而裕国帑案》见荣孟源，孙彩霞 . 中国历次代表大会及全会资料（下册）[G]. 1985:229.

④ 张品惠 . 女子家庭之筹划 [J]. 玲珑，1931,1(2):45.

家庭支出的资金流出口把控在女性手里成为当时社会的共识。对此，国家自然将女性消费视作提倡国货运动的关键。彼时的《提倡国货宣传纲要》里对妇女提出如下要求：

①提倡节俭，购买国货：妇女所有衣饰，及应用品，须一律购买国货，并广劝家族亲友，切实购用国货。妇女服饰，应以朴素为尚，一切奇装异服，及过于华丽贵重物品，均宜摒除。②提倡女子职业：提倡妇女实行操作，不得安逸好闲。奖励妇女家庭工艺。③教育儿童养成爱用国货习惯：儿童玩具，均应购用国货。应为儿童灌输爱国及购用国货之知识。①

因此，中国将1933年定为国货年后，把1934年定为妇女国货年（1935年为学生国货年，1936年为市民的国货年），同时1934年还是要求人们“衣食住行”达到“整齐、清洁、简单、朴素”要求的新生活运动的起始年。②国货运动包括在新生活运动开展的各项活动中。③

在这样的时代背景下，直面女性读者的女性期刊，哪怕是商业性质的《玲珑》，也会出现号召女性使用国货、抵制洋货的相关内容。《玲珑》通过这些内容规训着中国的女性消费者，期望可以借此启蒙、教育和激励女性，让她们明白国货消费与民族国家兴亡的关系，从而实现对女性消费的民族化过程。

本章根据《玲珑》杂志刊登的内容具体划分为四个部分展开分析：第一部

---

① 提倡国货运动宣传纲要 [Z]. 南京：中国执行委员会宣传部，1929:60-61.

② 新生活运动指导 [Z]，上海：三民图书公司，1934:26,32.

③ 对新生活运动的介绍，可以参见第一章和第四章有关新生活运动的脚注和正文。新生活运动的内容包括了减低入超成中国国际贸易均衡的国货运动 // 邓雪冰 . 新生活运动之发动及其进行——邓雪冰在新生活运动宣传员人会讲演 // 新生活运动指导 [Z]. 上海：三民图书公司，1934:12.

分研究《玲珑》提倡国货的理由；第二部分分析被劝导消费国货的主要对象以及原因；第三部分展示杂志对于不听劝告的越轨使用洋货者的态度；第四部分讨论杂志对公开挑战指责女性言论的反驳。

第二节　提倡国货、抵制洋货的理由

一、洋货、土货与国货之争

《玲珑》认为以本国原料、资本、劳动力所制造之品为“纯”国货；以外国原料、本国劳资所制造之品为“准”国货。建议在购物时须购买“纯”国货；如果购买的商品类别没有“纯”国货时，再求其次，选择“准”国货。[①]彼时有民众抵制洋货时有较为极端的行为，即认为土货才是真正国产的，而仿制洋货的国货，则不值得提倡。某大学教授提倡家人全用土货，而其夫人倡导国货，因为在衣着面料上，教授认为土布才是真正国产，其他的面料是仿制国外的生产与制作，可是土布由于做工及样式无法与国货布料相比拟，无法满足女性爱美的需求，于是二人的婚姻就此走到尽头。论者姜畹兰认为，使用仿制洋货的国货与土货一样是爱国行为，而且国货中锦美的绸缎比土货粗蓝布要漂亮和精致，女性从中可得到特别的安慰，可以满足女性爱美的心理。[②]

要促使女性用国货，改变他们的消费习惯和消费行为，就要改变女性认为洋货比国货更好的观点，树立起国货质量佳、款式新和时髦的认识，灌输使用国货可改变国家经济不景气现状的观念。《玲珑》杂志的论者天表示，女性喜爱美的装饰，琳琅满目的国货里有许多物美价廉的材料可满足她们的需求。国民们通过购买低价国货以实行俭约，而大家购买国货行为直接的效果是国货得以畅销，促进民族工业发展，间接的效果可以促进国家经济的繁荣发展，使民

① 妇女国货年中爱国妇女的信条 [J]. 玲珑，1934,4(3):137-138.

② 姜畹兰 . 爱与美的问题——土货与国货之争 [J]. 玲珑，1936,6(13):932-934.

族国家更加兴盛。[①] 鉴于国人总以用舶来品为荣，杂志刊载了许多文章希望能转变国民的观念，告诉读者们中国的国货有其特色，在国外也很受欢迎，并不是他们所认为的难登大雅之堂。《玲珑》提到美国女生喜爱借中国女生的传统服装拍照以显示新奇性；好莱坞的电影明星认为中国扇子优雅大方，以用中国扇子为时髦。[②] 在欧美，一些时兴的服装受中国传统服装艺术的影响，向中国传统艺术寻求灵感进行设计。[③] 杂志刊登这些文字的目的是为了表示不招时髦女性待见的国货并不落伍。在奉劝消费者要消费国货的同时，杂志还不忘嘱咐国货的销售和生产商不可借提倡国货之际给商品提价，以免引起消费者的反感而放弃购买国货，从而使国货自绝生路。[④] 当时国货公司为推广国货亦不遗余力。上海一家时装公司在舞场举行展览会，特聘电影界歌舞界几位摩登女郎，“牺牲色相”在众人面前摆动腰肢进行活动展览，为国货时装宣传。[⑤] 在脂粉方面，杂志介绍敷粉的技巧时提到“湿敷多半是用中国粉。其功效却比来路货的粉好”。[⑥]《玲珑》甚至干脆提供制造化妆品雪花膏的方法，供国人自制以免购买舶来品，直言国货与舶来品无不同，只是舶来品关税较重，包装精美加上宣传费用，导致售价高昂。杂志提出摩登女士盲目信任价格与品质成正比这一说法，宁舍贱而取贵，认为这种行为是缺乏常识的表现。[⑦] 彼时国货的品牌名称也会含有明显的民族主义意味，如抵羊牌羊绒线的品牌名称“抵羊”谐音“抵洋”，它在《玲珑》杂志上刊登了一名女性坐在椅子上织毛衣的图像并辅以相

① 天 . 时装与国货 [J]. 玲珑，1932,2(57):293.

② 美国女子渴慕中国女装 [J]. 玲珑，1936,6(33):2586-2587. 图文 [J]. 玲珑，1931,1(30):1164.

③ 欧美服装之中国化 [J]. 玲珑，1936,6(35):2745-2746.

④ 提倡国货的几点 [J]. 玲珑，1933,3(29):1530. 提供国货应该怎样 [J]. 玲珑，1934,4(13):771-772.

⑤ 琼 . 假新郎 . 敷粉亦有艺术 [J]. 玲珑，1931,1(4):123.

⑥ 时装和摩登女的展览 [J]. 玲珑，1934,4(30):1922.

⑦ 雪花膏自制法 [J]. 玲珑，1936,6(41):3211-3212.

关文字的平面广告，其广告语为：

用抵羊牌羊绒线为爱人织毛裳爱情无疆因为它是纯粹国产并且它的颜色光泽益增爱人之美丽也。

广告语的背后隐藏着特殊的“因果”逻辑关系，即女子为爱人织毛裳是爱情无疆的表现，而“爱情无疆”是因为该品牌为国产，品质优良的毛线织出的毛衣还能给爱人增加魅力。这则广告语突出了国货羊绒线品质优良的特性和国别属性，但广告语里忽略了女性表达爱的方式在于她亲自织毛衣这一行为，这才其表达爱最主要的方式。至于选用什么样的羊绒线，国别属性是否国货并非是“爱情无疆”的根本原因，但选用的羊绒线是否颜色光泽佳则表示了女性对爱人织毛衣时在选材的用心程度，亦可以表示女性对爱人的浓厚爱意。抵羊版羊绒线如何书写广告语本质在于告知各位女性要选择国货，国货的质量并不比洋货差。

图 10　抵羊牌国产毛线广告

资料来源：《玲珑》1933 年第 45 期，第 2549 页

面对一波波的抵货风潮，为打开中国市场，当时洋货常取中文名以混淆视听，例如利华皂粉[①]，使一般消费者误以为其为国货从而纷纷掏钱购买。《玲珑》认为女性缺乏鉴别国货与外货的能力，常常因为不能分别国货与外货而致上当。就此现象，杂志提出国货工厂及商人应有统一组织，指导一般女子对国货的认识，增加她们在此方面的知识。[②]《玲珑》还为女子提供了真国货的具体购买步骤，以免被洋货的“中国外表”所骗。同时，还劝解女性不要贪图便宜、外表美观、新奇、物品灵巧等，要一心购买国货。甚至让女性不要吃海味，不要穿皮鞋，不要使用化妆品，不要穿呢绒衣服，因为彼时中国市场上的这些货品大多是由外国商家所提供的，有些商品国内的民族工业暂时无法提供相应的产品。[③]只是如果国货的价格比同类别商品的洋货更昂贵，还要求经济较为拮据的消费者继续购买国货有些不合实际。同时，《玲珑》忽略洋货能够进入中

① 利华皂粉广告，见刊于《玲珑》，1932,2(50):2046.

② 琼 . 妇女国货年应注意的两点 [J]. 玲珑，1934,4(2):71.

③ 具体步骤为：(一)从今年起。坚决信誓购用国货。除非万不得已。(二)购用国货。从自己做起。(三)再能劝告父母亲长辈。(四)再能告诫子女幼小辈。(五)再能劝导亲戚朋友辈。(六)在购物之先决意购用国货。(七)在购物时。须考查此物是否国货。(八)在不能决定何者为国货。何者非国货时。宁可多问几家店铺。(九)在有疑惑不定。宁可向国货公司购买。(十)在购物时。勿贪便宜。只一心购用国货。(十一)在购物时，勿存好看的念头。只一心国货。(十二)在购买衣料时最要当心。(十三)在购物时可预先声明。如若验出所得非国货时。须立即退换。(十四)在购物时。须注意商标。公司名。工厂名制造地等。(十五)在上海或国内其他都市中所制造之货品。不一定是国货。(十六)国货有“纯国货”与“准国货”之别。以本国原料。本国资本。本国劳动力所制造之品。为“纯”国货。以外国原料。本国劳资所制造之品。为“准”国货。(十七)在购物时。须购买“纯”国货。无“纯”国货时。再求“准”国货。(十八)购买物品时。非独应向中国商店购买。并须考察其原料是否国货。(十九)货物上不标明某国的出口者最好勿买。(二十)最好勿购买新奇的出口。(二一)十分便宜的灵巧的东西最好勿买。(二二)最好勿穿皮鞋(二三)最好勿吃海味。(二四)最好勿用化装品。(二五)最好勿穿呢绒衣服。(二六)最好勿穿绒绳衣服。(二七)最好勿进专销非国货的中国商店。(二八)勿进外国商店。(二九)有钱可存中国银行。非但提倡国货。并与利权不外溢的原则完全相符的。(三十)时时留心报章杂志及其他刊物上所载关于国货非国货文字及广告。并剪贴之以便查考 // 妇女国货年中爱国妇女的信条 [J]. 玲珑，1934,4(3):137-138.

国市场也交了一定的关税这一事实，杂志提倡女性们消费国货的最终目的在于振兴中国民族工商业的发展，减少商品的进口数量，实现贸易顺差，从而促进民族国家经济的繁荣发展，提升彼时中国的国家实力。

二、抵制日货

1920 年代至 1930 年代间，中国饱受日本的欺凌。1928 年“济南惨案”发生后，全国开始抵制日货；“九一八”“一·二八”事变，更是激起中国民众对日本的仇恨。《玲珑》提议无法冲锋陷阵杀敌的民众通过采取消极的抵抗方式——抵制日货以对抗日本对中国的侵略。①

彼时中国的兵工厂分布在沈阳、汉阳和上海三地。“九一八”事变后，沈阳为日本所占领夺走，当时中日两国武器实力悬殊较大，中国的武器制造不如日本先进，如果采取积极的抵抗方式则中国会大伤元气，损伤较重。国内认为对抗日本应采取兵不血刃的方式——唯一的办法即是坚持抵制日货，实行经济绝交。②20 世纪 30 年代，中国是日本产物的主要倾销市场，日本产品在中国十分畅销。论者戴瑞芝认为，倘若中国国民齐心协力地抑制日货，坚决不购买日本产品，日本的工商界会在蒙受巨大的经济损失时会产生恐慌，也许他们会从贸易利益出发而自行阻止日本军阀的专横，阻碍日本侵略中国的恶劣行径。③1931 年的圣诞节，《玲珑》呼吁读者们买圣诞礼物时应选择国货，并且要小心甄别商品的国别属性，因为在面对抵制日货的声浪和压力下，许多日货采取偷梁换柱的行为，即通过在外表贴上中国出品的商标和利用中国商人销售

① 抵抗日本分为积极和消极两种方式。积极的抵制是指与敌人正面交锋，消极的抵制主要指经济断交 // 钱在我们口袋里 [J]. 玲珑，1932,2(62):536. 睁开眼睛看看 [J]. 玲珑，1932,2(62):574. 消极抵抗 [J]. 玲珑，1932,2(65):718.

② 秦庭娜 . 女界救国的我见 [J]. 玲珑，1931,1(30):1163.

③ 戴瑞芝 . 我们救国的方针 [J]. 玲珑，1931,1(32):1221-1223.

的方式冒充中国产品。[①]“一·二八”事变后，国内，尤其是上海再掀抵制高潮，论者淑娴提出，抵制仇货是救国的第一步，军事活动需要国家的财政支持，如果中国的民众花钱去买仇货，等于是增加了敌国的财政收入，是供给敌人军费子弹来打自己的国家。[②]

三、明星、外国人与国货

活跃在舞台或者银幕上的明星知名度高，注意形象，一般衣着发型都是时尚的风向标。高曝光度的明星们往往是民众关注、学习和模仿的对象。彼时美国好莱坞电影随着中国电影事业的发展也进入中国，一些好莱坞明星也为中国经济发达的城市民众所知晓。《玲珑》杂志向读者们介绍了好莱坞明星克莱拉宝的爱国行为。文中提到她动身到欧洲去之前，在纽约置办了三十双皮鞋，五十套新装，几打帽子，这些服饰都是美国货，并且她还到处劝别人爱国。[③]与此形成对比的是，中国的电影明星即使穿着土布制成的旗袍也饱受诟病，被质疑其衣橱并无一件土布装，仅是为了参加土布大会活动连夜赶制出来的衣服穿着应付民众，她们平日里并不会穿着如此朴素的衣服。[④]除了国外的明星比中国的一些明星爱国，《玲珑》认为，国外的一般民众也较国人爱使用国货，如意大利首都的时装均采取本国的样式。[⑤]而日本人对国货的追求更是达到了吹毛求疵的境地，甚至于选择配偶也非国人不可。日本人侨居巴西以耕农为业的青年约五六十人到达婚配年龄时，因日侨女子少，为了保证血统的纯正，由日本本土选美貌妇女约五十余人送至巴西结婚。《玲珑》认为，日本人以国家

① 萩．圣诞礼物用国货的 [J]. 玲珑，1931,1(41):1617.

② 淑娴．姐妹们的三条金律 [J]. 玲珑，1933,2(66):723.

③ 克莱拉宝爱国 [J]. 玲珑，1933,3(12):566.

④ 国货界花絮 [J]. 玲珑，1933,3(35):1920. 国货界花絮 [J]. 玲珑，1933,3(36):1984.

⑤ 意时装首都改用本国式样 [J]. 玲珑，1935,5(46):4013-4014.

为重，不愿乱了血统与巴西女子结婚，以此说明日本人爱国货不仅限于物，还延伸到配偶的国别选择上。反观中国留学生们，以娶外国女子携归故里为荣。两相比较，杂志深觉国人与日本人爱国货之心无法相比。[①] 不过从优生的角度出发，《玲珑》却又表示为了改善民族性，中国人大可采用外婚制度。[②]（第六章第一节有提及）

---

① 老婆国货谭 [J]. 玲珑，1935,5(47):3975.

② 禁留学生外婚 [J]. 玲珑，1936,6(8):544.

第三节 女性的消费形象

一、惊人的赤字

抵制洋货，是抵制包含日本在内以及其他欧美诸国的进口商品，但是抵制的效果却不显著：

去年是"国货年"，起初我们总以为一定有很佳的成绩。殊不知竟大谬不然，事情出于意料之外，"国货年"的入超，竟进步到九万万元。结果，国货不但不能振兴，而洋货在中国市场，反比前激增，"国货年"几乎变成"洋货年"。[a]

1933年国货年后，《玲珑》杂志刊出这样的文章，表明国内抵制洋货不力，成效甚低，贸易逆差的金额不降反升。即使在1934年专门为倡导女性消费国货而设定的妇女国货年期间，洋货进口数额仍然十分巨大。当年上半年香水、脂粉进口达85万余元，而1933年整年为150万元，仅1934年6月单月即进口14万余元，较上一年同期高。[②]

购买香水、脂粉的女性，在《玲珑》杂志眼里，都是一些什么样的人呢？

① 影丝.妇女国货年对姐妹们一点勉励[J].玲珑，1934,4(14):835-836.

② 如此国货年[J].玲珑，1934,4(25):1602.

二、摩登女子

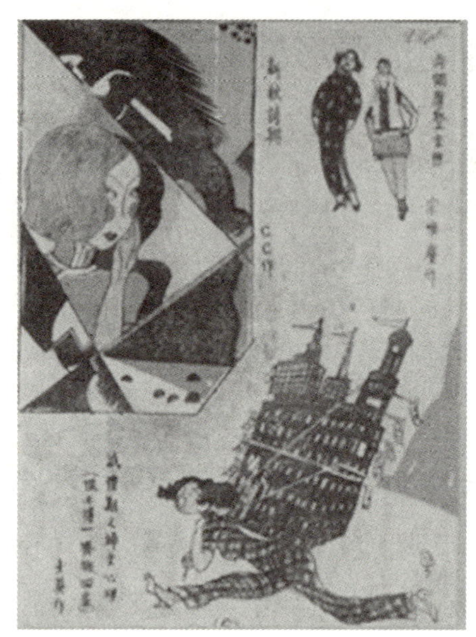
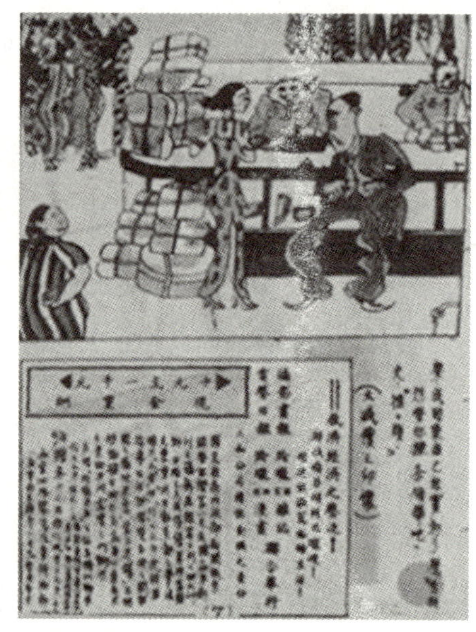

图 11 《玲珑》的摩登女子形象

左图右上角显示了新秋时摩登女性的新装扮，下图表示当百货公司大减价时，摩登女子恨不得把所有商品都搬回家。右图是女子买了许多商品后提到给男子买一条领带。这些女性具有明显的摩登女子的外表特征，都是烫发，穿长旗袍，穿高跟鞋，购买力旺盛。

资料来源：《玲珑》1932 年第 70 期第 936 页，第 72 期第 1018 页。

自五四以来，妇女解放运动曾轰动一时。20 世纪 30 年代，社会不再推崇女子深居闺阁，而鼓励其逐渐地走向社会，进入学校，并且可以出入电影院、百货公司、饭店和舞厅等场所。社会上以符合于时代特征之健美、有教养、独立、朴素、爱国的“新女性”区别于符合封建社会时期“三从四德”道德标准的女子。但是社会上出现所追求的目标浮于外在形式标准，即专门讲究穿美丽服饰，过奢华生活，甚至卖身求荣以达到奢侈欲望的非真的“新女性”。《玲珑》论者许群雄认为，欧美的一切并不都是“新”的，不应全都崇拜模仿；中国的一切也非都是“旧”的、不适合于时代，不应不加甄选地选择淘汰。人的“新”与“旧”，应该以个人的思想、行动和言论为单位界定，不应该仅仅局限在外在的形式之上。[①]而追求衣食住行表面形式之“新”女性，恰是《玲珑》多加劝诫指责的“摩登女子”，并不是真正地思想、行动和言论上有新认识、符合时代要求的女性。[②]

社会上直接在摩登女子身上贴上“崇洋媚外”的标签。《玲珑》认为，虽然 1933 年国货年入超的九万万元不一定全部是女子消费的缘故，但是不能否认女同胞爱外货甚于国货，从衣服的衣料、化妆品到鞋子，甚至于钱囊和糖果，都专要外国货。“九万万元中，至少有十分之六七是花了在小姐们，太太们的手上。”[③]论者们指出，舶来品的衣服面料颜色鲜艳，质地轻柔，是上海女子们平日穿着衣服的首要选择。[④]除了衣服，摩登女子还买很多价钱昂贵的化妆品和香水，每日晚起并花费许多时间修饰；每天有许多应酬，如看电影，吃大菜，跳舞，晚归迟睡，过着“摩登化的生活”。[⑤]这些摩登女子浮于外表的时髦，大都用了全部心力注意于服饰交际娱乐，素来不注意国事，宁愿睡觉看小说，也决不愿细阅报纸杂志。[⑥]论者玉琳认为，外国商品的消费者包含了以色事人的摩登的姨太太。这些姨太太们崇尚外国的商品，往往高价买次货，金钱为外国商人所欺骗。[⑦]不过论者海鸟指出，“中国妇女之奢侈”，“也不过限

① 在国势危殆中新女性应该怎样 [J]. 玲珑，1936,6(43):3328-3329.

② 许群雄．觉悟与责任 [J]. 玲珑，1934,4(11):648-649.

③ 琼．提倡国货与妇女们的决心 [J]. 玲珑，1934,4(10):579-581.

④ 节俭为救国要件 [J]. 玲珑，1932,2(61):526.

⑤ 魏圭玉．贡献给姐妹们的几句话 [J]. 玲珑，1931,1(12):399-400. 许群雄．觉悟与责任 [J]. 玲珑，1934,4(11):648-649.

⑥ 国难鸟瞰 [J]. 玲珑，1931,1(30):1099-1100.

⑦ 玉琳．当心姨太太——摩登女子不要媚外 [J]. 玲珑，1931,1(11):374-375.

于少数的特殊阶级如政客豪商的太太之类”，[①] 并不是所有中国妇女都奢侈无度，有金钱挥霍能力的都是一些手头宽裕、不要为经济所烦恼的政客以及富商的太太们这样的人。

三、对摩登女子改良的展望

对于摩登女性的高外货消费能力，杂志认为她们最直接有效的救国举措就是节约脂粉花费进行救国，也称作“脂粉救国”。杂志展现了希望通过规训和劝导唤起摩登女子的责任心、爱国心，从而使其“改邪归正”的愿望。1934 年，《玲珑》刊载了一篇连载小说，描述了一位样貌出众的在校女生思想转变的过程。这位在校女生原先每日使用洋货打扮，不专心学业而沉迷于男子的追求，跳舞交际无所不能，不关心国事，不抵制日货并且认为抵制日货和失去国土没什么关系。经历了学业失败并发现追求她的男子均有家室后，女生大彻大悟，开始妆饰朴素，并担任小学教员，还义务去孤独院教书，从思想觉悟方面成为真正的“新女性”。[②] 这则连载小说将追求女主人公的男性皆是有家室还在外拈花惹草之人，对妻子不忠，如此描述男性亦是《玲珑》对一些男性丑恶面目的揭露，符合杂志“女性喉舌”的性别营销定位。女子在大彻大悟后，成了小学教员，并义务到孤独院教书。在这里《玲珑》再一次强调了女性身上具有教育儿童的责任。小学教员，也是杂志认为女性能为国家做出贡献且声誉良好的职业。对于需要经常打扮从事特殊职业的女性，如舞女、娼妓和侍女这样误入歧途的堕落女性，《玲珑》认为需要拯救她们。拯救办法首先从精神上唤醒她们，使她们参加到反帝、反封建势力的活动中，从而创造光明的社会。[③] 由此可见，

① 海鸟．禁止女子理发 [J]. 玲珑，1936,6(7):2847-2848.

② 见《蝇蝇女士》，连载于《玲珑》，1934 年，第 6-11 期。

③ 王海橙．现代女子堕落之危机 [J]. 玲珑，1933,3(16):703-704.

《玲珑》认为妆饰朴素、关心国家社会、从事正当职业的女性才是“新”女性，并展现了能成功改造摩登女性的乐观主义精神。

四、脂粉救国

有文章认为，中国除了政治之外，最需要的是富足的国民。国民富足的唯一方法，只有节俭。[①]个人节俭，便是替国家增加财富。[②]在新生活运动开始前，社会已有要求节俭的风潮。《玲珑》直接表示女子要去除外界认为“女人是天生有挥霍本领的”和女子独具“做艳丽的服装搽粉抹脂”本领的耻辱，只有立刻废除靡费的开支，理性消费，竭力节俭，如此方能拥有荣耀，可间接地实行救国。[③]论者魏圭玉表示，摩登化的生活不是女子应该有的，应要节俭，朴素，勤恳工作，培养身心，成为一个好国民：

> 不要把有用的金钱，去送给外国人，使他们在我国多养成几个好奢侈的女子。……勿使金钱外溢，那才是我们应尽的责务。[④]

《玲珑》还试图计算女性每年可以轻而易举省下脂粉费巨款的数目，说明节约费用之巨，可资助五十万精兵量足的义勇军以抵抗日本的侵略。[⑤]论者雪致提出，女子应将积蓄捐助军队，捐资购买飞机抵抗压迫，利于国家将侵略者驱逐出境。[⑥]1934 年以“礼义廉耻”为核心的新生活运动，要求民众们“整齐、

① 节俭为救国要件 [J]. 玲珑，1932,2(61):526.

② 淑娴 . 姐妹们的三条金律 [J]. 玲珑，1933,2(66):723.

③ 节俭为救国要件 [J]. 玲珑，1932,2(61):526.

④ 魏圭玉 . 贡献给姐妹们的几句话 [J]. 玲珑，1931,1(12):399-400.

⑤ 脂粉救国 [J]. 玲珑，1932,2(66):910.

⑥ 雪致 . 为捐资购机告爱国女同胞 [J]. 玲珑，1933,3(9):287-288.

清洁、简单、朴素”，推崇质朴的美，反对女性购买洋货过分打扮自己。国势杌陧，《玲珑》要求女子打破外货迷信，断然摒除实际上并不需要的奢侈装饰，减少甚至完全取消购买化妆品和服饰的费用来提倡俭朴，直接表明节俭开支是女子身为国民应尽的救国义务。①虽然女性被要求要节俭，但是在购买国货装饰品时却不可过于吝啬，需要支持国货。②《玲珑》再次回到购买国货能够促进民族国家工商业发展乃至实现国家繁荣富强的论点上来。

五、儿童与国货

1934 年起初专门被定为上海市儿童年，后又被定为妇女国货年，1935 年定为全国儿童年。《玲珑》表示妇女，因为其母亲的身份，不但要对妇女国货年负起责任，对儿童年也要负起责任。③妇女的任务在于为国家“把儿童培植为健美的创造新生活的生力军”。④平日家庭儿童的花费大都掌控在妇女手上。与儿童消费最相关的除衣服外，就是玩具了。杂志认为，购买的玩具如果能含有一点鼓励儿童的爱国思想，可以使儿童在玩玩具的过程中接受爱国的思想，如此可间接地为国家多造一个爱国的青年。⑤购买的玩具自然也应是国货。

① 琼．提供国货应该怎样 [J]. 玲珑，1934,4(13):771-772. 妇女应有的觉悟及准备 [J]. 玲珑，1936,6(11):772-774.

② 天．时装与国货 [J]. 玲珑，1932,2(57):293.

③ 影丝．隽语汇录 [J]. 玲珑，1934,4(13):779.

④ 白妮．迎儿童年 [J]. 玲珑，1935,(1):3-4.

⑤ 儿童与玩具的性质 [J]. 玲珑，1934,4(5):307.

第四节 惩罚越轨者

随着洋货在中国的销售，大都市中兴起了一种有钱有势操纵都市命脉的买办阶级，《玲珑》把这些买办阶级骂作“帝国主义者最得用的走狗”和“奸商”，认为他们为虎作伥，经济亡国；这些人在娱乐休闲场所纵情享乐，用金钱引诱女子使她们堕落，成为舞女，娼妓或侍女。[①]这种买办阶级在《玲珑》杂志的评价和声誉十分不佳，将他们描述成挥霍金钱、玩弄女性的男性。

对于这类唯利是图、贪图享乐的买办阶级，《玲珑》自然是希望广大女性对他们敬而远之。有女读者写信给《玲珑》，请其解决疑难。信中提到她的未婚夫大学毕业后做了一间进口洋货公司的经理，收入不错，但他竟做了奸商，替敌人倾销仇货。女读者感到惭愧与痛苦，曾苦劝未婚夫放弃销售敌货，但男子为舒适生活决意不肯。女子虽然爱他，但只有跟他断绝关系。《玲珑》的“陈珍玲”编辑回复认为，凡是有点血性的人，无论爱得怎样情深，也断不愿跟一位奸商结合；赞赏女读者是有强烈爱国心的女子，这种宣布奸商罪行的行为是履行了中国国民应尽的责任。[②]

“一・二八”事变后抵制日货行动取消后，商人开始销售日货。国内仇恨日本的极端分子组织了“血魂锄奸团”，实行激烈手段，对付“国贼”奸商。《玲珑》认为奸商固然可恨，但购买行为是由大多数民众完成的。如果民众有爱国之心，齐心做消极的抵制，任凭敌人用什么方法，他们的货物只能堆积在仓库

---

① 钱在我们口袋里 [J]. 玲珑，1932,2(62):536. 王海橙 . 现代女子堕落之危机 [J]. 玲珑，1933,3(16):703-704.

② 宣布奸商罪状 [J]. 玲珑，1932,2(62):541.

和商店，永远也不会有主顾上门购买。[①]《玲珑》指明“购买仇货”的重要主顾是女同胞，对于没有觉悟的女子，杂志认为将来也只有用对待奸商的方法，来对付这些买洋货劣货的女同胞，才能使她们觉悟。[②]1934 年在杭州、天津出现了“摩登破坏团”，他们出现于黑暗的影戏院中，破坏摩登女子身上穿的漂亮衣服，而被毁的多属外货的衣服，穿国货者不受影响。《玲珑》认为这样的破坏害多于益，但也有可理解的地方。摩登破坏团之所以要破坏，当然是因为看不过国人热心提倡外货。杂志指出，妇女们不能自动地去使用国货，以至于要别人用强烈手段来对付她们，这是女性们的一种耻辱。杂志借此号召用外货的女子能够自动地纠正“重大错误”，主动使用国货。[③]

---

① 钱在我们口袋里 [J]. 玲珑，1932,2(62):536.

② 警告买仇货的女同胞 [J]. 玲珑，1932,2(63):579.

③ 琼 . 从摩登破坏团想到妇女与外货 [J]. 玲珑，1934,4(11):633-634.

第五节 对女性指责的反驳

1934年妇女国货年与新生活运动并行。北平取缔妇女裸足，彼时社会上层认为妇女裸足除了有伤风化，为了维持裸足的美观，女子在买蔻丹、雪花膏、肉色花粉等护理裸足方面的花费更甚。《玲珑》直接发问："夫以一足一腿之化装，而每日耗费至十余元，则一身之耗费为何如？"编辑彭兆良斥责女性脂粉香水的花费，每年造成一百万余元的漏卮，造成巨大的贸易逆差，危害民族国家的经济发展。[①] 不赞成所有女性都花巨资购买脂粉香水这种观点的反对者认为，在北平除了卖弄风情者外，裸腿的大半是朴素的女学生，她们没有多余的金钱购买化妆品；同时，也指出具有封建思想的一般资产阶级的女性，为避免露腿买几十元一双的丝袜，这种行为实际上也并不经济。[②]

针对社会上流行嘲讽女子在国家危亡之际还涂脂抹粉使国家产生漏卮的说法，有论者以德国禁止女子涂脂粉为例，劝诫中国女性自动改正喜好涂脂抹粉的恶习，以免有男子指责女子脂粉败国。[③] 面对国家、男性将入超责怪于女性爱用脂粉香水的论调，《玲珑》杂志上有文章表示不服气。根据这些文章的署名进行判定，女性化署名占多数。这些作者们认为女性并不是外货的唯一推销者，男子中也有经常逛戏院、舞场、穿光鲜洋服者，认为倡言女性禁用脂粉者和帮闲者为了粉饰和逃避自身的罪恶，将罪名往女人身上推，却又赞赏小老婆、妓女或情人的浓妆艳抹，甚至有女子揭露男性拼命地想尽方法弄点钱回来

① 兆良．足的故事 [J]. 玲珑，1934,4(26):1651-1652.

② 琳君．取缔妇女裸腿 [J]. 玲珑，1934,4(27):1715-1716.

③ 琼．谈德国禁女子涂脂粉 [J]. 玲珑，1933,3(27):1399-1401.

劝她甚至逼她妆扮。[①]这些文章披露了某些男性的虚伪和对责任的逃避。女子真如男子所言救国不力或不如男子吗？论者赵宜蕙认为，女子积极地参与救国行动，成立了很多救护队，组建女子义勇军，并向居民进行爱国宣传，号召大家共抵外侮。[②]提倡男女平权者认为，国难之时是试验女子是否与男子一样能展开救国工作的试金石，倘若女子不积极，男女平权则难以实现。[③]实际上这是借争取男女平等之际对女性消费施加压力——女性要与男性一样积极地投入到救国工作当中，而对于女性来说直接有效并且易于操作的方式就是购买国货抑制外货，杜绝国外脂粉的消费，通过这样的形式证明女性与男子一样有救国的能力，方能争取男女之间权力的平等。

1935年起，《玲珑》杂志关于妇女解放、争妇权的文章增多，但对女子涂脂粉的文章不完全是持指责和批判女性的态度。杂志认为，女子涂脂粉有多重原因：其中一个原因是彼时西学东渐，将西方的通俗文化等也带入中国，女性受西方文化影响开始热衷于涂脂粉；另一个原因则需要考虑到彼时的社会环境。当时的中国女子在以男性主义为中心的社会里求职十分困难，只能埋首于家庭。由于没有收入，她们在经济上不得不依附男子，不少女子只能依靠打扮取悦男性，许多普通女子为使自己外表更加靓丽，只能模仿交际花、舞女使用化妆品。[④]《玲珑》认为，1935年化妆品进口数量激增的原因有以下几种，一是国货化妆品还无法打开中国的国内市场，实力较为衰弱，无法与外货竞争；再者，国内使用脂粉的妇女人数开始增加，彼时农村破产，无以为生的许多农

---

① 赵宜蕙．难道救国也分界限吗[J].玲珑，1931,1(38):1461-1462.妮．粉饰，逃避，妇女们遭殃[J].玲珑，1934,4(28):1779-1781.傻二姐．勿在女子身上做文章[J].玲珑，1934,4(29):1851-1853.柳眉．社会复古倾向中妇女应有的自觉[J].玲珑，1934,4(31):2035-2038.

② 赵宜蕙．难道救国也分界限吗[J].玲珑，1931,1(38):1461-1462.

③ 雪霏．女子应该怎样救国[J].玲珑，1932,2(47):1893-1894.

④ 取缔“摩登的根本办法”[J].玲珑，1936,6(36):2765-2767.

村女子只能进城出卖肉体，与摩登女子一样竞相使用外货来打扮自己。[①]文章想表明的是恶劣的社会环境逼迫女子们消费脂粉，很多女性消费脂粉有不得已的苦衷和对现实的无奈，文章大有为女子感到痛惜之意。

① 化妆品进口激增 [J]. 玲珑，1935,5(28):2127.

小结

中国的社会上层在20世纪二三十年代间期望通过国民消费国货提升民族的自信、自立和自决力。虽然用民族主义话语来规训女性消费行为并不十分成功，但反映了国家与社会各界欲通过规训女性消费行为将之塑造为合格国民的努力。在抵制洋货、倡导国货的过程中，洋货和国货成了帝国主义和中华民族的符号代表，使用洋货意味着叛离民族国家，而使用国货成为女性应尽的义务，表示爱国和抵御外侮。为实现民族国家的复兴，女性消费成为被规训的对象。消费商品的女性由于所购买商品对象的国别属性，被划分为有差距的等级：使用国货的爱国女性成为令人赞赏的一方，而使用洋货者归之为“叛国者”，应受到惩罚。

《玲珑》指出购买外货导致贸易逆差，金钱流入其他国家，长此以往会使国家的民族工业无法得到良性发展。国家无法积累财富就会积贫积弱。即使国家和社会号召节俭，大力提倡国货，但外货仍持续入超，尤其是女性香水脂粉等奢侈品产生巨大漏卮。这表明了仍有女性做“叛国者”，继续购买洋货。洋货受欢迎的原因在于其质量较国货佳，而且使用洋货满足一般女性的心理需求，代表女性们与西方现代文化的接轨。《玲珑》认为，购买并使用洋货打扮自己并不是真正的“新女性”或“现代女性”，甚至还是“叛国”的表现，对这些“叛国者”持批判的态度。当社会上出现“摩登破坏团”破坏身着洋货服装的女性时，杂志认为其动机在于惩处使用洋货的女性，情有可原。

1934年妇女国货年和新生活运动开展时，面对社会上将入超归罪于女性使用脂粉香水的论调，有“女作者”挺身而出直指男性的虚伪，指责他们一面批判女性装扮，一面自己使用洋货且又期待女性打扮时髦取悦自己。女子会使用化妆品的主要原因在于社会风气及社会环境恶劣使然，在男性主义社会里女性求职四处面壁，没有经济收入的她们必须依靠时髦的装扮以声色迷人，依附男子或求得职业。

但是持此类论调的批评者没有否认国货所蕴含的民族性和民族主义，或认为购买外货或国货是个人的自由选择，外界不得干涉个人的购买行为；同时也没有否认使用国货可以拯救民族国家使国家强盛的说法。他们仅是不满男性站在道德的制高点将一切罪责都推向女性，而男性自己消费洋货、过着糜烂的生活却不需要承担任何的指责，同时又否认女性为救国做出的种种努力。《玲珑》刊登这类反驳社会上对女性脂粉消费进行指责的文章亦是其声称作为“女界喉舌”替女子鸣不平、揭露男性丑恶的表现。《玲珑》自 1935 年起关于妇女解放的文章增多，指出正是社会无法达到真正的男女平权，女子不能实现经济独立，不得不依附男性求得生存方才化妆以取悦男性。

虽然有数据分析 1935 年前八个月全国消耗品脂粉、香水、首饰化妆器具各项之进口数值有所减少，但是《玲珑》杂志仍觉得数目惊人。① 编辑认为 1934 年期间外货激增，特将 1934 年定为“妇女国货年”不过只有虚伪的名义，而没有实质的成绩。② 对于 20 世纪二三十年代期间国内抵制洋货、提倡国货运动是否成功，单从入超数据进行判断，无法给出确定的答案。但是，通过主要面向女性读者的《玲珑》杂志提倡国货运动，反复强调女性作为国民一员应承担着拒用洋货、使用国货的义务责任，强调使用国货与民族国家存亡强盛的关系，会促使读者感受到国货与民族性和民族主义的关联。

---

① 八个月妇女消耗品之统计 [J]. 玲珑，1935,5(42):3481.

② 白妮 . 儿童年难产及其他 [J]. 玲珑，1935,5(2):67-68.

从《玲珑》杂志刊登的文字中可以得知，彼时的洋货在价格上较国货更显低廉，外包装上更加精致，品种也更加新奇，物品更加灵巧。即便如此，在爱国心和民族心的呼唤以及对国势杌陧的危机认识下，《玲珑》的编辑与论者们坚持女性应该摒弃洋货的各种优点，坚持使用彼时也许在品质上不如洋货的国货。甚至于劝解女性们放弃购买国内的民族工业暂时无法生产或提供需要进口的一些产品，如海味、皮鞋、化妆品和呢绒衣服等。杂志编辑和论者们将国货消费与民族国家富强的关系加载在女性的日常消费活动当中，并不在意选择物美价廉的商品是大多数在社会上发生经济活动的人的理性选择。中国的女性在真正有消费需求而民族产品无法满足其需求时，倘若拒绝所有的外国商品，是否会对女性的生活造成困扰则不在《玲珑》杂志的关注范围。与民族国家的强盛相比，《玲珑》及其论者们认为女性做出一定的牺牲也是值当的。他们同时也忽略了有些国外商品需要缴纳一定的关税才能进入中国的事实，关税收入也是增加国家收入的途径之一。彼时因日本对中国的觊觎，使得国内的抑制日货声音间歇地响起。但《玲珑》大多时候提出国货消费时让读者们抑制外货或洋货，并没有明确外货的国别属性。彼时并非所有的国家与中国的关系不佳，《玲珑》用笼统的“洋货”一词将中国与其他国家的关系对立起来，最终目的仍是想让女性只支持和购买国货，帮助民族工业的发展与壮大，从而增强民族国家的经济实力。

需要指出的是，对反驳指责女性过度消费的文章，虽然署名女性化，但作者是否真为女性却令人怀疑。琳君、琼、妮、雪菲，这几个名字在《玲珑》里频繁出现。杂志的编辑和执笔群为男性占主体，这几个名字极可能只是这些编辑的化名而已，例如白妮就是美术编辑赵白夜的笔名（详细分析见第四章第三节）。如此看来，指责男性将一切入超罪责归于女性不过是男性编辑替女性发出的抗议之声，是否如其他研究者提出的是彼时城市知识女性反抗男性压迫体现出的主体性，[①] 值得继续商榷。同时，1932 年第 62 期未婚妻揭露未婚夫倾销外国货，即《宣布奸商罪行》的文章，没有指明来信者是谁，甚至连化名亦没有，不符合《玲珑》一向以来对读者来信时会刊出来信者名字的惯例。在同一期，有一篇痛斥卖外国货奸商的文章《钱在我们口袋里》置于《宣布奸商罪行》文章之前，另一篇《警告女同胞购买仇货》的文章置于其后，随后两期均有提倡消费国货的文章。这样的编排和文章，像是有意为之，甚至没有署名的“未婚妻”这一角色也可能是由编辑扮演的。这样做的目的极为明确，即希望女性能够爱国，具有民族主义精神，支持和消费国货，促进民族国家强盛，成为合格的国民和现代女性。

---

① Yen H. Body Politics, Modernity and National Salvation: The Modern Girl and the New Life Movement[J]. *Asian Studies Review*, 2005,29(2):165-186. Gao Y. Nationalist and Feminist Discourses on Jianmei (Robust Beauty) during China's ‘National Crisis’ in the 1930s[J]. *Gender & History*, 2006,18(3):546-573.

第八章　回家还是就业：《玲珑》女性职能观的媒介表述

珍玲女士：我常阅各种的书报什志，有的说：“新时代的妇女，并不是不须有家庭，善于治家的，使牢狱的家庭，变成一个幸福的家庭，为社会国家造就健全的国民。所以新妇女对家庭是要负起相当的责任。”有的说：“我们女子不要在家庭里做奴隶。我们要反对回到家庭去的口号，我们能够赚钱，我们要到社会去，和男子一起工作，才算是个有为的女性。”女士：这两个问题，到底地一样才算是有为的女性呢？请女士答复我一下，万分的感激。（郑美霞自越南寄）①

1934 年《玲珑》杂志所设栏目“玲珑信箱”展示的这一封读者来信，反映了当时社会上提倡女子回家做“贤妻良母”和走上社会做职业女性之间的争执与冲突。两种主张都认为女子是在为国家和社会尽责任，为民族国家做贡献。《玲珑》杂志这两种声音也不绝于耳，但是，提倡女子职业的呼声明显更高。据统计，从强国优生角度论述贤妻良母的文章有 10 篇（包含多主题类别中涉及此内容 1 份），职业女性和生利者的文章有 42 篇（包含多主题类别中涉及此内容 8 份）。本章通过梳理和结合当时的国际和国内环境以及中国妇运情况，呈现《玲珑》杂志如何表达这两种声音。

① 郑美霞．玲珑信箱之家庭主妇与职业妇女 [J]. 玲珑，1934,4(20):1272-1274. 不过，此信是否真为越南读者所寄实在令人费解，因为在 1935 年这封信又一次出现在“玲珑信箱”栏目。但编辑的回答都表示社会是借用贤妻良母的“美名”将女子困在家中，女子应该走上社会工作。

第一节　现代的贤妻良母

一、妇运的演变

数千年来大多数中国妇女受社会风俗和社会风气的影响，不能长时间地在外抛头露面从事相应职业以谋求生活，基本上完全处于依附于男性的地位。女子在经济上并不能独立，未嫁时在家“从父”、嫁人后“从夫”、夫死“从子”。如果不是19世纪末时国家生存发生剧烈的震动，恐怕中国的女子还仍处于“妇者伏于人者也”的状态。

20世纪初，政府和社会对待女性的方式既有民族主义又有保守主义的特点，其主要思想在于复兴传统女德，学习西方知识，以及提倡女性为民族国家“做贤妻良母、生育健康小国民”的责任。19世纪末期，中国提倡能综合培养女子知识、体能和道德的教育，接触西学，但反对女子的个人自由和政治参与。[①] 辛亥革命时妇女以荷枪实弹为最光荣的革命工作，并认为与男子一样参军可达到男女平权。辛亥革命后，女子参加政治集会和政治团体的权力被公然剥夺，当初参加革命工作的女性在无所事事下只能逐渐“复归”家庭。革新运动受挫，复古运动日益彰显，妇女自然复归于贤妻良母的领域了。[②]

伴随着五四爱国运动，作为女界主力和中坚的女青年学生在社会活动中崭露头角。在妇女解放运动中，诸如节烈、男女社交和婚姻自由等“性”议题讨

① [美]程为坤.劳作的女人[M].杨可，译.上海：上海三联书店，2015:202-203.

② 吕美颐，郑永福.中国妇女运动（1840—1921）[M].郑州：河南人民出版社，1990:252-256.郭箴一.中国妇女问题[M].太原：山西人民出版社，2014:200-203.

论不断地出现在报刊上。[①] 新文化运动使妇女产生新的思考，为使社会接受妇女解放的正当性，女性精英发展出"我们的改造，当以社会人群全体利益的幸福做目标"之富有集体意识的女性观。[②] 五四为国民革命妇女解放的发展奠定了基础，随后在北伐战争中，虽然没有特殊的从两性角度出发的争论，但是妇女与男子一样积极地参与到革命工作当中。[③]

1928 年，国民革命军攻占北京后，北伐时高涨的妇女解放运动开始式微。不过彼时中国在《第一次代表大会宣言》里就已规定了：

于法律上、经济上、教育上、社会上确定男女平等之原则，助进女权之发展。[④]

1928 年 2 月，中国在第二届执行委员会第四次全体会议宣言提出：

对于女子教育，尤须确认培养博大慈祥之健全的母性，实为救国保民之要图，优生之基础。[⑤]

在随后的数次会议中，确定女子需要担负养育、教育儿童与建设良好家庭

① 各类议题文章见：中华全国妇女联合会妇女运动历史研究室．五四时期妇女问题文选 [G]. 北京：上海三联书店，1981.

② 向警予．女子解放与改造的商榷 // 中国中华全国妇女联合会妇女运动历史研究室．五四时期妇女问题文选 [G]. 北京：上海三联书店，1981:69-73.

③ 郭箴一．中国妇女问题 [M]. 太原：山西人民出版社，2014:210-214.

④ 第一次代表大会宣言（1924.1.23）// 荣孟源，孙彩霞．中国历次代表大会及全会资料 (上册)[G]. 1985:22.

⑤ 第二届执行委员会第四次全体会议宣言（1928.2.7）// 荣孟源，孙彩霞．中国历次代表大会及全会资料 (上册)[G]. 1985:513.

等职责，指出女子对民族生存、国家建设、社会组织等有特殊贡献，因此女子教育应注重培养妇女博大慈爱的母性。1934年，民运指委会指示各地妇女会对于妇女补习教育应特别注意唤起民族意识，表明家庭工作意义，注意妇女卫生、健康、家庭整洁、儿童管理及社会服务诸事项的常识培养。1935年第五次代表大会宣言，在关于建设国家、挽救国难的十项要计之“弘教育以培民力”中也指出：

发展女子教育，培养仁慈博爱体力智识两俱健全之母性，以挽救种族衰亡之危机，奠国家社会坚实之基础。①

综上述，可以得出彼时中国将培养“母性”作为妇女教育的重点。1934年是新生活运动的第一年，不论是养育子女，还是作为丈夫的贤内助，或是主持家务使得家庭符合新生活提出的“整齐、清洁、简单、朴素”的要求，女性在构成国家基本单位的家庭里，扮演着举足轻重的角色。《玲珑》作为畅销的女性杂志，为了区别于封建社会时期讲究“三从四德”的“贤妻良母”，自然会涉及如何做现代的贤妻良母的内容。

二、现代的妻子

（一）现代妇女与家庭

彼时中国逐渐响起让女性走向社会谋求职业做一名新时代女性，而不要困在家里与时代脱轨的声音。对于当时社会上所说的新时代妇女应该排除过去狭

---

① 第五次代表大会宣言（1935.11.23）// 荣孟源，孙彩霞．中国历次代表大会及全会资料（下册）[G]. 1985:294.

隘的家庭观念，走出家庭到社会去，即不需要有家庭形式存在的说法，《玲珑》认为新时代的妇女并不是不需要家庭，而应该想办法改善家庭，将过去是妇女牢狱的家庭变成一个充满幸福的地方：

为社会国家造就健全的国民。新时代的妇女并不要抱个人主义或独身主义……新妇女对家庭是要负起相当的责任，而不是憎恶家庭生活的人。[①]

那么，《玲珑》杂志书写的新妇女，或者现代妇女应该对家庭负起什么样的责任？

（二）现代妇女的责任

《玲珑》杂志认为一个家庭主要由丈夫和妻子组成。现代妻子要做好丈夫的贤内助，不应该以夫为天，使自己完全依赖在丈夫身上。妻子要有这样的认知，即认识到丈夫作为社会的一名成员要为国家服务、为社会造福。为此，妻子要尽心尽力地调养丈夫身体使其身体康健强壮，使丈夫的精神饱满，并督促和劝告丈夫平时的娱乐生活，不可玩物丧志，从而实行夫妻互助。[②]除了关注丈夫以外，妻子还需要关心时事，当丈夫要努力地投入救国工作时，妻子不应阻止而要鼓励他，并且要有“祈战死”的精神。这时候，妻子以爱家庭和爱自己的心去热爱自己的国家。[③]《玲珑》及其论者们认为，女性的职责除了辅助丈夫、鼓励丈夫投入工作，生育及养育子女使民族得以延续也是女性的光荣使命。因此，鉴于女性身上所背负的光荣使命，一些论者将贤妻良母当成一项职

---

① 琼．新妇女对家庭的责任 [J]. 玲珑，1934,4(6):323-324.

② 现代社会中妻子对于丈夫的身体及其他 [J]. 玲珑，1937,7(15):1127-1130.

③ 你要怎样爱国 [J]. 玲珑，1933,3(11):396.

业看待。

论者许娴贞认为每个人在民族集团里地位是互相平等的，只要其事业有助于民族的发展和强大，哪怕她从事的是再细小之事，也是伟大的事业与职业。譬如在众人看来理所当然的生育子女，其实对于民族的延续和壮大极为重要。做母亲能够负起责任用心地养育和教导着代表着民族国家未来的小孩，不应被视作“落伍”，指责她们没有外出工作成为生利者，从而抹杀她们的付出和工作。如果女子只是狭隘地为一个家庭牺牲一生，此举则不值得赞同，同时表示：

> 但是如果她能为我们的社会我们的民族牺牲一生，努力生产或辅助生产，以最良好的母教为我们的民族养育下代国民，教导下代国民，那还不是值得我们钦佩吗？①

当女性生育的目的是为民族养育优秀国民而非仅是家族的子嗣延续，就被视作为民族尽力的伟大事业。

支持妇女回家的论者韵秋认为，工作最好依个人能力来尽职。婚后女子多做家务不再从事职业是自然趋势，女子担负育儿与家务的责任是根据男女身心差异分工合作的原理。只要女子真正能够获得法律和社会上的平等，家庭工作与社会工作并不存在分歧。韵秋认为尤其在国贫民弱、需要长期奋斗以求生存和强盛的中国，妇女在家庭中更有着重大的责任。妇女通过勤俭持家，购买国货，塑造爱国清洁的家庭，从而影响整个社会的美好风气。妇女在家庭里养育儿女，是一种最高尚最神圣的职业。因为国家民族的兴替，是以教育为根基的，而教育的最基础部分就在儿童时代；教育好子女，国家将来才会有良好的国

① 许娴贞.新女子的责任[J].玲珑，1935,5(9):519-521.

民，国家方能强盛。[①]论者韵秋的论述中先是表明了男女生理和心理存在差异，女性的生理构造及心理特点已然决定了她较适合于在家里做家庭和养育儿童；然后认为法律和社会上给予男女一样的地位后女性从事何种工作其实关系并不大；他指出女性的养育工作和家庭工作与民族国家的强盛有着必然的关系，从而完成其劝解“妇女回家”做现代妻子和母亲的逻辑。

对于整个家庭而言，现代妻子比过去妻子所需要做的工作更多。对于如何做一位现代的妻子，履行好她的家庭职责，《玲珑》有多篇文章给出相应的见解。例如现代的妻子要时刻维持美，会管家，即使家里有仆人也需承担一些家庭责任，要戒绝麻将，管好钱袋，过节俭的生活，自己抚育孩子[②]；摩登妻子要具备会缝纫、烹饪、学问、育儿、储备和御仆的条件[③]；摩登主妇的四德包括节俭、早起、柔和与同情[④]……不同论者的文章提到现代妻子应具备的条件和职责里都提到了女子应该具备节俭的美德。节俭成为建立“新家庭”的重要条件之一。《玲珑》认为，主妇们养成节俭的良好习惯，家庭消费不会被无端地浪费，这样手中经济便会较为宽裕，精神也会随之愉快。对于如何节俭，《玲珑》提出了各种方案，例如女子不能赌博，要避免妆饰，不要用大量的金钱来购买化妆品以博取男子的赞美，这样会导致大量的入超，女子应进行适当健康的娱乐。[⑤]

综上所述，节俭，作为传统美德，在当时被认为是女子应具备的德性之一，对于家庭、民族国家的发展尤为重要。1930 年中国发布的决议案中包括《厉行节约运动案》，打算通过宣传节约运动，使民众了解节约能为个人、社

---

① 韵秋．非常时期的妇女莫忘了你的家庭 [J]. 玲珑，1937,7(29):2253-2256.

② 妙英．做一位现代的妻子 [J]. 玲珑，1933,3(29):1529-1530.

③ 琼．摩登妻子应具有的条件 [J]. 玲珑，1933,3(43):2375-2376.

④ 叶惠芬．摩登主妇的四德 [J]. 玲珑，1933,3(44):2450.

⑤ 新家庭节俭法 [J]. 玲珑，1937,7(17):1325-1327.

会和国家增益。[①]《玲珑》提到国家贫富，是以人民的财富总数作为衡量标准。所以人民有钱，便是国家有钱，反之国家便贫困；国家除了政治之外，还需要富足的国民；节俭是使国民富足的唯一方法。[②]当时国内贪污现象严重，《玲珑》在1935年刊登了宋美龄的一篇讲话，文中提到，产生贪官污吏的原因很多，其中就包括不能俭以养廉，而不能俭以养廉的原因，往往家庭方面要负很大的责任，由此将贪污归因到贪官污吏的妻子身上。对此，要杜绝贪污现象，女子的德性和责任十分重大：

> 现在有许多贪官污吏，并不是他们自己要钱，因为他们的妻子不好，不知道爱国，要奢侈浪费，结果她们的丈夫，靠正当收入，不够用，不得不被逼做贪污的事，所以只要一般女子真正觉悟，能节俭，无论在家庭也好，在学校也好，或在旁的机关做事也好，都能做着女子真正所应尽的责任，为家庭为学校为社会为国家来服务社会，一定可以一天天的好起来，政治也可以一天天的修明，国家也可以得救。[③]

宋美龄在这篇谈话中，表明贪官污吏妻子的奢侈浪费的不良作风与贪官污吏的产生属于因果关系，认为是妻子们花钱大手大脚，逼迫她们的丈夫做贪污的事以弥补家庭庞大开支的漏洞，全然忽视了男子作为人也会产生对金钱和权力欲望；谈话认为女性若真正觉悟到节俭的重要性，能够承担相应的责任，即使在家庭里也可以为国家做贡献。由此，妻子的节俭与廉洁、国家未来有着千

---

① 厉行节约运动案（1930.3）// 荣孟源，孙彩霞．中国历次代表大会及全会资料（上册）[G]. 1985:799-800.

② 节俭为救国要件 [J]. 玲珑，1932,2(61):526.

③ 宋美龄．国民牺牲精神与女界责任 [J]. 玲珑，1935,5(29):1920-1923.

丝万缕的关系。

三、“母性”教育提出的背景

彼时中国对“母性”教育政策与当时国际及国内环境有着勾连繁复的联系。《玲珑》杂志对于彼时西方各国的女权情况有所介绍。第一次世界大战后，美国经济发展迅速，妇女职业逐渐繁盛，女性们极易找到工作。自20世纪20年代末期起，西方出现经济危机。20世纪30年代，西方世界出现经济恐慌，失业问题严重，许多妇女被召唤回家。例如在美国，原本女性在教育界就职人员甚多，自1932年以来，教育界经济困难，学生数量减少，大量学校停办，大批的老师失业。① 为了缓解就业压力，美国政府规定夫妻同时供职于政府时有一人需要离职。上有政策下有对策，对了应对美国政府的这种规定，夫妻为保留双方的职业选择了离婚，但他们实际上仍实行同居。②

最早提出法西斯主义的墨索里尼，持性别分工和贤妻良母的观念，对意大利女子的态度是“努力做将来优秀国民的母亲，不许参加政治！”他希望女性多育几个子女以充实将来国家的力量。彼时意大利每年儿童因各种疾病或不慎死亡的人数很多，因此国家通过采取征收已达适婚年龄但仍未婚男子的独身税和奖励多子的家庭并予以免税的方式来鼓励国家民众多生育。③

奉行法西斯主义并由希特勒将之发扬光大的德国，对女性的态度与意大利一致，即不同意女子参政，规劝妇女回家，劝妇女多生养孩子，把职业让给失业的男子。德国还实施了结婚贷款制以鼓励新人结婚生子，其中贷款条件为新妇必须退出职业界以减少劳动市场之拥挤，贷款给新人购买结婚所需要的家具

---

① 明子.世界经济恐慌的美国妇女职业[J].玲珑，1934,4(28):1782-1783.

② 高登.美国的“自由恋爱”政策[J].玲珑，1935,5(47):4065-4066.

③ 玉林紫英.希特勒统治下德国妇女之命运[J].玲珑，1933,3(10):335-336.婉.慕沙里尼统治下意大利对生死之注意[J].玲珑，1933,3(22):1127.

又可以促进该产业的繁荣，一举数得。如果夫妻生产了一子女，他们可以减还本金的百分之二十五，这成为诱使结婚男女努力生育的最大原动力。[①]德国为壮大民族之力量和保持民族的纯洁性，禁止妇女与犹太男子恋爱与结婚。欧战前，德国妇女完全没有地位，盛行所谓的三 K（教堂，孩子，厨房）主义。欧战时女子为国出了不少力，彼时许多欧洲国家准许女性参政，在社会上积极参与各项工作。[②]在纳粹政权下，要求妇女回家的“三 K”重新抬头。

法西斯主义起源于意大利，是随着 1922 年墨索里尼向罗马进军过程中突然戏剧地出现。[③]虽然法西斯主义诞生在意大利，却被德国国社党的领导人希特勒实行得十分彻底。法西斯主义以民族为本位，要求个人主义服从集体主义，抑制自由主义。欧战失败后，德国军备受战胜国的限制，还需要偿还战争赔款，但德国在不到十五年的时间就实现了复兴，并要求各国之间的军事装备平等、取消之前巨额的战争赔款，德国的实力可与世界其他强国比肩。

反观当时的中国，军备不被压制、人口土地较德国多，但无法废除不平等条约，仍然显得衰朽不堪。实现中华民族的复兴是全国上下渴望实现的目标，在这种追求下，军事化的德国、意大利和日本成为中国的社会上层阶级理想社会的蓝本。[④]除了这些国家拥有能改变中国衰朽状态的进步的科学和工业之外，军事化的社会、严格的纪律、对领导人意志的绝对服从和国民具有爱国家和忠于民族的精神道德素质，这些是彼时社会上层阶级大加赞赏并倡导新生活运动

---

① 德政府鼓励生育 [J]. 玲珑，1937,7(21):1611-1612.

② 希特拉铁腕下德国妇女的可怜命运 [J]. 玲珑，1933,3(30):1591-1592. 德国禁止人民与犹太人性交 [J]. 玲珑，1935,5(29):1981-1982.

③ [美] 斯塔夫里阿诺斯 . 全球通史：从史前史到 21 世纪 (第 7 版修订版)[M]. 吴象婴，梁赤民，董书慧，等，译 . 北京：北京大学出版社，2006:681.

④ 1934 年 2 月 19 日在南昌行营扩大纪念周讲演稿《新生活运动之要义》// 新生活运动指导 [G] . 上海：三民图书公司，1934:37-41.

的目的，也是渴望重建的理想的中国社会模式。[①]

1931 年，中国十六省水灾，农村破产，经济危机带来的银圆贬值，国外商品充溢国内，加之日本对中国东北的侵略，使得中国丧失了东北富饶的土地以及东北所能提供的产品和税收。为使国家能从积贫积弱的境地中恢复过来，在社会就业机会紧缩的情况下，加上 1934 年新生活运动对儒家道德的尊崇所引起的复古潮流，彼时的中国社会要求女性回归家庭的呼声自然不绝于耳。

① 易劳逸 . 南京时期的中国 (1927-1937)// [美] 费正清 . 剑桥中华史（第二部）[G]. 1992:161-162.

第二节　独立的生利者

《玲珑》炮轰“妇女回家”运动，认为这是中国守旧文化和封建礼教的复苏，驱逐妇女回到奴隶地位，呼唤遭受着封建势力影响的北平和天津妇女们不应该苟安容忍，要继承并发扬领导妇女解放、反抗帝国主义压迫的“五四精神”。希冀平津的妇女们，不要忽略当前危机，应该拿出勇气来争取新的出路。[①]

一、对法西斯主义模式妇女运动的批判

当“妇女回家”的呼声，正弥漫在国际言论界的当儿，“贤妻良母”的美名，也跟着一切死去的残骸活跃了。

《玲珑》认为法西斯政策是为巩固国际资本主义而实施的政策，但是它无法化解经济危机，不能解决普遍的失业恐慌，所以不得不教妇女回到家庭去，给男性们让出职业位置；法西斯号召多生育，制造大批人员，是为壮大国家声势、建立残暴军队进行军事扩张做准备。德国的“奖励结婚，奖励生育”，就和中国封建时期以“贤妻良母”的美名奴役妇女一样，使女子甘于在家庭牢笼里过着寄生式的生活。文章认为，对于如何建设新型的贤妻良母，使其能担

① 珍．五四时代的精神那里去了！——平津的妇女应该有这样的回忆 [J]. 玲珑，1935,5(48):4127-4129.

负时代的使命、促进丈夫、教育子女和创造合理光明的社会，还需要切实的研讨，而不是仅仅让女性回归到家庭并要她们做新型的贤妻良母。[①]

论者史敏玉认为，德国将女子塑造为“治内”的贤妻良母和优良的生育机器的政策，阻碍着女权发展，是对女性的侮辱和挑战：

两性的歧视是国社党的根本原则。因为他们是以国家民族为前提，而不主张有个人的。他们以为一个国家应当是“男子汉的国家”。这样他们最需要的是有丈夫气的男子和女性化的女子。[②]

史敏玉指出德国的集体主义思想压制个人主义，认为男女间存在根本的差异，否认女子可以和男子一样走上社会为民族国家做贡献。

二、对苏联社会主义模式妇女运动的赞扬

在西方经济大萧条时期，苏联在进行经济发展的独特实验。先是列宁在1921年采取“新经济政策”，成功地应付了数年战争留下的直接危机。1928年，斯大林放弃“新经济政策”转而开始实行由国家计划委员会制定的一系列五年计划当中的第一个。虽然五年计划伴有严重的压制与民众的穷困，但是确实使苏联工业迅猛发展，从一个以农业为主的国家迅速蹿升为世界第二大工业强国。对比20世纪30年代西方的经济萧条，五年计划造就的这种前所未有的情形，不仅对苏联，对世界也产生了巨大的国际影响。[③]

1931年日本发动“九一八”后，西方对日本的行径采取“绥靖政策”，从

① 妮. 贤妻良母的新型 [J]. 玲珑，1934,4(34):2163-2166.

② 史敏玉. 希特勒对德国妇女的期望 [J]. 玲珑，1934,4(8):451-452.

③ [美] 斯塔夫里阿诺斯. 全球通史：从史前史到21世纪（第7版修订版）[M]. 2006:689-695.

而促使了中国和苏联的关系发生转变。奉着“敌人的敌人就是朋友”的政策，共同抑制日本扩张，苏联承认彼时社会上层阶级的领导权。1932 年 12 月，中苏两国恢复邦交。① 随着苏联模式的影响以及中苏关系的改善,《玲珑》杂志开始频繁出现赞扬苏联社会主义模式妇女运动的文章。

论者们认为，苏联五年计划的完成，许多是出于苏联妇女的力量，认为苏联妇女是世界上最能干、最进步以及富有独立性的女性。她们的能力、知识和热心并不亚于男子，在教育、政治和经济上与男子处于同等的地位。论者们表示苏俄女子的地位现状与男子是真正的平等，而西方各国女子被尊敬不过只是男子怜惜弱者女子，是表面的平等而非实质的平等。苏俄女子却与男子获得一样的能力和平等地位，投入到长期以来男性人数占大比重的工业、机械制造业和纺织业等各行各业里，甚至在各种重工业中均占有一定比例。②

苏联政府为工作的女性提供社会生活保障，保护妇女利益。妇女生产时能够带薪休假。工厂甚至设有育儿室，可以使女性一边工作一边上班；当孩子生病需要看病时，妇女还有假薪。国家的保障举措使女性可以无忧地投入到国家建设当中。③ 这些女性是俄国革命后从家庭解放出来帮助彼时俄国政府努力建设工作的优秀公民，她们的自立能力得以加强，在社会上地位更加稳固。论者

① 国共合作破裂，反动派对共产党进行清洗剿杀。反动派们认为苏联是共产党的后台，所以“九一八”爆发后国际联盟尚未对日本仲裁前，反动派们对苏联提出的恢复两国邦交交谈的建议并不积极。1932 年中苏恢复邦交后，两国就进一步发展关系，特别是苏联如何支援中国抗日问题不断进行交涉，但都没有实质性进展 // 李凡 . 三十年代日本侵华与中日苏三国关系变化 [J]. 南开学报（哲学社会科学版），2004(4):15-23. 陈廷湘 . 1928—1937 年《大公报》等报刊对中苏关系认识的演变 [J]. 近代史研究，2006(3):23-40.

② 陈娟云 . 苏俄妇女的工业化 [J]. 玲珑，1933,3(5):195-197. 朱婉如 . 男女平等的苏俄 [J]. 玲珑，1932,2(62):535-536.

③ 张淑英 . 苏俄女工之工作与待遇 [J]. 玲珑，1933,3(17):755-756. 姿 . 苏俄的新妇女 [J]. 玲珑，1934,4(12):725.

瑶仙认为，苏联政府对男女平等的提倡和各项保障是女性积极参加工作的原动力，同时国家对教育的重视和妇女自身的觉悟和努力也是女子成为独立生利者的重要因素。①

三、提倡工作

从苏联模式看，成为生利者的妇女对民族国家的建设有着重要的作用。妇女要成为生利者，就需要实现经济独立，因此国家应提倡妇女职业。《玲珑》杂志虽然刊有如何做贤妻良母的相关文章，但是，杂志更侧重于提倡女子职业。《玲珑》提倡妇女职业的表述基于男女平等、实现妇女解放的立场，认为妇女解放后方能更好地支援民族国家的建设和发展。

（一）贤妻良母并非一种职业

对于女子家庭工作与社会工作不存在分歧的言论，《玲珑》认为给男子管理家庭、安慰丈夫和养育儿女不是女人们与生俱来的事业。②贤妻良母不是一份职业，女子生下来不只为了生儿育女和做一位妻子：

> “贤妻良母”是有麻醉妇女奋斗意志的可能。把妇女对“职业”的观念和认识扰乱。所以有许多会误认做母亲做妻子也是一种职业了。妇女职业，简单说来，是家庭以外的工作。③

不过，《玲珑》表明现代的一般妇女不可以只顾自身虚荣，以做家务是旧

① 瑶仙 . 建设的苏俄妇女 [J]. 玲珑，1934,4(2):67-68.

② 陈珍玲 . 玲珑信箱妇女们到哪儿去 [J]. 玲珑，1935,5(13):719-721.

③ 琼 . 贤妻良母和妇女职业 [J]. 玲珑，1934,4(8):451-452.

家庭生活为理由而完全不干。作为家庭一分子的女子，对家庭应负一部分责任。[①]同时，女性也应该履行民族延续的责任。对于莫名的终身不婚者，《玲珑》认为，不嫁主义没有必要，会使民族无法得到良性的延续。1936 年《玲珑》的“妇女评论”一栏提到英国的老处女们游行要求政府给予养老金和守贞奖，杂志认为空洞的“贞操”无补于国，如果国家明示优恤则是鼓励女子不嫁，这会养成减少民族后继者的危险。[②]

（二）争法运动与女子经济独立

1934 年南京和上海妇女团体要求更改刑法修正案通奸罪条文的争法运动中，《玲珑》编辑赵白夜肯定此次运动意义，但后几期杂志又表态妇女之解放不在条文争法，妇女解放的先决条件是经济独立。

1934 年刑法修正案第 239 条规定“有夫之妇与人通奸者处一年以下有期徒刑，其相奸者亦同”[③]，《玲珑》表示这完全是恢复旧法，不制裁有妇之夫通奸者，殊属违背约法[④]及党纲所定男女一律平等原则。对于上海妇女团响应南京妇女团请愿修改条文，有人认为争法运动是舍本求末的举动，因为法律无法解决卖淫、纳妾等失足妇女的悲惨状况。对此种观点，《玲珑》编辑赵白夜表

① 明．现代女子须具有的五个条件 [J]. 玲珑，1936,6(44):3409.

② 处女贞操的代价 [J]. 玲珑，1936,6(28):2125-2127.

③ 1933 年刑法修正草案正式提交立法院大会审议前，南京政府刑法委员会采纳意见女界意见，将通奸罪（256 条）修改为“有配偶而与人通奸者，处二年以下有期徒刑，其相奸者亦同”，并将条文序列变为 234 条。1934 年 10 月 25 日立法院表决结果表示删除 234 条，即两性的通奸行为，仅负民事责任，刑法不加规定。女界认为合乎男女平等原则，表示赞同。不料当月 31 日立法院开三读会（后称二读会）时，黄佑昌、史尚宽等不满意删去处罚通奸罪的条文，遂各提新案。不经复议手续，直接将取消的 234 条改为 239 条重新提出讨论，并表决定为“有夫之妇与人通奸者处一年以下有期徒刑，其相奸者亦同”。

④ 《中华训政时期约法》第 84 条规定：“凡法律与本约法抵触者无效。”见缪全吉．中国制宪史资料汇编：宪法篇 [G]. 国史馆，1991:366..

明，妇女运动确实不是以法律规定的平等为限度，而应该以整个的妇女解放为目的。他指出：

为了妇女人格的争取，和男女平等之正理的拥护，争法运动，也就是整个妇女运动的艰辛工作之一部！

赵白夜认为，因此绝不能因为争法的片面性而忽略了争法与整个妇女运动的关联，妇女界应联合誓死争取这次抗议的成功。①

但是《玲珑》在此后却又表示，争法运动即使能如愿修改，对改变妇女界的经济从属地位毫无帮助。妇女解放的先决条件是经济独立，经济独立后方能脱离男子的桎梏。即使争法成功，不过是少数经济独立的知识妇女的胜利，她们以经济为后盾，引用法律的条文去对付男子；然而对于整个妇女解放则功效有限。妇女运动求妇女大众的解放，其先决条件非争取经济独立不可。面对失业恐慌的浪潮，女子为了人格独立，绝不可放弃争取经济独立。②

在刑法第 239 条通奸案经过妇女团体抗议活动后，恢复原议，即“有配偶而与人通奸者处一年以下有期徒刑，其相奸者亦同”，《玲珑》认为这是群情激奋产生的团结力量才使得争法成功。杂志仍认为单是争取条文平等对于妇女大众的利益是非常微末的，倘若放弃对女子经济独立的坚持和争取，均属于舍本求末的行为。杂志倡导女界应该认清现状，实事求是，贯彻此次争法的精神到底，脚踏实地争取女子经济独立。③

1934 年后，《玲珑》将提倡女子经济独立视为女子解放的首要及主要条件。

① 白妮．妇女运动与法律平等 [J]. 玲珑，1934,4(37):2355-2356.

② 竹．妇女解放的先决条件 [J]. 玲珑，1934,4(38):2419-2421.

③ 明子．争法同盟与不嫁同盟 [J]. 玲珑，1934,4(39):2483-2485.

（三）接受教育

彼时的中国看重女性接受教育，将培养"母性"作为妇女教育的重点。《玲珑》杂志从创刊起，就希望女性能接受教育，多读书，有优越的知识和新颖的思想，但杂志却并非将"母性"培养作为女性教育的唯一和主要目的。《玲珑》认为只有通过教育才能达到男女平等，为女子设立职业学校帮助她们谋求职业以实现女子自立从而成为生利者，有助于国家和社会的建设。[①] 杂志劝告女子在升学时要考虑她们即将就学的学校是否符合时代精神，而非一味地被动地接受贤妻良母式的教育，使女子教育落后于男子教育；《玲珑》认为男女同学混学的学校更适宜女子就读，强调女子要接受现代教育，学会关心社会、国家、民族等重大问题；建议女子升学时要关心出路，注重学习生产方面的知识。[②] 由此可见，《玲珑》认为女子接受教育的最终目的主要是为了将来在社会上能寻得职业，成为一名生利者，参与到民族国家的建设并为民族国家的繁荣昌盛做贡献。

（四）时代所需的生利者

拥有职业的妇女成为生利者，是中华民族走向强盛之路时所需的助力剂。《玲珑》认为中国过去几千年政治经济都操于男子之手，妇女处于被支配的奴隶地位。在"三从四德"的封建礼教束缚下，女子是无法离开男子而独立的寄生虫。[③] 论者们表示"生之者寡，食之者众"是造成中国政治混乱、经济衰弱和民生痛苦的最大原因。如果女性不生产只会消费，就只能处于受人豢养和被

① 建中．打倒男女不平等 [J]. 玲珑，1932,2(54):147-149. 瑛．我国女子解放的两条路 [J]. 玲珑，1933,3(31):1661-1662.

② 正明女士．女子升学问题 [J]. 玲珑，1936,6(26):1972-1974.

③ 妮．我国妇女今后应有之觉悟 [J]. 玲珑，1934,4(4):195-196.

玩弄的地位，如同牲畜、娼妓，而非一个堂堂正正的人。[①] 这种说法与 19 世纪末时梁启超在《变法通议》里提到的中国妇女二万万皆属于分利者，无法养活自己只能依靠男子，“故男子以犬马奴隶畜之”观点相同。[②]

《玲珑》直言在国家安危存亡之际，专事消费不会生产的女子不是时代所需要的产物。[③] 作为“新女性”的妇女们不应该只活埋在家庭里，要积极地争取平等，实现自立，担负起人类进化、社会建设的使命。[④] 彼时国家百废待兴，急需建设的人才，《玲珑》指责男子虽然占据社会的主人地位，对于国家建设并没有取得什么成绩；表示目前中国女子在从事民族国家建设工作方面与男子机会均等，只要女子们下定决心和坚持不懈，她们最终的工作力量不输男子甚至胜过男子。[⑤]

（五）工作的益处

女子应当如何下决心参与生产？论者倪巾雄认为，受过教育的女子不应该只依赖丈夫，不愿意参与到职业工作当中，希望中国的知识女性，能够觉悟到自身应该履行的义务，做有益于国家社会的工作，不要仅在口头上呼吁“男女职业平等”，应有实际的行动。[⑥] 论者生也表示，女子要达到平等、自由，不是靠提出一些于事无补的口号，而是要靠自身劳动所获得的经济条件来实现独立，强调经济独立是妇女解放、解决社会各种不平的首要问题。[⑦] 论者梅女认

---

① 若垒.妇女参加生产工作[J].玲珑，1935,5(25):1591-1592.明.现代女子须具有的五个条件[J].玲珑，1936,6(44):3409.

② 梁启超.变法通议 // 饮冰室合集 · 文集之一 [M].1989:38.

③ 菲丝.这时代需要那一种女性 [J].玲珑，1936,6(42):3256-3258.

④ 陈珍玲.玲珑信箱妇女们到哪儿去 [J].玲珑，1935,5(13):719-721.

⑤ 琼.女同胞将来的发展在努力做社会建设人才 [J].玲珑，1934,4(7):377-378.

⑥ 倪巾雄.妇女与家庭责任 [J].玲珑，1935,5(39):3340-3341.

⑦ 生.妇女的社会问题 [J].玲珑，1935,5(9):518-519.

为，职业的解放才能让女子享受到真正的自由。但是目前职业的解放除了受到男子中心社会的阻碍外，女子自身也不够努力，女子们应要努力克服虚荣和好逸恶劳的心理。①

对于女子个人而言，经济独立对自己颇有益处。社会上的每个人，都应找份职业，做社会生利者而非分利者。职业，可使生活安定，人格提高，经济独立，唯此，男子才不会轻视女子。②女子自食其力，在婚姻生活中会得到更多的幸福；只有轻视自己的身份、自甘给男子玩弄、只知享乐而不知在事业努力奋斗的女子才会感到工作痛苦。③

论者坚瓠认为，从民族国家层面讲，妇女作为国民一分子，有为社会服务的责任和义务；如果她们完全没有为社会服务的意识，便失去了做国民的资格，这是很大的耻辱。女子参加工作，不但可以养成服务社会与刻苦耐劳的精神，而且可以借以统治妇女的奢侈花费而为国家做生产事业，成为独立的生利者，“是一举数得的制度”。④《玲珑》指出，为实现男女平等，女子应以“国家兴亡，匹夫有责”的态度为国家和社会建设负起责任；女子应反对“回到家庭”去的口号，到社会上去和男子一起工作，努力做一个经济独立的女性。⑤

（六）女子就业情况

虽然《玲珑》认为女子从事民族国家建设工作方面的机会与男子均等，实际上彼时女性所能求得职业类别具有很大的局限性。

---

① 梅女．男女平等与妇女职业 [J]. 玲珑，1936,6(31):3169-3172.

② 铁佛．职业与解放 [J]. 玲珑，1935,5(19):1141-1143. 菲丝．这时代需要那一种女性 [J]. 玲珑，1936,6(42):3256-3258.

③ 黎俪莲．妇女职业痛苦欤？幸福欤？ [J]. 玲珑，1933,3(18):821-822.

④ 坚瓠．德国女子强迫工作底教训 [J]. 玲珑，1936,6(4):243-246.

⑤ 妮．我国妇女今后应有之觉悟 [J]. 玲珑，1934,4(4):195-196.

彼时中国女性如果没有受到十分良好的教育，只能做女招待、女店员这样容易为当时的社会所误解的职业。《玲珑》的“陈珍玲”编辑认为目前女子职业是处于女招待、花瓶之类不优越的地位，给挣扎在失业恐慌的男子落下了“妇女应回到家庭去”的口实，欲使妇女恢复原先的奴隶地位。[①]20 世纪 30 年代，有的女子职业比较卑贱且名声不佳，如女招待、女店员和女书记等。[②]造成这种情况除社会环境原因外，论者黑炎认为女子自身需要切实的修养和增加工作能力：

一方面要修养相当的学问，努力求知，以刻苦耐劳的精神去做事，严格的认清自身的出路而不盲从。一方面要肯定我们的职业，是绝为服务而服务。[③]

黑炎认为尊重自己的人格，不做“花瓶”，努力工作，女权才会提高。

《玲珑》杂志偏好女性从事教师的职业。在第七章里提到过一名原只知道装扮而不知道何为国家的学生天天留恋于舞厅歌厅，追求她的男性特别多。而直到有一天她考试失利并发现追她诸多男性都是有妻室的人之后，大彻大悟，发奋读书成为小学教员，同时也到孤独院义务教书，认为她是一名真正的新女性。教员，成为一种与彼时许多女性所能从事的其他职业（如女招待、女店员）相比，声誉和社会地位都高得多的理想的和受推崇的女性职业。

但《玲珑》为倡导女性工作，认为劳心和劳力的职业一样可贵，无职业贵贱之分。从事职业的妇女，首先要根据自己的能力选择一种适合于自己的工作，

---

① 陈珍玲 . 玲珑信箱之家庭主妇与职业妇女 [J]. 玲珑，1934,4(20):1272-1274.

② 可参考：王琴 .20 世纪 30 年代北平取缔女招待风波 [J]. 北京社会科学，2005(1):120-127.

③ 黑炎 . 谈谈妇女职业 [J]. 玲珑，1937,7(21):1613-1614.

这样比较容易获得成就感。[①]

四、平衡家庭与职业的良方

针对女子要回归家庭之内和女子抛弃家庭谋求职业经济独立的不同说法，论者郑秀兰认为，要解决妇女职业问题，至少要注意到两点：第一，女子需要从事职业以谋求经济独立。第二，女子仍然需要投入时间和精力管理家庭事务和教育子女。不过，女子拥有了占据了其较多的时间和精力的职业后，较难较好地顾及管理家庭和教育子女。对此，郑秀兰提出两者可以兼得的解决方案——效仿苏俄。苏俄的工厂中特设有育儿室，预备给有孩子的女工，不至于妨碍女工的工作或影响孩子的健康，如此工作的女子能同时兼顾家庭事务和子女。以中国女性职业现状来看，要解决的不是怎样找职业而是就职后女子怎样对待家庭和子女。[②]从论者的表述中可以看出，照顾家务和子女是女性的“天职”，拥有职业的女性不能摆脱这个职责，效仿苏俄制度可使女性同时兼顾职业和家庭，这样不会因为女性无法履行“天职”而使女性工作受到阻碍。

《玲珑》倡议出嫁前没有取得独立、已经成为妻子和母亲的女子，要挣脱“在家从父，出嫁从夫，夫死从子”意识的铁链，做新型的贤妻良母。妇女要对时政有所了解，关心时代演变与民族危机，要把丈夫看作一个最亲密的朋友，夫妻之间要互相帮助，女性做家务与丈夫对社会的服务都是一种社会分工。如果环境许可的话，妇女应跟丈夫去参加社会活动，更直接、积极地对民族国家做贡献。不然，在家鼓励丈夫，教育子女，用女性天赋的伟大和崇高的爱，培植并灌溉子女走向光明的未来。[③]

---

① 琼．贤妻良母和妇女职业 [J]. 玲珑，1934,4(8):451-452.

② 郑秀兰．新时代妇女的职业问题 [J]. 玲珑，1933,3(22):1015-1017.

③ 妮．贤妻良母的新型 [J]. 玲珑，1934,4(34):2163-2166.

需要指出的是，《玲珑》杂志后期虽站在妇运角度上发言甚多，但是在处理家庭夫妻关系上，仍然要求女性对容忍和妥协于男性。1934 年第 14 期“玲珑信箱”栏目对一读者的来信回复，体现了编辑在处理家庭关系时仍然要求女子要多包容男性、对男性的某些行为予以妥协。

署名为“娴”的读者向“玲珑女士”咨询婚姻问题：娴与其丈夫结婚已经十五六年，平时规规矩矩的丈夫突然与别的女性暧昧不清、行为荒唐，这些女性又远不如妻子美丽。她向《玲珑》询问，是什么原因造成她丈夫的这种行为。编辑“陈珍玲”做出如下回答：

娴女士：这是单调的家庭生活的一个反动。和小孩子们不时要赖学的动机一样的。这是男子们心情中间的一种尚未驯服的东西，这东西时时要喊求自由，这种东西时时要他出外去浪游。……在他吃饱之后，这一孩子是会回到他母亲那里的。而且或许还会悔恨偷吃糖果，答应以后要做一个好孩子哩。可是这须在他自己满足了以后罢了。（珍玲）①

从“陈珍玲”的回复可以看出编辑对男性婚内出轨的理解。编辑为丈夫的出轨行为寻找托词，认为是男子的天性使然与孩子们不时要赖学的动机一样，但是他们在外面浪游过了满足了以后最后还是会回归家庭。“陈珍玲”的回复隐藏着女子应忍辱负重，静待男性回归家庭之意。从《玲珑》杂志这封答读者问可以看出，虽然《玲珑》一直声称男女平等、妇女解放，但仅将注意力重点放在女子成为国家生利者方面，认为维系家庭和民族延续是女子必须要承担的责任。哪怕男子在婚姻过程中表现出不忠，《玲珑》却觉得这是男子的天性，

① 玲珑信箱 · 喜新厌旧的男子 [J]. 玲珑，1934,4(14):847-849.

女子应该不争不吵静待男子回心转意。实际上家庭里的男女地位并不平等或女子在家庭里还是居于从属地位，以夫为主。

五、参政权

《玲珑》杂志有关追求男女平等的言论篇幅并不少。《玲珑》对男女平等的追求不仅限于女性能拥有职业，成为独立的生利者，还包含了对政治权利的争取。参与政治，是当时中国妇女走出家庭踏入公共领域的特殊领域，参与的门槛是远远高于妇女在社会上求职的门槛。在 1937 年 11 月准备召开国民大会之际，《玲珑》希望妇女能够参加，认为女子不但有遵守宪法的义务，而且享有制定宪法的权利。要求在 240 名指定代表中，“尽可能地多为女性的代表”。通过女子参政，妇女不但在法律上能享受平等竞争的权利，在国家政治建设过程中也能享受到这样的权利。通过参政，妇女能够把心力贡献给复兴民族国家的伟大事业之中。[①]

① 国民大会与妇女 [J]. 玲珑，1937,7(22):1693-1694.

小结

女性应处在哪个场域为民族国家做出自己的特殊贡献？对此，本研究归纳出《玲珑》杂志对于女性职能主要存在两种论调：符合于当时中国提倡的现代贤妻良母论和鼓励女性从业的自由主义女性主义论。

彼时中国尊崇儒家的道德，1934 年的新生活运动即希望借儒家学说的“礼义廉耻”诸种美德要求来增强中国人走向理想社会所需的凝聚力。[①] 对儒学和军事化管理的尊崇，导致 1934 年新生活运动中对女性的种种规训和要求，企图塑造反摩登、反西化的现代女性形象，倡导复古，在国内响起“妇女回家”和做“贤妻良母”的声音。当时的社会上层阶级的构成大多为士绅阶层，倡导复古，源于他们自身具有的男尊女卑保守主义思想倾向，他们温和地进行妇女解放，也只是为了有效地控制妇女解放运动。

为了区别封建社会时期的“贤妻良母”，社会上和《玲珑》杂志提出“新”家庭主妇应符合的各项要求，对女子进行规训。《玲珑》前期编辑也会刊登关于如何成为新家庭妇女的指导性文章，大部分文章来自社会名媛，有闲阶级的她们大多不需要为生活而奔波。为了使“女性回家”合理化，《玲珑》杂志有论者认为，男女在生理和心理上存在差异，女性更加适合于掌握家庭事务以及养育子女，养育子女还是为民族国家的种族延续及发展强大做贡献的一项伟大事业。针对社会上认为只有外出工作女性才能实现男女平等的说法，论者则认为法律上只要男女平等就能保障女性的权益，女性在社会上工作还是在家庭主

① 易劳逸．南京时期的中国(1927—1937)// [美] 费正清．剑桥中华史（第二部）[G]. 1992:161-162.

妇关系并不大。

退回家庭空间的女子，主要负责民族国家的种族延续和子女教育；具有博大慈祥之健全的母性，是强国优生的基础；女性勤俭节约，不但能为国家节约金钱支出，还是“俭以养廉”的必要条件。

表 4 《玲珑》杂志女性职能论

论述主轴1	现代贤妻良母论	自由主义女性论
政治理论架构	服从国家统治、遵从儒家传统、父权制	天赋人权、平等自由
性别规范	男女有别，男强女弱	男女平等
家庭观念	家庭为重，尤其强调女性在家的重要作用	不否认女性家庭职能，但主要主张女性在家庭之外的场域中发挥才能和作用
理想女性代表	男主外女主内规则的指导下，接受现代教育后女性回归家庭，勤俭节约，管理家务、相夫教子，实现救国保民、优生强种目的	女性应接受教育，未婚及已婚女性为人格独立应经济独立参与工作，为国家建设贡献力量，女子享有参政权，享有法律保障
终极目的	优育优生	成为国家生利者，贡献国家

但是不论现代的贤妻良母论，还是自由主义女性论，都表示女性应接受教育。只是前者将教育的目的指向培养“慈博爱体力智识两俱健全之母性”，后者更侧重于女性在社会上谋求职业成为生利者。

自 1934 年起，社会上倡导“妇女回家”，《玲珑》杂志开始坚定地站在妇女解放的激进主义立场，推崇苏俄国家的女子与男子平等、女性积极参加生产的良性状态，并斥责德意推行的“妇女回家”政策。杂志认为，所谓的“贤妻良母”并不是一种职业。女性要争取男女平等，就应该做国家的生利者，持着“国家兴亡，匹夫有责”的态度走上社会，与男子一样积极地从事相关职业，为民族国家复兴做出贡献。彼时中国女性从事职业的人数相对较少，可供女性选择的职业种类也并不丰富。女店员、女招待等职业在当时被饱受男性的误解和歧视。从《玲珑》杂志刊登的内容可以看出，小学教员相较于其他职业（如女店员、女招待）在社会地位更高一些、也更令人尊敬的职业。而教书育人，又恰好与女性长期以来被赋予的教育子女的职能在某程度上不谋而合。

对于 1934 年的争法运动，《玲珑》前后刊发的文章表明了杂志编辑成员内部对此事件的看法存有分歧。美术编辑赵白夜认为争法运动是妇女解放的一环，其他编辑则表明此为“舍本求末”的行为，因为只有女子经济独立才能真正实现妇女解放，女子要实现经济独立，就必须拥有职业。彼时中国开三读会（后称二读会）不经复议手续，直接将通奸罪改为第 239 条决定为“有夫之妇与人通奸者处一年以下有期徒刑，其相奸者亦同”，只字未提如果男性与人通奸该如何惩处。是否因为立法院男性所持传统的男尊女卑思想，在立法上偏重于女性贞洁观的保守主义思想，这仍值得思考。

《玲珑》杂志的编辑团体，林泽苍、林泽民毕业于光华大学，彭兆良毕业于复旦大学，推测其他编辑毕业于类似的高等学府。这些大学地处上海，与西方文化接触颇深，且上海又是新文化活动的兴起地，年轻人的思想相比于彼时社会上层阶级的政策制定者们，显然会更加激进。再者，《玲珑》认定自己是“女同胞之喉舌”，支持妇女解放、女性经济独立，更能显示它的女性立场。但是，《玲珑》提倡妇女职业同时，并没有表示女性可以放弃家庭的职责，强调女性即使拥有职业，仍然需要承担种族延续和家务的责任。“玲珑信箱”刊载女读者来信询问如何面对丈夫出轨时，编辑的回复以维持家庭为首要目的，要求女性静待忍受男性的回归，这又与追求男女平等的妇女运动矛盾重重。或者说，女性仍然要以家庭为中心，当时倡导的女性解放不可违背女子“治内”和民族延续的原则。

当国家一而再，再而三地受到日本的挑衅时，《玲珑》讽刺一般士大夫煞有介事地喊着“妇女回到家庭去”，根本无法扭转民族的贫弱及其不安定的状态，还适得其反。[①]《玲珑》在 1937 年第 7 期里提到女子缺乏辅助男性的智能和机会，两性能力发展不平衡，从而导致社会畸形的发展，“最大缺憾，要以过去对于妇女的教育与训练，仅偏于为母为妻的一方面”，再一次批驳了“贤妻良母”教育，所幸妇女已觉悟应到自身和男子一样对社会有应尽的同等义务，除了负有为母为妻之责外，还需尽国家成员的义务，甚至同男子一样参加抗战。[②]《玲珑》在民族危机面前，表明妇女同时肩负妇女解放与民族解放的任务，亦会要求女子为民族解放做出自己的贡献，积极地参与国防工作。

---

① 阿娟 . 民族危机与妇女救亡运动 [J]. 玲珑，1936,6(8):565-566.

② 非常期中妇女的非常工作！ [J]. 玲珑，1937,7(1):11-14.

第九章 《玲珑》女性与国防关系的媒介表述

国难当头时，《玲珑》认为妇女不能脱离民族国家而独自解决自身问题，因此妇女在求得自身解放之时，更应该努力于投入民族解放的事业当中。《玲珑》显著地从保国、救国角度对中国女子与国防关系论述的内容数量为 101（包含多主题类别中涉及国防关系的内容 13 份），1931—1937 年每年的分布情况为 8，12，18，4，10，38，11，其中，1936 年与 1935 年相比相关内容数量激增。

当国家局势平稳时，民族国家以发展为主，《玲珑》提倡女性们为保国和强国做好准备，积极参加军训和国防教育等；当民族国家面临侵略和亡国灭国的威胁时，则号召女性们为保国、救国奉献力量甚至生命，积极主动地参与国防工作。即使过去颓废堕落、善妒、沉溺安乐的女性，国难当前，也应该变成一名振作努力、雄心克敌、向前奋斗的爱国女子。①

① 珍玲 . 国庆日妇女应有的认识 [J]. 玲珑，1934,4(31):1971-1972.

第一节 妇女解放与民族解放

一、推翻双重压迫

伴随着新生活运动而来的复古潮流，要求女子退回到“厨房”。与此同时，中华民族也屡屡受到日本的挑衅：继 1933 年长城之役后签订了《塘沽协定》，1934 年 5 月，日本在天津南开强占民地修建机场，并用飞机轰炸依兰县；1935 年华北事变……民族危机日益加深。

《玲珑》杂志认为中国现在的妇女正受着双重压迫，其一是与男子一样共同遭受帝国主义和封建主义的压迫；其二是妇女独受的命运——男子与统治阶级的压迫。民族危机面前，《玲珑》指出过去的妇女运动是局部的，主要追求经济独立；而现在妇女运动的主要目的应该是利国利民，女子们要投入到民族解放当中。[①]要谋求妇女解放，女子们就要反抗一切压迫，打倒帝国主义、肃清封建思想，献身为国，以争取妇女前途与民族解放。[②]

二、民族解放当先

中国自“九一八”后山河破碎，农村破产，内忧外患日益深重，国势阽危。1935 年 5 月，意大利侵略阿比亚尼亚，国际形势紧张。中国华北继东北之后成为日本蚕食的目标，华北和中华民族面临着空前的民族危机。面对这样的局

① 非常期中妇女的非常工作！[J]. 玲珑，1937,7(1):11-14.

② 血泪写成的三八女人节 [J]. 玲珑，1936,6(9):616-619. 曹冠孙 . 奋斗争取我们底前途 [J]. 玲珑，1936,6(13):928-930.

势，《玲珑》号召女子纷纷加入战争。《玲珑》杂志警醒读者当侵略者所造成的世界战争爆发的时候，也就是半殖民地的妇女被压迫剥削最严重的时候。[①]彼时的上海妇女团体发出倡议：妇女不能离开民族而独存，更不能离开民族存亡问题而独谋本身的解放。中国妇女在共同为自身解放而奋斗之外，更应该努力地投入民族解放的运动。[②]论者金戴仪表示，帝国主义蹂躏中国，中华民族有亡国灭国之祸，当务之急应致力于救亡运动，眼前暂顾不上妇女运动工作。他直言：

妇女问题是社会问题中的一环，所以妇女欲解放，非先谋民族解放不可。[③]

1937年首期，《玲珑》杂志认为过去妇女解放运动虽然遇到阻碍，事实上没有达到男女平等，但在法律的一些条文规定上已经和男子没有什么差别。近年来的妇女回家运动是一部分黑暗封建势力没被铲除，妇女们如果能继续奋斗下去，黑暗势力自然会消失殆尽。紧接着文章表示，妇女目前最重要的问题是所有民众应当一起努力参加民族的解放运动：

因为天下兴亡，匹夫匹妇有责，国家当危急存亡之秋，必须赖民众全体投袂奋起，共同努力。

因此，妇女们要义不容辞地肩负起民族解放的伟大工作。《玲珑》表明，

---

① 珍．五四时代的精神那里去了[J]. 玲珑，1935,5(48):4127-4129.

② 国际妇女节，上海妇女团体告女界书[J]. 玲珑，1936,6(10):716-718.

③ 金戴仪．现阶段中妇女解放的三步骤[J]. 玲珑，1936,6(10):698-701.

妇女解放运动，必须在整个中华民族解放中去争取。从事妇女解放运动的人们，要努力投身于民族解放当中，这样才会产生出妇女解放，否则妇女将永久得不到自由平等。①

实际上，《玲珑》杂志将妇女问题看作是社会现象问题的一环，与社会、国家、国际均有关联。中华民族一旦亡国灭种，任何妇女运动都无从谈起。皮之不存，毛将附焉？因此，妇女不能离开民族存亡而存在，中国妇女在为自身的解放奋斗之外，更应该努力投入到民族解放运动的潮流当中。

三、参加国防——妇女解放和民族解放的途径

在妇女解放与民族危机面前，论者们指出，妇女解放的步骤分别为：一是女子谋求知识常识的修养的提升，改正缺点，提升能力，同时要意志坚决，不为任何恶势力和金钱所妥协，向着光明处发展能力；二是谋求民族的解放，世界二次战争爆发在即，中国民族存亡的危机愈来愈紧迫，有志的女子们应参加正当的救亡运动；②三是推翻不合理制度进行社会改造，进入男女平等、国家、民族互助的“大同世界”。③

《玲珑》杂志认为中国目前正处于妇女解放的第二阶段，战火迫在眉睫，号召女性要积极地参与民族解放工作。面对帝国主义的侵略，杂志指出妇女们如果要享有与男人一样的权利，实现男女真正的平等，就不可忘却献身为国的义务，必须觉悟起来，努力奋斗自己的前途。④论者雪影认为，所谓妇女解放是解放一切人权被人束缚和剥夺时对人类产生的痛苦，其中去除性别不平等只是妇女解放的一环，还应当努力于爱国运动，尽量宣扬帝国主义压迫中国的事

---

① 一九三七年对妇女的期望 [J]. 玲珑，1937,7(1):5-8.

② 白薇 . 新妇女的责任 [J]. 玲珑，1934,4(31):1975-1980.

③ 金戴仪 . 现阶段中妇女解放的三步骤 [J]. 玲珑，1936,6(10):698-701.

④ 一九三七年对妇女的期望 [J]. 玲珑，1937,7(1):5-8.

实，从而唤起民众共同致力于救亡运动。[①] 论者曹冠孙也提议中国女子为实现争取妇女前途与解放民族压迫，应尽国民的责任和义务参加国防工作。[②]

对于“非常时期”的国防工作，《玲珑》指出女子要根据自己的能力才智来担负工作，要具有战士精神，与男子并肩作战，冲破帝国主义的进攻。在非常时期，全国民众皆有受军事训练的义务。即使安居在家的妇女在国事危急时亦不能幸免，也应尽救亡图存的责任。爱国女子要热心参加军训，达到民族解放，妇女解放。[③] 通过参加训练，女子可以担负宣传、救护、运输、募捐、保卫、文书、通讯等工作帮助男子，这样士气大振，无形中可以为国家添加不少战斗力。每个妇女都要锻炼身体，如同战士一般，必要时，妇女或者参加游击队袭击敌人，或者在炮火纷飞的战场上，“执干戈以卫社稷”。[④]

在《玲珑》论者眼中，参与民族解放的国防工作才是中国妇女在目前严重危机中最大的任务，是女人替民族找的出路。[⑤] 下一节将详细论述《玲珑》如何指导女性参与各类国防工作。

---

① 雪影．非常期中妇女与国防工作 [J]. 玲珑，1936,6(12):848-851.

② 曹冠孙．奋斗争取我们底前途 [J]. 玲珑，1936,6(13):928-930.

③ 中国妇女的新姿态 [J]. 玲珑，1936,6(25):1885-1887.

④ 非常期中妇女的非常工作！ [J]. 玲珑，1937,7(1):11-14. 一九三七年对妇女的期望 [J]. 玲珑，1937,7(1):5-8.

⑤ 白薇．新妇女的责任 [J]. 玲珑，1934,4(31):1975-1980.

第二节 女性与国防

提到战争与国防，人们更容易将其与男性联系起来。在20世纪二三十年代期间，日本帝国主义对中国的侵略愈来愈深，国难日益深重。自1931年"九一八"事变后，又发生"嫩江之战""一·二八""长城抗战""华北事变"和"绥远战争"，直至1937年"七七事变"和"八一三"淞沪抗战后，中华民族进入全民抗战的阶段。1935年意大利对埃塞俄比亚的入侵，使人们感到第二次世界大战一触即发，中国的知识阶层为中国的命运担忧，认为中国不可避免地会卷入战争当中。在战争面前，私人的情感都不被允许。《玲珑》论者廖孑民表示，在国土丧失、帝国主义加紧侵略中国、二次世界大战即发之时，青年人不应恋爱。《玲珑》的执笔者徐今生认为"不有国，何以为家，不有身，何以为爱"，表示青年人应该放弃私人的小爱完成国家社会的大爱以达到理想的"大同世界"，只有先解除帝国主义侵略的压迫，中华民族的前途才有发展余地。[1]

前面的章节提到女子消费国货与民族国家的生存与发展大有联系，抵制洋货是消极的非武力的反抗帝国主义侵略的方式。《玲珑》杂志论者雪影指出，妇女生产国货并进行销售以增加国货销量的反抗方式显得十分积极，是女子参加国防工作的内容之一。[2] 早在辛亥革命期间，就有女子参军组成的女子北伐

---

① 廖孑民．国难期间青年不当谈恋爱 [J]. 玲珑，1936,6(13):955-957. 徐今生．一封信 [J]. 玲珑，1935,5(16):951-959.

② 雪影．非常期中女子与国防工作 [J]. 玲珑，1936,6(12):848-851.

队和女子军事团（不过，直接参加起义、冲锋陷阵者为数不多）。[①] 在《玲珑》看来，女性不应该被视为战争的绝缘体，应当扮演主动的角色，积极地投入到战争里。《玲珑》杂志，在国难日益危重期间打起动员女性积极备战的责任，表示根据男女平等的原则，女性为国民中的一半，女性应与男性一样，有为国效命的责任和义务；女子应当打破男子将女子看成是寄生虫且无能的认识，积极地参与国防工作，为中华民族做出牺牲和贡献。[②]

一、爱国与反战

编辑彭兆良认为女子是仁慈的，不像男子一样天性残忍，富有侵略性。女性爱好和平的天性会使人类趋于和平之路。[③] 当战争不可避免时，如果一个女子具有爱国之心，国家被侵略时，应积极参与爱国和拯救民族危亡活动。如果女子的国家是侵略国，那么该国女子应该怎样表现才是爱国呢？论者胡予馥认为，所谓爱国并非通过侵略来实现，有爱国心的女子应当反对侵略。“九一八”“一·二八”事变后，在穷兵黩武的日本，被动顺从的日本妇女失去了她们应有的德性，不能阻止国家侵略的脚步。[④] 与日本妇女的盲目顺从相对照，《玲珑》介绍并赞扬了欧美各国妇女组织团体在战云弥漫之际，采取反战的各种行为：比如不做面包、与男子脱离夫妻母子关系、不接触男子、不发生关系等。[⑤] 作为被侵略国的女性杂志，《玲珑》对战争的立场自然与侵略国不同，和平反战是杂志的主张，同时希望侵略国女性发挥其天生爱好和平的特性，向

---

① 吕美颐，郑永福．中国妇女运动（1840-1921）[M]. 1990:229.

② 雪霏．女子应该怎样救国 [J]. 玲珑，1932,2(47):1893-1894. 珍．国防与妇女 [J]. 玲珑，1935,5(43):3731-3733. 辉．绥远战争的正视 [J]. 玲珑，1936,6(47):3663-3664

③ 兆良．女性优越论（下）[J]. 玲珑，1934,4(30):1912-1915.

④ 胡予馥．处在被动地位的日本妇女——失却了女性具有德性 [J]. 玲珑，1933,3(9):290.

⑤ 潮鸣．欧美妇女反战方法 [J]. 玲珑，1934,4(37):2357.

国家政府请愿反战。

二、宣传及捐款

“九一八”事变之前，《玲珑》杂志的内容以休闲娱乐居多，没有刊登任何有关于女性与战争或国防的内容。“九一八”后，《玲珑》开始提及女性应为国防和战争做出自己的努力。首先知识女性应该多读报纸以了解政治外交问题，通过演讲、著述、劝慰的方式，唤醒那些没有意识到国难当头的姐妹；同时还要研究科学与满蒙、日本等问题，有相关知识后才谈得上救国。[①] 当战争不可避免发生时，大多数女子天生体质孱弱而无法直奔战场前线去冲锋上阵，但应当做好保障后方的工作，以其特有的方式支援民族国家。国难急迫时，善交际者可以利用其口才做好宣传动员的工作，对醉生梦死的多数民众进行宣传以唤起他们民族灭亡的危机意识；[②] 工媚善蛊的女性，应将其“狐媚的伎俩”变成“激发勇士奋斗的方法”；组织能力强的女性，则负责组织爱国团体，将“妇女散沙般性格”变得“合群化”。[③] 不过，《玲珑》未在文字上详细地指导如何有效地动员和宣传，它的文章文字简略、情感色彩深厚，欲从感性角度唤起女读者的爱国之心。

战争需要大量的金钱和物质，《玲珑》杂志认为女性在后方应当做好准备，积极地捐资筹款。1932 年热河成为继东三省后日本的侵略目标时，《玲珑》不主张女子都执干戈去跟敌人拼命，但希望姐妹们能节衣缩食，用省下的金钱去资助奋斗着的义军，以增加国内的战争力量。[④] “一·二八”之役，日本出动

① 淑文．我们的救国责任 [J]. 玲珑，1931,1(31):1181-1183.

② 雪霏．女子应该怎样救国 [J]. 玲珑，1932,2(47):1893-1894. 霏霏．战争如再爆发姐妹们应有的表示 [J]. 玲珑，1932,2(48):1941-1943. 编辑者言 [J]. 玲珑，1933,3(3):137.

③ 珍玲．国庆日妇女应有的认识 [J]. 玲珑，1934,4(31):1971-1972.

④ 姐妹们的模范 [J]. 玲珑，1932,2(68):862.

坦克和轰炸机大举侵犯上海，中国与日本战机相比基本没有对空作战能力。意识到航空国防重要性的中国，彼时财政困难，决定通过发行彩票来募集航空建设资金。1933 年 5 月，中国发行了“航空公路奖券”，希望各地民众协力赞助政府空防计划。① 为支持抗日，抵抗空袭，《玲珑》杂志号召女子应当捐资给国家去购买飞机，驱逐日本帝国主义的侵略。② 杂志还倾向于刊登关于女性为爱国筹款的相关信息。涉及筹款信息的主角往往是社会名媛，因其名气和交际范围，较一般女性更容易筹得善款。例如张学良夫人于凤至女士，着手组织抗日军救护委员联合会，在招待记者团时演说拟发起一角运动——每人捐钱一角，四亿人可得四千万；热河告急时，妇女救国捐联合会代表杜月笙夫人积极在沪实行募捐；何香凝将来沪请求接济援助的东北国民救国军独立第七十九支队代表孙铁民转到妇女救济东北同胞协会，由救济会捐该部洋五百元等。③ 自东北事变后，广州著名交际花陈瑞华以弱女子不克效力沙场，以美姿贡献国家，巨款助东北义军。她的筹款方式如下：特雇书记代为答复日均四十封以上的求婚信，对各人来信均予以若干希望，但嘱咐其第二次致函时，须附洋十元以充捐款，求婚者莫不争先交款。④《玲珑》杂志并不追究交际花假他人之手回复信件、利用众男子的感情获得捐款，也许这些男子们捐款后再也得不到回信。但是交际花将捐款全捐给东北义军抗日而非挪为私用，《玲珑》将此行为视为“贡献国家”，自然将筹款方式称之为“募捐妙法”。

《玲珑》还介绍了国外女子另类的筹款招募方式——“卖吻”。法国巴黎有女伶为募集救国捐，在街头卖吻。欧洲大战时，美国的女名优为助军费出售接

① 李雪．1931-1937 年“航空救国”运动探析 [D]. 昆明：云南大学，2014.

② 雪致．为捐资购机告爱国女同胞 [J]. 玲珑，1933,3(9):287-288.

③ 于凤至女士发起一角运动 [J]. 玲珑，1933,3(5):199. 妇女消息之杜月笙夫人爱国 [J]. 玲珑，1933,3(10):380. 妇女救济会捐款助救国军 [J]. 玲珑，1933,3(15):678.

④ 广州交际花募捐妙法 [J]. 玲珑，1933,3(5):253.

吻，只要男性出费十元，便可以和她接吻一次。英国一位贵族小姐，为替国家招募航空人才，表示如有人加入航空训练，可得一吻。中国也有类似事情的发生，虽然并不是用于支援国防。五卅惨案发生后工人罢工，为募款给工人解决生活问题支持罢工，广州的一位女学生表示捐款者即可与其接吻。1937 年，四川南部发生严重饥荒，论者韵秋认为川灾严重，交际花可沿用此法进行募捐救灾，还可提高交际花的声誉。①

在女性为国筹款面前，《玲珑》杂志所刊登的各类新闻明显有对女性身体的物化的嫌疑。杂志关注的不是们女性实际的号召捐款的状态或是她们的学识技术或组织等。而在战时，女性所拥有的“性别特征”、其遭受的与性别相关的“牺牲”在《玲珑》杂志里被浓墨重彩地大加描写。杂志所宣扬的对象除了在社会上已经颇具名气的已婚女性，其余皆是年轻的女性。女性牺牲自己的身体，例如利用美貌或吻唤起男性对她的幻想，来换取男性们的捐款。《玲珑》刻意聚焦和筛选后，与女性身体相关的描述刺激着读者。而以吻求得捐款一事到底值不值得效仿，女性以吻换取捐款后她们未来是否会遭人非议皆不在《玲珑》杂志的考虑范围之内。

三、国防教育

“九一八”事变后，国内各学校开始推行军事训练。1931 年上海务本女校三十周年纪念在该校公共体育场举行女子义勇军的检阅与操演，《玲珑》编辑参观后觉得异常满意，认为此形式培养出的尚武精神有利于女子们养成团结思想。②《玲珑》杂志表示，男子与女子接受军事训练的目的并不完全一致：男子经过军事训练，可以立刻组织军队上前线冲锋杀敌，不过对于女子来说，军

---

① 韵秋．卖吻 [J]. 玲珑，1937,7(24):1848-1849. 陈莉芳．接吻的话 [J]. 玲珑，1937,7(25):1928-1930.

② 珍玲．全国女生应加入义勇军 [J]. 玲珑，1931,1(35): 1341-1342.

事训练的主要目的是“强身健体”，去除认为中国人体弱的侮辱性称号。但是女子应当立刻组织救护队前往战线服务，同时学习相关军事知识，以防将来战争爆发时国内兵力不足，女子即可随时地参军以补充军队兵力。如果要建立救护队就必须要求参与救护的女子们身体必须健康，否则届时自救不及，更无法救护他人。《玲珑》指出上海约翰及沪江等学校，原来有兵式操一课，可惜当时其他学校没有放行，使得兵式操没有流行起来。目前中国应全面开展军事训练以备不时之需，以免将来战争迫在眉睫时才想起要推广军事训练。① 除了兵式操之外，《玲珑》列举了德国和日本妇女在各自国家所受的军事训练，例如德国预料将来大战将重视如毒气等化学物质，德国的妇女加入练习使用避毒套并学习如何防毒。②

1934 年新生活运动开展后，社会上开始流行起号召妇女回家做贤妻良母的声音。德国和日本原先在国内实行“贤妻良母”制，随着它们侵略野心的不断膨胀，开始将军事责任分任于妇女。在德国希特勒统治下，有一百万妇女学习航空，从事军训。《玲珑》认为中国处于被压迫的地位，爱国女性热心于军训、学习航空是应有的姿态。③ 在二次世界战争一触即发和日本帝国主义的威胁下，女子必须保障后方，保全国家元气。论者罗美萍指出，贤妻良母的教育不能救国，在国家尚未实行征兵制时，国防知识是知识妇女应该接受的教育项目之一。女性的国防教育首先要养成“救亡图存最大后盾”的牺牲精神，不但自己可以为国效劳，而且还可鼓励丈夫参与作战；其次为防御毒气及菌役战争，女子要学习战争化学的知识，将学校课程的理化科学改为上毒气化学；再

① 宜之．女子与军事训练 [J]. 玲珑，1931,1(35):1351.

② 德国妇女练习试用避毒套 [J]. 玲珑，1933,3(27):1416.

③ 中国妇女的新姿态 [J]. 玲珑，1936,6(25):1885-1887.

次是学习救护的知识，在战争爆发时将大有用处。①

四、女子救护队与参军

《玲珑》多篇文章提到战争发生时，后方的工作和救护需要女子的帮助和及早预备。女性参与救护工作是其救国的主要方式和重要工作，杂志还以何香凝女士组织的妇女救护队为救国行为的典型例子。②国外也有女性组建救护队的例子。《玲珑》讲述了巴黎一女伶组织降落伞救护队，战时救护人员从空中跳伞守在伤者身边实行急救的故事，以此反问国内摩登女性是否拥有如此胆识勇气。③杂志文章指明，只有全国妇女拥有爱国心和勇气、相当的战时准备和普遍救护的组织，才能成为国家的坚实后盾，否则女性们会因战争的恐吓辗转迁避，更会影响抗击敌人的工作。所以在战争发生以前，妇女们的战时准备与普遍的救护组织工作显得十分重要：一方面可以巩固后方的民心，另一方面于战事上也有实质的帮助。④

冯庸大学女子义勇军在"一・二八"淞沪抗战时，从东北至上海参加抗战工作。《玲珑》杂志刊登了女子义勇军成立救护队、进餐和掘壕、歼灭敌人的若干照片，除了照片外没有过多的文字描述。⑤在男性质疑女性无法为国防做出贡献的时候，论者赵宜蕙则愤然表示女子义勇军早已组建。⑥天津女师学生郑维华女士在"一・二八"之后，到上海改装投军，欲剪发从军时被发现其为

---

① 罗美萍 . 非常期女子教育 [J]. 玲珑，1936,6(24):1808-1810.

② 雪霏 . 女子应该怎样救国 [J]. 玲珑，1932,2(47):1893-1894.

③ 涂脂抹粉的姑娘们：你们有这样胆量吗？法女伶发起降落伞救护队 [J]. 玲珑，1936,6(34):2609-2611.

④ 骆惠英 . 妇女应有的觉悟及准备 [J]. 玲珑，1936,6(11):772-774. 国难期中姐妹们的三大训练 [J]. 玲珑，1932,2(80):1395-1396.

⑤ 战线上之娘子军 [J]. 玲珑，1932,2(48):1961-1962.

⑥ 赵宜蕙 . 难道救国也分界限吗 [J]. 玲珑，1931,1(38):1461-1462.

女儿身。社会上对此议论纷纷，许多人认为女子荏弱必须俯首听命于男子，女子易服从军为社会正统观念所不容。《玲珑》却表示不可用怪异的眼光看待此事，应当将此看作国难期间女子爱国救亡运动的初步表现，而郑维华女士是代表者，希望一般人都承认郑维华改装投军的伟大，并号召大众女子步郑维华的后尘，结成妇女爱国团体，拯救危殆的中国。[①]《玲珑》并没有对郑维华投军后具体从事什么工作给予评价，但肯定其投军的爱国行为。

战争发生时，女子是否只适合于做国家后盾或在战场上进行救护？答案是否定的。“九一八”后，《玲珑》特地介绍了在义勇军充任军官的女性，她们勇敢过人，身先士卒，率领部队与日军作殊死战。杂志认为，女子如此孱弱却能如此英勇在于她们对侵略者怀着极端愤慨和强烈的爱国心，赞赏她们手里握着中华民族的命运。[②]不过，《玲珑》早期多数文章认为大多数女子天生体弱无法上阵冲锋，主要还是做好后方的保障和救护工作。[③]但随着日本侵略步伐的加紧和 1935 年意阿战争的爆发，杂志频繁地出现要求全国女性“投袂奋起、制服强敌”直奔前线参与作战的文章。《玲珑》还介绍外国女性随军和参军的事例，认为女子经过训练后可以加入任何作战部队：意大利侵略阿比亚尼亚，该国的妇女随夫上前线参战；[④]苏俄妇女经过军事训练后成为合格的步枪、机关枪手和军用化学者，能够参加炮兵团和飞机队；[⑤]英国有以陆海空为单位的“妇人补助会”，实施严格的军事训练作为后备军队；美国有实际参加过军事操演的女兵数万；法国有进行秘密军事训练的无数女飞行家；德国养成了大量的防

---

① 爱国女子乔装从军 [J]. 玲珑，1936,6(10):695-696.

② 李丽云 . 战场上的英雄 [J]. 玲珑，1932,2(74):1113.

③ 戴瑞芝 . 我们救国的方针 [J]. 玲珑，1931,1(32):1221-1223. 雪霏 . 女子应该怎样救国 [J]. 玲珑，1932,2(47):1893-1894. 霏霏 . 战争如再爆发姐妹们应有的表示 [J]. 玲珑，1932,2(48):1941-1943.

④ 阿妇女随夫出征 [J]. 玲珑，1935,5(40):3478-3479.

⑤ 苏俄之二十五万女军人 [J]. 玲珑，1936,6(28):2148-2149.

空女性……各国都在制造女兵加入战争集团之中。[①] 国外的女性参军上前线的鲜明事例成为《玲珑》杂志鼓励女性直奔前线的佐证。

五、女英雄

中国的历史上也有家喻户晓的在前线奋战的女性"军人"。

在国难当头的眼前，我们所需要的是引军杀敌的梁红玉，替父从军的花木兰等。[②]

《玲珑》杂志通过有说服力的典型个案，介绍和塑造战场上的巾帼英雄形象来宣传女性为国参军上阵杀敌的英勇事迹，从而鼓励号召更多的女性学习女英雄的精神，为国家做出奉献甚至踊跃投军。"九一八"后，《玲珑》介绍了东北义勇军的女英雄——姚瑞芳。姚瑞芳原籍上海，幼年时父亲过世，既无叔伯，终鲜兄弟，由其母孤苦抚养。小学毕业后即考入两江女子体育学校，成绩甚佳。"九一八"事变后，她对东北军队之不抵抗行为大为痛愤，认为"国家兴亡，匹夫有责"，立刻参加淞沪青年组织青年援马热血团北上（"马"指马占山）。她驰骋沙场，杀敌歼寇，身历大小战不计其数，做了义勇军的队长，使日本人闻其名胆寒。杂志认为，姚女士这种勇气，男子也自愧不如，替女界增光不少；并认为：

我们女同胞中。如果能够多得几百位像姚女士的人。中国定不会这样弱。[③]

① 萍．妇女参加战争集团 [J]. 玲珑，1935,5(27):1753-1754.

② 重修太真墓 [J]. 玲珑，1935,5(31):2074.

③ 姐妹们的模范 [J]. 玲珑，1932,2(68):862.

除姚瑞芳外，国内还有其他的巾帼英雄：只身北上参加义勇军抗日的宋美琦，被敌军俘虏受辱后逃回北平，在榆关之战[1]时又赴前线参加夜战三次。病重转移后方休养时，以诗明志表其爱国之心；[2]白崇禧军队中任上校女参议的梁希白，不但精通兵法，辅助白氏，还精通岐黄为士兵看病，深受爱戴。[3]

国外保家卫国抵抗侵略的女英雄亦是层出不穷。不过《玲珑》刊登了一篇名为《葡萄牙女英雄》的故事，颇值得思考。文章介绍葡萄牙邮票上印着的女性肖像的英雄故事。该女子因被情人抛弃而将情人杀害后逃亡国外，被贩卖至非洲为奴，无法忍受白人为黑人奴隶的耻辱将黑人主人杀害，逃回葡萄牙。在乡下独居时期遇到西班牙独立战争时到葡萄牙的七个敌兵，面临威胁时杀了敌兵而成为英雄。《玲珑》用“为祖国吐气扬眉”来表示对该女子的赞赏。[4]如果为奴时为重获自由迫不得已将黑人主人杀死，尚可理解为对奴隶制的反抗，但杀死了敌兵后直接被奉为女英雄，之前她杀死情人的行为却既往不咎。《玲珑》直接称其为女英雄并盛赞其在国家面临危机时歼灭敌人的行为，在这种杀敌爱国行为的光芒掩护下，原先的犯罪行为便被忽略不计。

六、女间谍

在女子与国防和战争关系中，《玲珑》提到一种不需要在战场上直接出力而在后方奋斗的特殊职业——女间谍。杂志介绍欧美和日本女间谍，认为密探员以一己之力的英勇行为获取情报，为直接减少战场上的大屠杀提供最直接有效的帮助。杂志提到一次世界大战时为英法两国建立了很大的功绩的著名女间

① 榆关，即山海关。榆关之战发生于1933年1月2—4日，是七七事变前中国军队最大规模的抗日战役——长城抗战的先声。

② 巾帼英雄宋美琦[J]. 玲珑，1933,3(11):405.

③ 白崇禧幕中的女军人[J]. 玲珑，1936,6(47):3663-3664.

④ 葡萄牙女英雄[J]. 玲珑，1935,5(48):4177-4188.

谍——杜波，她没有受过专业的间谍训练，完全出于爱国的冲动和自身的勇敢与机警以从事间谍工作。《玲珑》评价其对协约国所做的贡献比得上一个善于作战的将军。① 杂志还提到当时名噪一时的日本间谍川岛芳子利用美色套取机密，在东北时因成功收买了抗日军队被日本政府授以勋章。“一·二八”日军侵入上海时时，她通过任舞女、扮男装等易装方式探取情报，侦察得到闸北的地形图和军事布置，助日军冲入上海；二十九军阻挡日军，日军又因川岛芳子的密探工作，得以冲破中国军队的某一防线，从而转败为胜。川岛芳子原为前清帝室肃清王之女，却为日本人卖命，《玲珑》并没有过多地指责其卖国行为，或斥之为汉奸、“女魔头”，只是详尽地介绍她为日本屡屡立下的战功。② 介绍女间谍的目的并不只是当作奇事来谈，意识到女间谍在战场中能够起到如此大的作用，《玲珑》的另一层用意在于提醒中国爱国女子这是为国活动的好机会，鼓励女性持着为国捐躯的信念，参与间谍工作：

披起你最华美的罗衣，涂起你最惹人的胭脂，步出营门，超越死线，轻愁浅笑，晶泪汗颜，十万雄兵于一夜中扫尽，然后，轻盈款步至“射击班”前。③

新生活运动期间提倡全民衣着朴素、生活简朴，女子倘若平时与男性交往过甚，不珍惜名誉，则为社会所鄙视；倘若她为了国家探取信息利用美色，与男性频繁接触，《玲珑》则认为这种行为值得鼓励。当最终的目的是为了国家利益时，达到目的的任何手段都变成正当和可以理解。《玲珑》的表述提到女

① 一个欧洲著名的女间谍的故事 [J]. 玲珑，1936,6(50):3043-3045.

② 国际间女间谍的活动 [J]. 玲珑，1937,7(5):385-388. 丽君 . 川岛芳子——日政府的著名密探 [J]. 玲珑，1934,4(9):526-527.

③ 女间谍与女情报员的活动状态 [J]. 玲珑，1936,6(45):3545-3548.

性的美貌能则有利地从事间谍工作，但并未提及女性从事间谍工作所具有的智谋与胆识。

七、航空救国

中国的航空建设发展历程与欧美国家不同。欧美国家是先有器而后施于用，而彼时中国则是“先欲致其用，因以求其器”。当时中国的航空事业发展水平落后，没有实力建造飞机，只能向欧美先进国家购买。1928 年，中国先设立了航空班训练飞行人员，后改为国家航空学校。学校规模扩大后着手训练航空机械以及有关空军飞行的各种技术，并选拔各类人员出国学习航空工程。彼时飞行技术方面人才已经能与国外比肩，只是机械技术的学习并不能一蹴而就。同时，中国也在努力地发展航空事业。[①]“一・二八”抗战暴露了中国与日本空军力量悬殊的现实，残酷现实惊醒中华民族，激起国人“航空救国”的热情和决心，民众纷纷捐资购机以支持民族国家的航空建设。[②]

杨瑾女士，是彼时中国飞行社里学习飞行人员中的唯一女学员。她悲叹“一・二八”时日军飞机轰炸上海，而中国同胞只能用血肉之躯去抵抗炮弹的袭击。面对敌我战争兵器的悬殊，她认为国家应大力发展空防；在发展空防的同时，民用航空也显得十分重要，培养飞行人才，能为将来战争时预备空防

---

① 当时航空事业建设步骤为“(一)教育人材兼训民众。(二)地面设备兼利民航。(三)补充军实巩固国防。(四)器材自给开发资源”。当时民航交通开辟航线为：沪蓉线(1929)，沪平线(1932)，沪粤线(1933)，渝昆线(1935)，广河线(广州至河内，1936)，沪新线(1932)，平粤线(1934)，兰包线(1934)，陕蓉线(西安至成都，1934)，蓉昆线(1937)，广河线(途经梧州、南宁、龙州)、广琼南线。当时安内在地面建立不少军用机场，较之 1929 年明故宫机场机棚设备高端 // 周至柔 . 十年来的中国航空建设 // 中国文化建设协会 . 十年来的中国(上)[G]. 上海：商务印书馆，1937:263-270.

② 1933—1936 年局势混沌之下，民众捐机 44 架，助力中国空军的发展；至运动高潮之际，即 1936 年春季开始的“贺寿献机”名义的国防运动，仅 8 月余中国军民便捐机 123 架。这为抵抗日本侵略，为全民族的抗日战争，做好了军事准备和国防动员 // 李雪 . 1931—1937 年“航空救国”运动探析 [D]. 昆明：云南大学，2014.

力量；目前国际形势下，民族要解放，必须得巩固自己的力量，扩大空防的潜力。①

飞行家李霞卿女士表示在“九一八”和“一·二八”后，民众可根据自身的兴趣和身体情况决定选择投入航空事业为国效命。国家提倡航空救国，她指出虽然学飞行的女子不能编入空军，上前线杀敌，但可以加入空中救护队和空中输送队，做好后方的工作，并表示一旦政府征募的命令下达，她便迅速奔命，愿意成为奔赴前线的一个先驱者为国尽力。②

《玲珑》提到，二战在即，各国把军事责任分任于妇女。在希特勒的统治下，有一百万的妇女学习航空，接受军事训练。中国处于被压迫的地位，国难较德国危重百倍，所以爱国女子热心从事军训，学习航空，是应有的举动。③

女子是否适合学习航空？《玲珑》通过介绍国内外的案例给予肯定的答案。杂志介绍过国内女飞行家林鹏侠女士以及国外的诸多著名女飞行家的壮举，且国外早有投入军用的女飞行员，如苏俄妇女经过军事训练后参加飞机队，法国有进行秘密军事训练的无数女飞行家，德国培养了大量的防空女性。④杂志介绍国内外从事航空事业的女性，为中国的女性们树立学习的榜样。

---

① 杨瑾.一位学习飞行女子底自白 [J]. 玲珑，1936,6(25):1916-1918.

② 珊.我国的女飞行家李霞卿谈航空救国 [J]. 玲珑，1936,6(49):3813-3817.

③ 对林鹏侠,《玲珑》杂志曾作如下介绍：“新近从英国回华的女飞行家林鹏侠，从前是上海民立女中毕业，到美国留学，旋转到英国学习航空。近始学成归国，现已动身北上，拟单身飞行西北考察。”// 中国的女飞行家 [J]. 玲珑，1932,2(78):1305. 中国妇女的新姿态 [J]. 玲珑，1936,6(25):1885-1887.

④ 中国妇女的新姿态 [J]. 玲珑，1936,6(25):1885-1887. 萍.妇女参加战争集团 [J]. 玲珑，1935,5(27):1753-1754.

《玲珑》引用林鹏侠的话语——

女子学习航空，一些都不觉得困难，生理上也没有什么影响，而且女子学习航空是很适宜的，因为女子心思缜密的缘故。在国外女子学习航空的很多……也是女子直接替国家效劳的最好的方法。

以此来说明女子适合学习航空。彼时国家航空事业处于萌芽阶段，但男女学习飞行的人员还寥若晨星，《玲珑》号召有爱国之心、身体健康、常识丰富的女子学习飞行以保家卫国，同时提高女性地位。杂志呼吁：

谁都知道飞机是现代战争上和交通上唯一利器，在危急的中国现状下，“航空救国”的声浪早已响彻云霄，女子若欲献身国家，服务社会，学习飞行，确是一条最好的出路。……所以我们希望一般身体健壮，常识丰富的爱国女子，快去学习航空，既可以保卫国家，服务社会，又可以提高女子的地位，为女界增光。[①]

从《玲珑》呼吁适合学习航空的女性前缀的一系列定语“献身国家”“服务社会”“身体健壮”和“常识丰富”可知，学习航空空有爱国热情完全不够，它的准入门槛也较其他行业高。因此，如能培养出一名合格的女性飞行员，也确定值得女界乃至国家为之感到骄傲。

① 女子与习飞 [J]. 玲珑，1937,7(5):325-326.

八、赛金花的故事

1936 年，日本继续实施“满蒙计划”，绥远成为日本继热河、察哈尔后的侵略目标。彼时绥远的地理位置至关重要，控制绥远就相当于为日本进入中国的西北和华北铺垫理想的通道。在当年 12 月初发行的《玲珑》里，论者辉指出，一般新闻纸所传出来绥远只是被匪伪滋扰的消息是错误的，并明确指出所谓匪伪，是日本人采取“中国人打中国人”的把戏，以实现日本“不损伤帝国力量，征服全中国”的野心。中国欲争得全民族的解放与自由，就应从过去“嫩江之役”“一·二八之役”“长城之役”的失败中吸取教训，不可将绥远抗战看作地方的、部分的抗战，应当发动全民族抗战，争得全民族的解放与自由。①

在国难当头时，《玲珑》杂志希望有更多的爱国民众加入抗战工作中。在同一期，《玲珑》介绍了传奇女性——赛金花，借她的故事反问中国有多少为国家、社会和人民的肝胆女子。八国联军侵入北京时，赛金花以旧情人资格与八国联军的侵华统帅瓦德西在金銮殿论争，抵御击退敌人，保全了一带百姓的平安。杂志评价她从公使之妾下堂重操贱业亦不贪利禄、不做汉奸，纯以爱国卫民为前提，是“有血性有肝胆的义侠女子”；认为拥有如此觉悟的爱国女性，无论她的身份是娼妓，是贵妇，是一般民众，或是妖魔，都值得崇敬，认为赛金花的贡献远超于失意军官和当汉奸者。国土沦陷，民族危机加剧，《玲珑》忧心国家的抗日斗争，期望中国有如赛金花般为国为民的多名忠义国民。至此，《玲珑》反诘绥远已见战火：

> 中国负守土之职责者果有几个断头将军为政府后援者，有几许爱国青年，几个赛金花。②

---

① 辉.绥远战争的正视 [J]. 玲珑，1936,6(47):3648-3649.

② 赛金花事件 [J]. 玲珑，1936,6(47):3645-3647.

从历史上看，1900 年担当八国联军统帅的瓦德西已年近古稀。高龄的他是否赛金花存有私情则难以考据。不过，赛金花早年的出国经历和知晓德语可使她从彼时北京众多娼妓里脱颖而出。《玲珑》认为赛金花凭一己之力与瓦德西据理力争、抵御击退敌人有明显夸大其词的成分。赛金花从事的特殊职业以及她的经历为历史染上了神秘的色彩，成为人们茶余饭后的谈资。《玲珑》杂志借赛金花一事更多是为了激发民众的爱国热情，号召全国上下都能加入抵御外敌的行列当中。

小结

随着日本一步步侵略中国引发民族危机的加剧，《玲珑》不断声称女子为国民的一分子，与男性平等，应当尽其国民的义务和责任，同男性一样加入战争当中，保卫国家。在日本侵略野心不断放大之际，中国越来越多的国土沦陷，《玲珑》对于女性在战争中所起作用的阐述也发生微妙的变化。在1934年以前，杂志刊登的文章较多涉及女子做好战争宣传以激起普通民众爱国心、筹款捐资和学习救护工作方面的内容。1935年意阿战争、华北事变和1936年绥远战争期间，中华民族危机逐步加深，《玲珑》鼓励女子接受国防教育，积极投军，讲述中外战场前线女性英雄的光荣事迹和故事，将女性为战争所能做的贡献从后方扩大至战场前线。

在民族利益和国家大义旗帜下，平时一些为社会传统或法律所不容的行为也被视作合理和值得鼓励。如鼓励卖吻获得捐款；爱国女性从事利用美色获取情报的间谍工作；葡萄牙女子杀敌后原来的杀人行为直接被忽略不计，被奉为女英雄；女子可用狐媚技巧动员男子奋斗。在民族国家存亡面前，个人是渺小的，无国哪有家。女性应将积蓄捐资购机；青年恋爱亦不被提倡，应将其私人之爱化作对民族、国家的爱；作为妻子、母亲的女性，不但自己要献身国家，还要鼓励丈夫、爱人上阵杀敌，对子女灌输爱国主义教育。

战时，女性所拥有的“性别特征”、遭受的与性别相关的“牺牲”在《玲珑》杂志里被浓墨重彩地大加描写。为了民族国家的生存，《玲珑》指导女性为国贡献的方式有将女性工具化的倾向。《玲珑》刻意聚焦和筛选后，指导女性牺性自己的身体，例如利用美貌或亲吻来换取男性们的捐款。但是杂志却不考虑女性以亲吻换取捐款后她们的未来是否会遭人非议。在论及女间谍时，杂志更注重女子从事间谍工作时的美貌因素所发挥的作用，忽略从事这项高风险高难度工作所需要具备的智谋与胆识。

通过参加国防，中国女子可以争取妇女解放与民族解放。在《玲珑》杂志刊发的内容中，可以明显地看到，妇女解放的目标是从属于民族解放的目标。杂志的论述逻辑是：要争得妇女解放，先摆脱对男子的依附；女性欲摆脱对男子的依附，争得男女平等，应积极参加国防，消除人们认为女性办事无能的说法；参加国防或积极筹款，就是尽了国民的职责，为民族国家做出贡献。但是稍加思考可以发现，没有随军或没有在相应团体工作拥有收入的家庭妇女，即使她热心于国防工作、加入筹款捐资、教育子女的工作中，为了生存她仍然需要男子供养，其地位仍是依附于男性。只是她为民族国家利益所做的工作掩盖了经济从属地位的事实。《玲珑》号召女性实现解放的内容，文字简略，感情充沛。

在 20 世纪 30 年代抗日战争全面爆发前，民族危机日渐加重，战争的迫近会使集体主义的思想凌驾于个人主义的思想之上。在战争动员宣传上，个人已经微不足道，妇女解放也应该让位于民族解放任务，国家和民族存亡才是重中之重。

结论

自进化论翻译至中国，加之斯宾塞学说的影响，严复、梁启超等人发现，西方强盛并且在世界竞争中处于不败地位的原因，在于他们的国民拥有强大的德力、智力和体力。[①]甲午战败后，知识分子们对女性，不但从身体方面，也在精神方面提出新的期许和要求。这一切都源于“强国优生”的动机。辛亥革命后，由于内忧外患持续，强国优生的论调一直没有停止。

本研究以“强国优生”为切入点，结合时代背景，将20世纪30年代的《玲珑》杂志作为研究对象进行内容分析和文本分析，探讨了杂志的特点，以及杂志是否存有和如何主要以女性读者为对象展开强国优生的民族主义媒介表述。通过分析，得出以下结论：

《玲珑》杂志编辑个人层面特点影响杂志的立场和风格，刊登具有强国优生民族主义意识的内容。

20世纪30年代，城市休闲女性杂志《玲珑》的发行处于辛亥革命二十年以后的就训政期间，延续了未竟的“强国优生”的知识分子事业。《玲珑》杂志内容的呈现是编辑群体把关的结果。把关的过程包括在大量的信息中选择少量的讯息，将之传递给一个或多个讯息接收者。杂志传播者个人作为把关的第

① 许纪霖．“少数人的责任”：近代中国知识分子的士大夫意识[J]．近代史研究，2010(03):73-90.

一层面，影响着《玲珑》的立场和风格。

《玲珑》杂志编辑群的主体为男性，编辑团队成员作为五四后的青年知识分子，关心国事，紧扣时事发表自己的意见。杂志在男性编辑知识分子的主导之下，除了刊载休闲性内容外，不可避免地展开着强国优生的民族主义媒介表述。《玲珑》杂志编辑群受西方文化和大学教育的背景及个人特征等因素的影响，决定了他们对很多问题的看法，例如他们对小家庭制的偏好。同时，编辑团队里部分成员对摄影的特殊偏好，使得《玲珑》的图片含量高于同期一般杂志。编辑们也会受各类精英知识分子对有关议题观点的影响，在杂志上传递相关的新知新识，以期影响读者，塑造新民，例如他们传递的关于优生、避孕和节育的知识和观点。受到时代背景、杂志不同时期定位及主编的影响，以女性为主要读者群的《玲珑》杂志，在不同时期呈现出不同的特点。早期杂志以“女界喉舌”自居，妇女版刊发大量揭露男性丑恶的内容；中期时逢国货年、妇女国货年及新生活运动的开展，约束女性消费和妆饰的文字占多数，倡导妇女寻求职业成为生利者的内容开始出现；后期支持妇女解放的立场更加鲜明，号召女性上前线作战“保国”的内容增多。如果大部分女性自觉地投入到符合于民族国家“强国优生”的建设当中，那么她们不会成为被劝诫的对象。《玲珑》以男性为主的编辑们认为国内大部分女性并不关心国事，但她们又是实现“强国优生”的重要力量。因此，编辑们希望通过《玲珑》杂志这一“女界喉舌”，唤起女性的民族意识，激励她们加入挽救民族危机、振兴民族的运动当中。

《玲珑》杂志从女性身体的呈现、优生与教育、女子消费、贤妻良母与职业女性、女性与国防五大方面展开强国优生的民族主义媒介表述，利用国外事例和对相关行为的奖惩褒贬以规训女性，杂志刊登的强国优生内容含有父权与男性主义意识形态。

《玲珑》将自身对女性肩负的教育、启蒙的传播功能与民族国家社会的发展进行了关联：女性如果按照杂志所指导、教育和劝诫的方式塑造和规训身体、行为和精神，将有利于民族国家的生存和发展。从杂志的表述中可以发现，女性的身形、姿态、动作、行为举止和生活活动空间均受到一定的限制，女性的身体、娱乐、生育、婚姻、家庭、生活、工作和日常习惯等，都成了民族主义者进行讨论、规训的对象。

"规训"一词，出自米歇尔·福柯的著作。福柯所描述的规训实践，结合大量的历史细节，与医院、军队、学校、监狱和工厂等现代特有的形式联系在一起，解释工具理性①对身体的掌控方式。规训的目的是通过机制本身来使人体变得更有用和更顺从，更有效地控制身体，增加身体效用和力量（从功利的经济角度看）。它规定了人们如何控制其他人的肉体，使之不仅在"做什么"方面，而且在"怎么做"方面都符合前者的愿望，制造出驯服的、训练有素的肉体。②

《玲珑》杂志利用国外事例展开强国优生的民族主义表述，但仍用儒家传统约束女性。

《玲珑》强国优生的民族主义媒介表述采用的国外（主要是西方）事例，体现19世纪末20世纪初期知识分子"师夷强技以制夷"、向西方寻找富强之

① 工具理性指科学技术由解放人的工具转化为奴役人和毁灭人性的工具。工具理性认为人有统治自然界的极权主义的欲望，把科技理性当作控制自然的工具，以技术进步、效率提高作为活动的准则，应用理性迫使自然为人类服务。但随着科学技术对自然的征服和利用越来越有效，产生了双重的社会后果，一方面机器生产导致了对人的全面奴役；另一方面，生产工具越来越精确化后，人们沦为了机器操纵的对象，从而使个体的主体出现危机，导致人性的丧失//[英]尼古拉斯·加汉姆.解放·传媒·现代性：关于传媒和社会理论的讨论[M].李岚，译.北京：新华出版社，2005: 27-28.

② [法]米歇尔·福柯.规训与惩罚[M].刘北成，杨远婴，译.4版.北京：上海三联书店，2012:156.

路的心态。西方的人物、文化和知识，成为鼓励中国女性学习的对象，实际上也成了女性被规训时应遵守的规范。首先，强国必先使国民体质增强，强我种族，体育为先。中国人将强壮身体与国势强盛关联。受西方“健美”观念传入的影响，杂志在消费女性身体的同时，把健美塑造成民族国家所需要的理想女体的要求，认为只有健康的女体方为“强国优生”的基础。其次，欲使民族国家强则需国民的身体体质加强。《玲珑》杂志所载关于优生、避孕、节育等方面的知识，映射了20世纪20年代的精英知识分子在报刊发表自己促进后代素质增强的观点见解以及西方的优生观、节育观，体现了国内和西方精英知识分子对20世纪30年代小知识分子们就改善国民体质认识的影响。《玲珑》编辑们受西方文化影响较深，推崇西方的小家庭制，反对无国家观的旧式大家庭制度。儿童教育方面，《玲珑》首推苏联的公育，并且介绍西方各国（以及亚洲国家日本）对儿童教育的重视。再次，好莱坞女星使用本土产品、侨居巴西的日本人娶本国人为妻子均成劝诫国人使用国货的理由。在女子职业走向方面，苏俄男女平等的妇女运动模式成了中国妇女解放的标杆，号召女子做独立的生利者积极参与工作，为强国做贡献。最后，从各国女子积极参与国防的事例鼓励中国女性加入国防以“保国”，反驳女子不能从军的言论。

从《玲珑》的表述来看，编辑及作者们更热衷于学习西方的器物，在精神上继续奉行儒家道德对女性的要求。《玲珑》借西方女性为理想健美模板时，先从西方电影明星形象再到德国大众为主的运动为模板进行展现，但是杂志编辑们并不认可西方社会女性的开放风气，更无法接受华裔女性在外国人拍摄的影片里扮演“放浪的女子”，使得更多外国人误认为中国女子处于卑劣的地位。《玲珑》认为中国的女性要适当社交，与男子维持适当距离，保持端庄、含蓄和温婉的特点。

《玲珑》杂志善用褒贬奖惩的方式规训女性，对女性进行强国优生的民族主义教育。

规训权力的成功在于组合使用了层级监视、规范化裁决以及检查的简单手段。其中，在规训权力的体制中，惩罚的目的是要达到规范。确定了人们行动必须遵守的准则、树立奖（规范）—罚（不规范）二元体制后，不规范成为规训所特有的理由；通过规训惩罚缩小差距，矫正不规范的行为。在规训机构中无时无地、无休止的惩戒具有比较、区别、排列、同化、排斥的规范功能。规范化表示同质社会体中的成员资格，而且也在分类、建立等级制和分配等级中起一定的作用。①

《玲珑》擅长利用划分等级二元对立（奖—惩）的方式规训和建构符合民族国家生存发展的规范女性。在女性身体方面，杂志将国之衰微归因于孱弱的身体，女性身体的"病态美"成为民族国家实现强国优生的绊脚石，并认定"病态美"并非真正的美；而健美代表了蓬勃的朝气，是民族国家强国优生的基础，是符合于时代的美；将穿着高跟鞋涂脂抹粉的摩登女性与运动场上皮肤黝黑拥有健康体格的运动员进行对比，贬低前者褒扬后者，是基于强国优生的意识。在女性消费方面，洋货代表帝国主义而国货是中华民族的符号代表；使用洋货意味着叛国，应受到惩罚；使用国货代表爱国和抵御外侮，值得嘉奖。在女性职能方面，受了教育、不事职业、依靠男子的女子被看作是寄生虫，无法为民族国家创造收益；走出家庭从事正当职业者是具有独立人格的生利者，为民族国家建设贡献力量。

《玲珑》男性编辑与彼时中国社会上层对女性的具体要求既有契合亦有冲突，杂志刊登的强国优生的民族主义内容含有父权或男性主义的意识形态。

① ［法］米歇尔·福柯．规训与惩罚 [M]. 4 版．2012:193-207.

为达强国优生的目的，《玲珑》与彼时中国上层社会对女性的期望和具体要求，有契合亦有冲突。契合之处，中国的女运动员成为民族理想女体的投射。女运动员的朝气、朴素的脸庞以及健康的身体，与当时只重外表时尚的“摩登女性”形成鲜明的对比。不论是彼时中国社会上层阶级还是《玲珑》杂志，都希望借女运动员唤起人们对运动的热爱，隐含着“体育救国”的意味。拥有健康的体格，是女性进行一切国家社会建设工作的基础；体格健康的女性才能生下健康的下一代，实现优生的目的。同时，社会上层与《玲珑》均重视女子教育，重视母教，重视女性为民族延续在家庭里应负的责任。《玲珑》对女性装扮和消费的规训与彼时中国奉行的新生活运动倡导的“整齐、清洁、简单、朴素”“俭以养廉”、节俭救国和购买国货振兴民族工业思想保持一致。因为女性在家庭里所承担的重要角色和责任，她们成为被限制装扮和消费的重点对象进行规训。1933 年的国货年和 1934 年的妇女国货年，女性们被要求购买国货以免国家入超过大，集体主义凌驾于个体主义之上。面对指责，一些女性化笔名的作者抗议国家和社会将入超归罪于女性，认为男子也应当承担一定责任。但是这些作者并不否认应该支持国货以实现民族国家复兴。这些作者的身份是否真为女性，却不可知，极有可能是《玲珑》男编辑们化名代笔。彼时女性的身体和消费不论在国家层面，还是在《玲珑》杂志的媒介表述里，均成为民族主义父权制进行规训的对象。

《玲珑》杂志与当时社会上层阶级主流思潮最大冲突之处，在于对妇女节育和堕胎的态度与 1934 年新生活运动开展后妇女的职业走向问题。辛亥革命以后的 20 世纪前半叶时期中国立法反对堕胎，不少人士遵从孙中山的人口“遗教”，认为需要增加中国人口使民族强盛，马尔萨斯的“资源有限说”不适用于中国，因为中国资源丰富，足以养活庞大的人口。《玲珑》则从优生促进后代素质增强的角度出发倡导节育，同时表示堕胎并不能简单地认定为是行为不端、道德败坏的结果，还要考虑如经济、身体等其他方面可理解的因素。

彼时中国社会上层虽然支持妇女解放运动，但是用结合了现代化和儒家思想的意识形态来指导这一运动。[①]南京方面支持妇女权益，同时也强调女性对家庭的义务和社会等级的区别。随着充满民族主义父权制思想的1934年新生活运动的开展，“妇女回家”复古潮兴起。社会上层阶级认为男女有别，作为生育者和教养者的女性，在优生和儿童教养方面为民族国家优化人口素质方面负很大的责任，号召“妇女回家”做现代的贤妻良母，相夫教子，强国优生。受此影响，《玲珑》杂志也会刊发关于如何成为现代型贤妻良母的相关文章。现代的贤妻良母，可看作是19世纪末期时“合格母亲”身份的延续。但是，《玲珑》杂志自1933年起逐渐转向妇女运动立场，提倡和支持女性外出工作以促进民族国家的建设。《玲珑》认为男女平等，女性同为国民一员，支持女性争取独立人格、实现经济独立，走出家庭从事职业，从而为国家社会的建设工作做出贡献。

不过，《玲珑》看似为时代先锋，号召妇女解放，但是仍然用儒家精神要求女性。他们急于向过去告别，但是却又告别得不够彻底。男性编辑主导下的《玲珑》仍以男性主义观来指导女性的职业走向。杂志十分重视女性对家庭的责任，如前所述的生育、母教和家务，从未提到男性应分担家务。杂志希望国家学习苏联模式，让女性能履行其做家务和养育子女“天职”的同时，兼顾职业。若男性背叛家庭，除非其行为过分，杂志会建议女性离婚并要求赡养费，其他情况则要求女子静候男性回归家庭，并要学会讨好自己的丈夫。妇女解放，不过主要鼓励女性拥有工作实现经济独立罢了。但这却是可以理解的。对于20世纪30年代的非信奉共产主义的男性知识分子主办的城市休闲杂志，受

① [美]程为坤.劳作的女人[M].杨可，译.上海：上海三联书店，2015:233-234.

19 世纪末至 20 世纪初自由主义女性思潮的影响，其思想亦不可能激进到让女子彻底地告别家庭走向社会。

面对日本的侵略造成日益加深的民族危机，《玲珑》强调女性的国家成员身份，认为女性除了奋斗求得自身解放外，更应努力于民族解放的运动；要求女性应该与男性一样加入民族解放的工作，为女子如何参加救国工作提供各项指南；表示女性唯有为国防尽责才能塑造自己不依附男性、独立的地位，方能成为合格的女性国家成员。在民族解放目标下，《玲珑》有将女性工具化的倾向。在民族大义面前，平时女性被规训的方面重新被“解放”。在指导女性参与民族解放方面，《玲珑》在国货运动和新生活运动期间提出的节俭救国、不购买洋货的“脂粉救国”变成了利用美色获取情报间谍工作的“脂粉救国”；与平时要求女性的矜持和端庄不同，战争期间鼓励女性用狐媚技巧以动员男子参与战争；国势杌陧、战争在即之时，女性被捆绑的家庭“天职”得以“解绑”，杂志要求女性牺牲私人之爱、爱人、家庭以献身国家，母亲要以“祈战死”的精神送子女上前线。《玲珑》表示妇女不能离开民族独存，更不能离开民族存亡问题而独谋本身的解决，妇女解放的目标应从属于民族解放的目标。

不可忽视的是，《玲珑》对女性就身体、优生、育儿、消费、工作与国防的启蒙、号召、劝诫和要求，主要由男性为主体的编辑们提出。新生活运动后，《玲珑》就女性回家还是做独立的职业女性以及多生及节育问题与彼时社会上层阶级产生分歧外，在女性身体、家庭天职、种族延续、消费国货、参加国防方面，这些男性编辑的立场和态度与当时社会上层阶级基本保持一致，期望女性做合格的母亲、女性国家成员和“现代女性”。

《玲珑》作为兼具休闲和娱乐定位的大众传播媒介，在对日常妇女形象进行描述时会涉及中上阶层妇女的常态生活，但关乎优秀女性的“专业能力”和“常识技术”的文章数量越偏少。而到了特殊时期，例如战争紧迫之时，女性拥有的“性别特征”，其遭受的性别相关的“暴力”和“牺牲”却更容易被浓厚重彩地大加描写。编辑们关注的不是女性在特殊情况下的实际工作状态，例如胆识、技能和聪明才智；而是在“外形”“相貌”“母职”“妻职”方面大做文章，趁机构建出符合男性中心论的叙述。

彼时，中国社会与《玲珑》杂志对女性身体的关注更多侧重于女性提升身体素质后有利于生育健康下一代，从而逐步提升国民体质。《玲珑》杂志对杨秀琼或者女性运动员的推崇有关她们专业技能的笔墨不多，对运动员们的赞赏最终落在两处，一是改变民族的气质、改变他国对中国民众身体孱弱的刻板印象；二是健康的女体生育出健康后代，实现优生。在《玲珑》关于女性身体的表述中，女性由于她们的子宫被尊敬，而不是她们的专业能力和个人技能。虽然杂志不断声称其为“女界喉舌”，指导女性要反抗男性的压迫，但是男性编辑们对女性的行为举止却仍要横加干涉并树立标准。《玲珑》对女性身体甚至是生育健康后代的强调，还是将女性摆在“母职”“妻职”所应有的立场。女性在媒介表述里，被物化成为生产的工具。

《玲珑》杂志在优生教育方面浓墨重彩地强调母职的重要性。在生育问题上，除了择婚条件等方面对男性设立了标准，但在儿童的家庭教育当中，男性并不在场。女性，在增强后代素质上面被加载了较男性而言更多的责任。哪怕《玲珑》杂志后期倡导女性走上社会从事职业，并没有表示女性可以不履行对家庭的职责，女性即使在外工作仍然需要承担种族延续和家务的责任。回复女读者来信询问的如何面对丈夫出轨时，编辑的回复要求女性忍受男性的出轨行为，静待丈夫回家，表明女性仍然要以家庭为中心，宽容男性婚内犯的错误，暗指当时倡导的女性解放不可违背女子“治内”和民族延续的原则。

战时，为了民族国家的生存，《玲珑》指导女性为国贡献的方式有将女性工具化的倾向。《玲珑》杂志刊登相应的文章指导女性牺牲自己的身体，例如利用美貌或亲吻来换取男性们的捐款。在劝说女性参与间谍工作时，杂志更倾向于美貌因素在女性从事间谍工作时所发挥的作用，智谋和胆识——从事这项高风险高难度工作所需要具备的素质和条件则被《玲珑》完全忽视。

女性杂志呈现出来的女性形象映射了女性的社会地位，渲染着意识形态的光晕。[①]《玲珑》杂志对女性的规训掩盖在男性精英为主体的编辑们和彼时社会上层的男性主义及民族主义父权制思想之下。它以匿名的、无形的权力方式隐藏于杂志所刊发的规训女性的文章当中，意欲塑造女性的身体、行为和精神。实际上，这些规训将女性从旧时封建主义的牢笼投向了新的民族主义的框架之中。为实现民族复兴、强国优生，女性无法摆脱男性主义和民族主义父权制的制约，并且被工具化。只是，当时中华民族危机四伏，救亡的急迫性大于启蒙，为民族之生存，民族主义父权制必将女性当作需要规训的对象，使之成为实现“强国优生”目标的重要一环。《玲珑》对女性的规训是基于民族主义的意识。女性在被规训后转而主动接受规训的过程中，获得了合格的母亲、女性国家成员或“现代女性”带有民族主义光环的社会身份，从而在历史上留下女性的印迹。

对于女性杂志中内容如何呈现的问题，不能满足于我们看到了什么，应探索其背后的复杂原因。《玲珑》杂志是以女读者为主的商业杂志，其发行期处于中国特殊的时代背景：中华民族在日本的威胁之下前后经历了“九一八”“一·二八”事变、长城之役、绥远战争、七七事变；欲振兴民族经济与国民精神，彼时中国将1933年定为国货年，1934年为妇女国货年及新生活运动的开端年……彼时中国内忧外患不断，国内进行着零星的建设。就《玲珑》呈现的强国优生的民族主义媒介表述而言，微观上说，它与杂志本身特点，

① 王海，邹利斌．美国女性杂志中的女性形象[J]. 国际新闻界，2006(11):30-33.

尤其是传播者个人层面、杂志定位等因素息息相关；从宏观上看，与当时的社会、政治、历史、经济等原因密不可分。《玲珑》杂志强国优生的内容呈现，尤其是女性在强国优生民族主义框架下丰富的形象展现，是彼时商业力量、妇女解放思想、传统性别观念和国家意识形态互相融合、协调和博弈的结果。《玲珑》在市场压力下进行商业操作，生产的内容要符合受众的需求，通过消费女性扩大市场；在妇女解放思想指导下，《玲珑》反抗传统和当局者对女性贤妻良母的社会角色规定；在传统性别观念影响下，无论彼时社会上层阶级还是杂志，都要求女性履行一定的传统家庭职责和遵守一定的行为规范；在民族主义国家父权制作用下，女性的身体、生育、消费均受到规训，要符合民族国家生存和发展的需求。

在20世纪初的中国，女性进入大众传播的领域说明了当时社会的发展。女性在传播中所呈现的形象，体现了当时国家社会发展建设的程度及文明标识。[①] 从20世纪30年代《玲珑》对女性形象的呈现和赋予女性的职责中可以看出，当“女性”置入“民族”“国家”议题框架内进行讨论时，“女性”成为民族主义者讨论建构“民族国家”的工具，化身为与民族国家需求相吻合的理想形象，被纳入民族国家的建设和保卫进程当中。

结合时代背景和社会环境，本研究探索《玲珑》杂志强国优生的民族主义媒介表述时重点关照了女性与民族国家的关系，不但探究女性以何种面貌出现在《玲珑》，更关涉了如此呈现的原因，从个案角度诠释和展现了女性、传播与民族国家社会关系研究的新视角。《玲珑》的研究由点及面，反映了20世纪二三十年代上海印刷媒介关于强国优生民族主义媒介表述的生态环境。这在女性杂志与女性形象研究领域具有一定的研究价值和意义。

① 李琦．性别·传播·社会——女性媒介的社会功能[J]．传媒观察，2007(12):30-32.

对女性杂志呈现的女性形象学术研究肇始于当代西方。本研究对中国特殊时代背景下发行的《玲珑》杂志所呈现的女性形象进行探索，将民族加入女性与媒介的研究领域，为传播学的女性形象研究再添一笔，丰富了女性杂志之女性形象研究领域的内容。

参考文献

（一）著作

[1] 曹晋 . 媒介与社会性别研究 : 理论与实践 [M]. 北京：清华大学出版社，2015.

[2] 陈顺馨，戴锦华 . 妇女、民族与女性主义 [G]. 北京：中央编译出版社，2004.

[3] 陈嬿如 . 心传：传播学理论的新探索 [M]. 厦门：厦门大学出版社，2010.

[4] 邓小南，王政 . 中国妇女史读本 [G]. 北京：北京大学出版社，2011.

[5] 杜芳琴 . 女性观念的演变 [M]. 郑州：河南人民出版社，1988.

[6] 郭箴一 . 中国妇女问题 [M]. 太原：山西人民出版社，2014.

[7] 黄金麟 . 历史、身体、国家：近代中国的身体形成（1895–1937）[M]. 北京：新星出版社，2006.

[8] 荒砂，孟燕 . 上海妇女志 [Z]. 上海：上海社会科学院出版社，2000.

[9] 蒋廷黻 . 中国近代史 [M]. 武汉：武汉大学出版社，2012.

[10] 金天翮 . 女界钟 [M]. 上海：上海古籍出版社，2003.

[11] 康有为 . 大同书 [M]. 陈得媛，李传印，评注 . 北京：华夏出版社，2002.

[12] 李康化 . 漫话老上海知识阶层 [M]. 上海：上海人民出版社，2003.

[13] 李琦 . 传媒与性别：女性媒介的传播社会学阐释 [M]. 长沙：湖南师范大学出版社，2008.

[14] 梁启超 . 饮冰室合集 · 文集之一 [M]. 北京：中华书局，1989.

[15] 梁启超 . 饮冰室合集 · 文集之三 [M]. 北京：中华书局，1989.

[16] 林丽珊 . 女性主义与性别关系 [M]. 4 版 . 台北：五南图书出版公司，2013.

[17] 刘利群 . 社会性别与媒介传播 [M]. 北京：中国传媒大学出版社，2004.

[18] 吕美颐，郑永福 . 中国妇女运动 [M]. 郑州：河南人民出版社，1990.

[19] 潘光旦 . 潘光旦文集 1[M]. 北京：北京大学出版社，2000.

[20] 潘君祥 . 中国近代国货运动 [G]. 北京：中国文史出版社，1996

[21] 荣孟源，孙彩霞 . 中国历次代表大会及全会资料 (上册)[G]. 北京：光明日报出版社，1985.

[22] 上海摄影家协会，上海大学文学院 . 上海摄影史 [G]. 上海：上海人民美术出版社，1992.

[23] 石源华 . 中华外交史 [M]. 上海：上海人民出版社，1994.

[24] 宋素红 . 女性媒介：历史与传播 [M]. 北京：中国传媒大学出版社，2006.

[25] 孙海麟 . 中国奥运先驱张伯苓 [G]. 北京：人民出版社，2007.

[26] 孙中山 . 三民主义 [M]. 长沙：岳麓书社，2000.

[27] 陶绪 . 民族主义思潮 [M]. 北京：人民出版社，1995.

[28] 汪民安 . 现代性 [M]. 南京：南京大学出版社，2012.

[29] 魏国英 . 女性学概论 [G]. 北京：北京大学出版社，2000.

[30] 吴经熊校勘 . 中华六法理由判解汇编 [Z]. 上海：会文堂新记书局，1948.

[31] 新生活运动 [M]. 南京：正中书局，1934.

[32] 新生活运动指导 [Z]. 上海：三民图书公司，1934.

[33] 徐迅 . 民族主义（修订版）[M]. 北京：中国社会科学出版社，2005.

[34] 叶文振 . 女性学导论 [G]. 厦门：厦门大学出版社，2006.

[35] 易家钺，罗敦伟 . 中国家庭问题（第 4 版）[M]. 上海：泰东图书局，1929.

[36] 俞祖华 . 民族主义与中华民族精神的现代转型 [M]. 北京：社会科学文献出版社，2012.

[37] 张爱玲 . 流言 [M]. 汉口：大楚报社，1944.

[38] 张念 . 性别政治与国家——论中国妇女解放 [M]. 北京：商务印书馆，2014.

[39] 张仲礼 . 近代上海城市研究 [M]. 上海：上海人民出版社，1990.

[40] 郑友揆 . 我国关税自主后进口税率水准之变迁 [M]. 上海：商务印书馆，1939.

[41] 中国大百科全书出版社编辑部 . 中国大百科全书（简明版）[Z]. 北京：中国大百科全书出版社，1995.

[42] 执行委员会宣传部 . 建国大纲浅释 [M]. 训练团，1940.

[43] 执行委员会宣传部 . 七项运动宣传纲要 [Z]. 广州：广东省执行委员会宣传部，1929.

[44] 执行委员会宣传部 . 提倡国货运动宣传纲要 [Z]. 南京：执行委员会宣传部，1929.

[45] 中国社会科学院 . 现代汉语词典（第 5 版）[Z]. 北京：商务印书馆，2006.

[46] 中国文化建设协会 . 十年来的中国 (上下)[G]. 上海：商务印书馆，

1937.

[47] 中华全国妇女联合会妇女运动历史研究室 . 五四时期妇女问题文选 [G]. 北京：上海三联书店，1981.

[48] 周利成 . 中国老画报——上海老画报 [G]. 天津：天津古籍出版社，2011.

[49] 周翔 . 传播学内容分析研究与应用 [M]. 重庆：重庆大学出版社，2014.

（二）译著

[1][美] 艾尔・巴比 . 社会研究方法（第十一版）[M]. 邱泽奇，译 . 北京：华夏出版社，2009.

[2][美] 本尼迪克特・安德森 . 想象的共同体——民族主义的起源与散布（增订版）[M]. 吴叡人，译 . 上海：上海人民出版社，2011.

[3][美] 程为坤 . 劳作的女人 [M]. 杨可，译 . 上海：上海三联书店，2015.

[4][美] 杜赞奇 . 从民族国家拯救历史：民族主义话语与中国现代史研究 [M]. 王宪明，高继美，李海燕，等，译 . 南京：江苏人民出版社，2009.

[5][美] 费正清 . 剑桥中华史（第二部）[M]. 章建刚，译 . 上海：上海人民出版社，1992.

[6][美] 费正清，赖肖尔 . 中国：传统与变革 [M]. 陈仲丹，潘兴明，庞朝阳，等，译 . 南京：江苏人民出版社，2012.

[7][美] 弗里丹 . 女性的奥秘 [M]. 程锡麟，朱徽，王晓路，译 . 广州：广东经济出版社，2005.

[8][美] 高彦颐 . 缠足：“金莲崇拜”盛极而衰的演变 [M]. 苗延威，译 . 南京：江苏人民出版社，2009.

[9][美] 高彦颐 . 闺塾师——明末清初江南的才女文化 [M]. 李志生，译 . 南

京：江苏人民出版社，2005.

[10][美]吉特林.新左派运动的媒介镜像[M].张锐，译.北京：华夏出版社，2007.

[11][美]卡罗琳·凯奇.杂志封面女郎[M].曾妮，译.天津：天津人民出版社，2006.

[12][美]李欧梵.上海摩登——一种新都市文化在中国[M].毛尖，译.北京：人民文学出版社，2010.

[13][美]佩吉·吉麦克拉肯.女权主义理论读本[G].艾晓明，柯倩婷，译.桂林：广西师范大学出版社，2007.

[14][美]斯塔夫里阿诺斯.全球通史：从史前史到21世纪(第7版)[M].吴象婴，梁赤民，董书慧，等，译.北京：北京大学出版社，2005.

[15][美]希伦·A.洛厄里，梅尔文·L.德弗勒.大众传播效果研究的里程碑（第三版）[M].刘海龙等，译.北京：中国人民大学出版社，2009.

[16][美]徐中约.中国近代史:1600—2000,中国的奋斗：第6版[M].计秋枫，朱庆葆，译.北京：世界图书出版公司北京公司，2013.

[17][英]安东尼·史密斯.民族主义：理论，意识形态，历史[M].叶江，译.上海：上海人民出版社，2006.

[18][英]厄内斯特·盖尔纳.民族与民族主义[M].韩红，译.北京：中央编译出版社，2002.

[19][英]霍布斯鲍姆.民族与民族主义[M].李金梅，译.上海：上海人民出版社，2006.

[20][英]尼古拉斯·加汉奇.关于传媒和社会理论的讨论[M].李岚，译.北京：新华出版社，2005.

[21][英]托马斯·赫胥黎.天演论[M].严复，译.北京：商务印书馆，

1981.

[22][英] 沃尔特・白芝浩 . 物理与政治 [M]. 金自宁，译 . 上海：上海三联书店，2008.

[23][荷] 凡勃伦 . 有闲阶级论 [M]. 蔡受百，译 . 北京：商务印书馆，1964.

[24][荷] 凡・祖伦 . 女性主义媒介研究 [M]. 曹晋，曹茂，译 . 桂林：广西师范大学出版社，2007.

[25][法] 米歇尔・福柯 . 规训与惩罚 [M]. 刘北成，杨远婴，译 . 4. 北京：生活・读书・新知三联书店，2012.

[26][法] 西蒙娜・德・波伏瓦 . 第二性 [M]. 郑克鲁，译 . 上海：上海译文出版社，2011.

[27][日] 佐藤慎一 . 近代中国的知识分子与文明 [M]. 刘岳兵，译 . 南京；江苏人民出版社，2011.

（三）期刊（会议）论文

[1] 陈红梅 . 女性期刊中女性意识的“出场”批判与“在场”建构 [J]. 当代传播，2012(02):43–46.

[2] 陈兼善 . 优生学和几个性的问题 [J]. 民铎杂志，1924,5(4):1–10.

[3] 陈明明 . 政治发展视角中的民族与民族主义 [J]. 战略与管理，1996(2):63–71.

[4] 陈廷湘 . 1928—1937 年《大公报》等报刊对中苏关系认识的演变 [J]. 近代史研究，2006(3):23–40.

[5] 陈珍妮 . 从“把关人”到“引路人”——试论同质化背景下女性时尚杂志的传播理念转变 [J]. 新闻记者，2008(05):27–30.

[6] 程亚丽 . 五四时期女性身体的美学建构——以 1920 年代《妇女杂志》

为中心 [J]. 上海大学学报（社会科学版），2014(06):83–92.

[7] 杜若松 . 近现代女性期刊的编辑策略与性别偏向 [J]. 编辑学刊，2015(02):74–78.

[8] 傅立沪 . 光华大学校庆来自“六三事件”[J]. 教育发展研究，2005(8):96.

[9] 郭晗，方东根 . 摩登女性的妥协——从《玲珑》杂志看 30 年代上海女性服饰变革 [J]. 山东纺织经济，2015(06):37–41.

[10] 郭木笛 . “她的角色”——杂志广告中的女性形象解析 [J]. 科技传播，2015,7(12):40–41.

[11] 何楠 .《玲珑》杂志中的女性独身主义 [J]. 才智，2009(31):165–166.

[12] 洪长晖，王志敏 .《玲珑》杂志广告定位策略与女性形象建构 [J]. 文化与传播，2015,4(06):46–50.

[13] 胡彩红 . 华语电影新女性形象研究 [J]. 当代电影，2014(03):175–177.

[14] 胡勤 . 试析《妇女杂志》(1915—1931) 的传播实践 [J]. 湖南大学学报（社会科学版），2012(06):155–159.

[15] 胡悦晗，翟清菊 . 发现“娜拉”· 再造“娜拉”· 告别“娜拉”——评许慧琦《“娜拉”在中国：新女性形象的塑造及其演变（1900—1930）》[J]. 妇女研究论丛，2011(01):105–107.

[16] 黄继刚 . 从“新女性”到“封面女郎”——由女性期刊封面看现代性话语之嬗变 [J]. 湘潭大学学报（哲学社会科学版），2013,37(04):131–135.

[17] 贾海燕 .《玲珑》女性话语狂欢中的男性形象建构 [J]. 江汉大学学报：人文科学版，2012(06):44–48.

[18] 贾海燕 . 美女与野兽：《玲珑》中的“摩登女性”与“不良男子”形象透视 [J]. 山东女子学院学报，2012(5):62–65.

[19] 姜思铄 . 构建现代女性的媒介视觉形象——以《妇女时报》的女性摄

影形象为例 [J]. 妇女研究论丛，2008(2):59–63.

[20] 姜卫玲 .《玲珑》杂志新女性形象的建构 [J]. 传媒观察，2013(10).

[21] 姜卫玲 . 浅析《玲珑》杂志中的新女性形象 [J]. 新闻界，2009(04):104–105.

[22] 姜卫玲 . 我国女性时尚杂志的变迁与社会变革 [J]. 新闻界，2010(4):72–73.

[23] 姜卫玲 , 刘芸 . 媒体公共空间中现代都市新女性的建构——以《玲珑》杂志为考察中心 [J]. 淮阴师范学院学报（哲学社会科学版）, 2017(05):533–538.

[24] 金一 . 社说 [J]. 女子世界，1904(1):1–3.

[25] 金自宁 . 白芝浩的方法与问题 [J]. 中外法学，2007(06):748–756.

[26] 李凡 . 三十年代日本侵华与中日苏三国关系变化 [J]. 南开学报（哲学社会科学版）, 2004(4):15–23.

[27] 李慧云 . 现代意识的匮乏与幽暗——论女性期刊的性别意识困境 [J]. 编辑之友，2010(03):24–27.

[28] 李克强 .《玲珑》杂志建构的摩登女性形象 [J]. 二十一世纪双月刊，2000(8):92–98.

[29] 黎藜 . 新女性与旧道德：女学与舆论纷争——以私娼梁亚玲假冒女学生事件为视点 [J]. 新闻与传播研究，2017,24(01):99–112+128.

[30] 李琦 . 性别 · 传播 · 社会——女性媒介的社会功能 [J]. 传媒观察，2007(12):30–32.

[31] 李琼 . 女性时尚杂志广告化现象之批判 [J]. 出版发行研究，2013(10):86–88.

[32] 李琼 . 消费“她时代”女性时尚杂志广告中的女性形象塑造 [J]. 出版发行研究，2015(06):64–66.

[33] 李应红 . 中国华文女性期刊百年发展回顾 [J]. 编辑之友，2009(03):34-36.

[34] 刘冰艳 . 以史为镜，看当下女性杂志的编辑经营之道——以《妇女杂志》1921—1925 年间的“新”编辑思想分析为例 [J]. 科技传播，2016,8(12):45-46.

[35] 刘波儿 . 中国知识精英对民族复兴的理论设想——以优生学思潮为中心 [J]. 自然辩证法研究，2012(2):87–92.

[36] 刘慧英 .“妇女主义”：五四时代的产物——五四时期章锡琛主持的《妇女杂志》[J]. 南开学报（哲学社会科学版），2007(06):1–8.

[37] 刘学峰，陈雄涛 . 诉求转型 女性期刊的机会与市场 [J]. 传媒，2009(03):52–53.

[38] 刘晓华 . 论《玲珑》对“完美女性”形象的建构 [J]. 贵州社会科学，2014(07):44–48.

[39] 刘钊 . 女性意识与女性文学批评 [J]. 妇女研究论丛，2004(06):43–47.

[40] 龙伟 . 堕胎非法：堕胎罪及其司法实践 [J]. 近代史研究，2012(01):92-104.

[41] 卢姗 . 从《玲珑》杂志新闻报道看杨秀琼的角色变化 [J]. 黑龙江史志，2015(14):30–31.

[42] 卢姗 . 我国近代女性之健康促进与形象塑造——以《玲珑》杂志女子体育报道为例 [J]. 体育文化导刊，2015(08):199–202.

[43] 马方方 .20 世纪初新知识界的“国民”话语与新女性建构 [J]. 史学月刊，2012(12):69–76.

[44] 欧勤扬，李苓 . 范式流变：对西方女性杂志学术研究的回溯 [J]. 中国出版，2013(01):46–49.

[45] 潘光旦 . 中国之优生问题 [J]. 东方杂志，1924,21(22):15–32.

[46] 彭茜 . 女性意识的成长——以《新女性》为例 [J]. 大众文艺，2015(15):181.

[47] 沈雷，童夏青 . 浅谈《玲珑》杂志中的旗袍形象 [J]. 山东纺织经济，2014(9):31–33.

[48] 盛芳，陈文静 . 女性期刊制胜之道：《中国妇女》积极女性形象建构的启示 [J]. 出版发行研究，2014(4):74–77.

[49] 汤锐 . 体育 · 性别 · 政治动员——以南国"美人鱼"杨秀琼为中心 [J]. 广东社会科学，2014(3):133–140.

[50] 王海，邹利斌 . 美国女性杂志中的女性形象 [J]. 国际新闻界，2006(11):30–33.

[51] 王琴 . 20 世纪 30 年代北平取缔女招待风波 [J]. 北京社会科学，2005(1):120–127.

[52] 王晓晖 . 女性期刊往何处去：中西方女性杂志发展比较及策略研究 [J]. 编辑之友，2010(3):18–21.

[53] 王瀛培 . 广告、想象与女性日常生活的更张 (1915—1931)——以上海《妇女杂志》广告为例的讨论 [C]. 近代中国（第二十四辑）：上海中山学社，2015:237–253.

[54] 魏漫江 . 女性媒介中的国家、市场与性别话语——对 90 年代以来《中国妇女》杂志女性报道的内容分析 [J]. 新闻界，2010(02):97–99.

[55] 温彩云 . 中国女性杂志广告中的现代女性身体模式研究 [J]. 新闻界，2015(05):23–30+62.

[56] 谢天勇，张朋 . 从女权斗士、香闺佳人到贤妻良母——民初上海女性期刊读者定位的演变及分析 [J]. 学术界，2012(12):199–206+288–289.

[57] 谢天勇，张朋 . 新知识与旧道德之间：民初《妇女时报》女性参政话语的媒介表述 [J]. 国际新闻界，2012(12):107–114.

[58] 王青亦 . 国族革命背景下女性报刊出版景观——《中国新女界杂志》考略 [J]. 现代出版，2016(02):67–71.

[59] 王鑫 .《妇女杂志》与中国现代女性话语转换——从主编更迭的角度考察 [J]. 中国出版史研究，2016(01):95–109.

[60] 邢天然 .《玲珑》杂志女性形象及办刊者行为研究 [J]. 东南传播，2017(06):138–141.

[61] 许慧琦 . 训政时期的北平女招待 (1928—1937)——关于都市消费与女性职业的探讨 [J]. 近代史研究所集刊，2005:47–93.

[62] 许纪霖 . "少数人的责任"：近代中国知识分子的士大夫意识 [J]. 近代史研究，2010(03):73–90.

[63] 许建平 . 女性期刊：发展中的困境 [J]. 传媒，2002(04):31–32.

[64] 徐震 . 不完全的新女性——浅析中国三四十年代电影中的女性形象 [J]. 电影评介，2011(17):3–5.

[65] 杨剑利 . 国家建构语境中的妇女解放——从历史到历史书写 [J]. 近代史研究，2013(03):110–124.

[66] 杨联芬 . 新伦理与旧角色：五四新女性身份认同的困境 [J]. 中国社会科学，2010(05):206–219+224.

[67] 杨曙 . 当代女性期刊在男权语境下的困境与出路 [J]. 出版发行研究，2011(06):74–76.

[68] 杨霞 . 女性期刊的社会性别意识管窥 [J]. 出版发行研究，2010(09):63–65.

[69] 叶江 . 当代西方的两种民族理论——兼评安东尼·史密斯的民族

(nation) 理论 [J]. 中国社会科学，2002(1):146–157.

[70] 张慧子 . 从纸草型社会理论看女性期刊的发展前景 [J]. 编辑之友，2010(10):65–66.

[71] 张竞琼，曹彦菊 .《玲珑》杂志在中西服饰文化传播中的作用探讨 [J]. 武汉科技学院学报，2006,19(12):19–22.

[72] 张倩红 . 试论玛格丽特 · 桑格的节育理论及其对中国的影响 [J]. 河南大学学报（社会科学版），1992(4):86–92.

[73] 张婷婷 . 全球传播下的女性期刊文化 [J]. 现代传播，2006(2):137–140.

[74] 张文灿 . 社会性别视域下的启蒙困境——以五四新文化运动之塑造新女性为例 [J]. 新视野，2013(04):111–113.

[75] 郑大华 . 论中国近代民族主义的思想来源及形成 [J]. 浙江学刊，2007(01):5–15.

[76] 周成华，姜丽清 . 五四“爱美剧”中的“新女性”[J]. 戏剧文学，2014(08):84–86.

[77] 周建人 . 恋爱选择与优生学 [J]. 妇女杂志，1925,11(4):597–603.

[78] 邹鹃薇 . 从“韦明”看中国早期女性题材电影中的新女性形象 [J]. 当代电影，2016(12):78–81.

（四）学位论文

[1] 陈绪锐 . 从《玲珑》杂志看民国三十年代女性的服饰审美 [D]. 重庆：西南大学，2016.

[2] 高阳 .《玲珑》杂志与上海中产阶级女性身份认同 [D]. 哈尔滨：黑龙江大学，2015.

[3] 何楠 .《玲珑》杂志中的 30 年代都市女性生活 [D]. 长春：吉林大学，

2010.

[4] 金润秀 .《妇女杂志》(1920—1925)的“新女性”形象研究 [D]. 上海：复旦大学，2012.

[5] 旷洁 .《玲珑》杂志与女性主义表达研究 [D]. 广州：暨南大学，2014.

[6] 李雪 . 1931—1937 年“航空救国”运动探析 [D]. 昆明：云南大学，2014.

[7] 刘胜枝 . 社会转型与女性杂志的变迁 [D]. 北京：北京师范大学，2005.

[8] 龙佳 . 上海摩登——论《玲珑》中的女性形象 [D]. 上海：复旦大学，2007.

[9] 毛丹武 . 现代性中的阶级和民族 [D]. 福州：福建师范大学，2004.

[10] 蒲彩 .《良友》画报对女性的书写——对 1926—1937 杂志内容的研究 [D]. 上海：华东师范 大学，2011.

[11] 邱利平 . 从《女子世界》看晚清女性的身份建构 [D]. 广州：中山大学，2009.

[12] 沈琼 .《玲珑》杂志“现代女性”角色的建构 [D]. 上海：上海社会科学院，2010.

[13] 师文静 . 玲珑杂志及其女性形象塑造 [D]. 济南：山东大学，2009.

[14] 唐丽燕 . 大众媒介与女性身体意象 [D]. 上海：上海交通大学，2010.

[15] 魏漫江 .《中国妇女》杂志的性别话语研究(1990—2009)[D]. 武汉：武汉大学，2013.

[16] 杨照蓬 . 基督教女报与中国女性形象的建构(1912—1941)[D]. 上海：上海师范大学，2011.

[17] 俞莲实 . 城市生育节制运动的研究 [D]. 上海：复旦大学，2008.

[18] 张晨阳 . 从理想国到日常生活：当代中国大众传媒中的社会性别话语

（1995—2005）[D]. 上海：复旦大学，2006.

[19] 张丽莎 .《玲珑》杂志《幕味》电影周刊研究 [D]. 济南：山东大学，2012.

[20] 张旻 . 对 20 世纪 30 年代《玲珑》杂志中的服饰信息研究 [D]. 上海：东华大学，2009.

[21] 周景芝 .《玲珑》杂志中的女性意识研究 [D]. 曲阜：曲阜师范大学，2012.

（五）电子资源

[1] 许正霖 . 光华大学：一段被遗忘的激情与辉煌 [EB/OL]. http://dajia.qq.com/blog/507400022304475.html, 2016-06-22.

[2] 上海市地方志办公室 . 乒乓球 [EB/OL]. http://www.shtong.gov.cn/node2/node2245/node4455/node13485/node13555/node60880/userobject1ai15221.html, 2016-06-22.

后 记

媒介技术对于人类社会的文明发展产生着影响。很多人做媒介研究在时间轴上偏好向前看或看在当下，而我却喜好向后看。相较于现今关于新媒体研究如火如荼展开的热闹场景，研究中国早期的杂志中的女性形象呈现显得有些“落寞”和“寂寥”。

为何喜欢早期的杂志？它们印刷不精美，色彩不鲜艳，还是竖版印刷。但是，恰恰就是它们与当今杂志的技术差异，在泛黄的页面上呈现着彼时的影像，让我感受到沉淀于杂志身上的历史感。

回想起当初看到充满着时代感杂志的心情，难以言表。利用读博期间学校图书馆提供的电子资源，我浏览着扫描的图片，原本以为我会难以接受彼时的文字表达，不曾想我却看得津津有味，一页接一页地浏览。从日上三竿开始，直到华灯初上空空的肚皮向我抗议时，我才惊觉我在电脑前坐得太久了。一向认为只爱看深度调查报道、不会花时间看时尚杂志的我，却会被中国早期流行杂志所吸引。杂志上的文字和图像的意义不仅仅是我们所认为的好不好看，更多在于彼时杂志的言论恰好折射着当时的时代背景，带着深刻的时代烙印。同样，杂志呈现的女性形象也展现了当时的女性风采。

为了能够便于反复翻阅，我还动员了我的丈夫与我一起花费了大量的时间将杂志图片一页页下载下来，并成册打印出来，但网上的杂志电子资源并不十分齐全，仍然有几十期刊数的缺失。为了尽可能收集齐全杂志，我最后高价从旧书商那里购买到了所缺刊数中的八期。当拿到旧杂志实物的那一刻，感慨巴掌大小的实物实在是太袖珍了。翻阅实物与浏览电子图片的感觉更是完全不同。如同本雅明《机械复制时代的艺术》中提到的艺术品所拥有“灵韵”，电子资源缺少了人们对它的敬畏感。带着这种“敬畏心”，翻阅杂志实物时我异常小心翼翼，生怕它们“分崩离析”。不过遗憾的是，至今仍然还有二十几期无法收齐。有其他学者也研究过中国的早期杂志，甚至与我研究同一本杂志。我心想，关于这份杂志的研究也许我不是做得最好的那一位，但可能是收集杂志收集得最全的一位吧。

陈路遥

2020 年 5 月